Yadrim

הרוצה להחכים ידרים

The Torah Journal of the Dr. Yitzchak Belizon z"l
Beis Medrash of Boca Raton Synagogue

Editors:

Rabbi Simcha Shabtai
ROSH BEIS MEDRASH OF BRS

Rabbi David Shabtai, MD

Steven Oppenheimer, DMD

Volume 5 • Tishrei 5784

Yadrim
The Torah Journal of the Dr. Yitzchak Belizon z"l
Beis Medrash of Boca Raton Synagogue
Volume 5 • Tishrei 5784

Boca Raton Synagogue
7900 Montoya Circle North
Boca Raton, FL 33433
www.brsonline.org
(561) 394-0394
office@brsonline.org

Published by **Shikey Press**, Cambridge, MA

www. ShikeyPress.com
info@ShikeyPress.com

Table of Contents

Hebrew Section

Introduction from the Marah D'Asrah

It is with great pleasure and pride that we present volume five of Yadrim, the Torah journal of the Dr. Yitzchak Belizon z"l Beis Medrash of Boca Raton Synagogue. Torah learning continues to explode in our community through our Beis Medrash and in many other venues and mosdos, all of whom we are proud to call friends and collaborate with.

In addition to the many learning opportunities that have been growing these past few years under the banner of our Beis Medrash, including three daf yomis each day, our popular Afternoon Kollel, Night Seder, Amud Shevui, Semichas Chaver program and visiting Rabanim series, this year we introduced a daily shiur in Yerushalmi Yomi and a thriving Kollel Boker each morning at 6:15am. The thirst for Torah is palpable and the impact on the lives of those learning it and their families is profoundly inspiring.

The success of our Beis Medrash is due to the devotion, leadership and organization of our Rosh Beis Medrash, Rabbi Simcha Shabtai. This magnificent Torah journal is the result of his vision and effort together with Rabbi Dr. David Shabtai whose unusual blend of vast Torah knowledge and editorial expertise have produced yet again, another wonderful volume. We are also tremendously grateful and indebted to Steven Oppenheimer, DMD who masterfully edited all of the articles.

The Beis Medrash is very grateful to the Belizon family and Dr. Avraham Belizon in particular for their generous support, not only financially, but in time, energy and leadership. We thank the Frohlich Financial Group for sponsoring the Afternoon Kollel, the OU for sponsoring Semichas Chaver and all those who sponsor shiurim and learning regularly.

The Gemara tells us (*Bava Basra* 25b) הרוצה שיחכים ידרים, one who wants to become knowledgeable should face south. Most commentators understand the Gemara as advising us which direction to face when davening. If one craves wealth, face north and if one yearns for wisdom, face south. Rabbeinu Gershom explains that the *shulchan* which held the *lechem ha-panim* symbolizing wealth sat on the north side of the Beis ha-Mikdash, while the menorah whose burning lights symbolize Torah knowledge was positioned on the south side.

The *Aruch* (s.v. *darom*) understands the Gemara entirely differently. He says that our rabbis were advising us to consult with the *Chachamim* in the south. Indeed, the *Toras Chayim* (*Bava Basra* 25b) brings evidence that historically, the sages always dwelled in the south. But what if they didn't? Does the *Darom*, the South have intrinsic value and wisdom or is only a function of the *Chachamim* living there but if they lived elsewhere, that is where the wisdom would be? Is wisdom in the south because that is where the Menorah sat or the Menorah was placed in the South because that is the place of wisdom?

Regarding the Menorah, the *Targum Yonasan ben Uziel* (*Pekudei* 40:4) writes:

> וּתְהַנְעַל יַת מְנַרְתָּא בִּסְטַר דָּרוֹמָא מְטוּל דְּמִתַּמָּן שְׁבִילֵי שִׁמְשָׁא וְסִיהֲרָא וּמִתַּמָּן אִיסְרַטְוָון דִּנְהוֹרֵי וְתַמָּן גִּנְזֵי חָכְמְתָא דִּמְתִילִין לִנְהוֹרֵי
>
> And you shall bring in the candelabrum, on the south side, because there are the paths of the sun and of the moon, and the pathways of the luminaries; and there are the treasures of the wisdom which resembles the light.

The Torah describes, וְיִצְחָק בָּא מִבּוֹא בְּאֵר לַחַי רֹאִי וְהוּא יוֹשֵׁב בְּאֶרֶץ הַנֶּגֶב, Yitzchak had just come back from the vicinity of *Beer-lachai-roi*, for he was settled in the region of the Negev and the next *pasuk* continues וַיֵּצֵא יִצְחָק לָשׂוּחַ בַּשָּׂדֶה, Yitzchak went out walking in the field. Our rabbis understand that Yitzchak was accessing the wisdom of Torah and the *Ba'al Ha'Turim* (*Chayei Sarah* 24:62) explains it was a result of being *b'negev*, in the South that Yitzchak found wisdom.

The *Tzafnas Panei'ach* (*Lech Lecha* pg 47, 50) explains that Torah wisdom was granted to Avraham as a gift since he contributed the steps up to the Menorah which he discovered in the south as the pasuk says וַיִּסַּע אַבְרָם הָלוֹךְ

וְנָסוֹעַ הַנֶּגְבָּה, then Avraham journeyed by stages toward the Negev.

Though we already live in the south, may we be *zoche* to further be ירדים, to seek and access greater wisdom and Torah knowledge and to look at the outstanding *Talmidei Chachamim* who grace us in Boca Raton with envy, admiration and the aspiration to be more like them.

בברכת התורה,

Rabbi Efrem Goldberg
Marah D'Asrah
Boca Raton Synagogue

What You Do is Who You Are

Rabbi Efrem Goldberg

WHILE WE MAY NOT THINK ABOUT IT THIS WAY, EACH OF US SERVES AS our own public relations firm. We all pay a lot of attention to the way we are perceived. We make a point of communicating what we claim our values and priorities are, of showing what concerns us, and what is important to us. We talk about it, we post about it, we forward posts and videos about it. We want to make sure to appear to care about certain values and ideals. But, sometimes, we need to ask ourselves whether our actions match our words, whether what we do is consistent with what we say.

I cannot tell you how often people say to me, "Rabbi, I'm very spiritual in my heart. You don't see me at *davening*, but you should know that in my heart, I'm a very spiritual person." Or, "I know you don't see my name on the list of donors, but in my heart, I'm incredibly generous."

That might sound honorable and well-intentioned but we need to realize that **we are what we do, not what we say**. What determines who we are is not

* Based on a Shabbos Shuva *drasha* delivered on Motzei Shabbos Shuva, 5781 (2020).

Rabbi Efrem Goldberg is the Marah D'Atra of the Boca Raton Synagogue and Founder of Yeshiva of South Florida.

what we claim to care about, what we say we wished we did, what we post and share, but **what we actually do**, what our day looks like. This is who we are. This proposition might appear overly simplistic, maybe obvious to some, but our tradition reinforces this point over and over again, and it is instructive to explore why it is such a critical message.

Looking Taller

I recently saw an article about a controversial surgery that is gaining popularity among men who want to add an extra few inches of height, so they can do a slam dunk or hit the magical six-foot mark. The process involves placing something inside the leg that twists it to add about a millimeter each day. This procedure is unhealthful, and also comes at an exorbitant price, costing approximately $75,000, but it's becoming increasingly popular.

When I first read about this procedure, I laughed to myself. What kind of person would feel such a need to add a few inches of height? Sure, some people require growth hormones during childhood because of a disorder. Once a person reaches his maximum height, however, why would he spend so much money and put something inside his bones just to grow a little taller?

But it then occurred to me that so many of us do the exact same thing. We find ways to sidestep growth. Instead of doing the hard work to actually grow, we resort to cosmetics. We try making ourselves look like a great person, rather than investing effort to actually be a great person. We try to give the appearance of being a devoted spouse or parent, being a committed *eved Hashem*, being a concerned member of *Klal Yisrael* – without actually doing what it takes to be such a person. We want to look taller without having to put in the work to really grow.

It's time to stop talking, to stop projecting an image, and to start doing; to stop talking about what we believe, and to start acting upon those beliefs.

עשו לפני כסדר הזה

During the days leading up to Rosh Hashanah, and then during the *Aseres Yemei Teshuva*, we recite each morning the *Selichos* service which revolves around the י"ג מידות רחמים – "thirteen attributes of mercy," describing Hashem as ה' ה' קל רחום וחנון ארך אפיים ורב חסד ואמת נושא עוון ופשע וחטאה ונקה. This description was first pronounced by Hashem Himself in acquiescing to Moshe's petition for forgiveness after the sin of the golden calf (*Shemos* 34:6-7). The י"ג מידות features prominently also on Yom Kippur, both at night and during the *ne'ila* prayer.

The source of the inclusion of the י"ג מידות in our prayers for forgiveness is a passage in the Gemara (*Rosh Hashanah* 17b):

> א"ר יוחנן: אלמלא מקרא כתוב אי אפשר לאומרו – מלמד שנתעטף הקב"ה כשליח צבור והראה לו למשה סדר תפלה. אמר לו: כל זמן שישראל חוטאין יעשו לפני כסדר הזה ואני מוחל להם.

Rabbi Yochanan said: If this verse had not been written, it would have been impossible to say [such a thing]. This teaches that the Almighty wrapped Himself as a שליח צבור and showed Moshe the prayer service.[2] He said to him: Whenever Israel sin, they shall perform this service before Me, and I will forgive them.

Hashem told Moshe that He was now transmitting to him the "secret formula" for earning forgiveness. When the Jewish People are defiant, and violate His commands, He would want to punish them severely – but they have a way out, a "formula" that they can use to change His mind, as it were, and earn His forgiveness. This is our escape route whenever we make a mistake and face the prospect of harsh punishment. We wake up early for *Selichos* before Rosh Hashanah and during the *Aseres Yemei Teshuva* for this reason – to use the "formula" that Hashem taught us to use when we are guilty of wrongdoing. He told us that when we fail Him, we just say these words, and all will be forgiven.

Many later writers raised the question of how the Gemara could make such a comment. Can we imagine somebody in a relationship who says to the other party, "No matter what you do to me, no matter how badly you hurt or insult me, just say these words and I'll forget about it"? Imagine a father telling a child, "If you ever do something to get me angry, just tell me, 'You're a great dad,' or, 'You're really good-looking,' and then everything will

---

2 Incidentally, Rav Soloveitchik inferred from Rabbi Yochanan's remark that a *chazan* wears a *tallis* when leading the *tefila* not in fulfillment of the *mitzva* of *tzitzis*, but because this is the *chazan's* "uniform," so-to-speak. It goes without saying that G-d is not obligated to wear *tzitzis*, and yet, when He wanted to show Moshe the way *B'nei Yisrael* are to *daven*, He wrapped Himself in a *tallis* – because this is how a *chazan* should be dressed as he leads the congregation in *tefila*. Rav Soloveitchik thus maintained that a *chazan* should wear a *tallis* even for *Ma'ariv*, at night, when the *mitzva* of *tzitzis* does not apply.

be fine." What kind of relationship would this be? Moreover, throughout the generations, there have been Jews who recited these words and not everything was forgiven; they suffered terribly. How could the Gemara say that no matter what we've done wrong, we just need to pull out this "magic formula" and all will be forgiven?

The Maharal of Prague,[3] Rav Yosef Shalom Elyashiv, and others explain by taking a closer look at the Gemara's formulation. G-d did not tell Moshe יאמרו לפני כסדר הזה – that we should **recite** the י"ג מידות to earn His forgiveness, but rather יעשו לפני כסדר הזה – that we must **do** the י"ג מידות, that we need to perform them, put them into practice, that we are to emulate Hashem's example of compassion and kindness. This is how we earn forgiveness – not by talking, but by doing.

Communication is important but talk is cheap. No formula can just erase all our mistakes and make everything ok. We need to step up and demonstrate that now we are going to be different, that we are committed to following G-d's model. No matter how loudly we scream the *Selichos*, no matter how passionate and emotional we are, no matter how much *kavana* we have when we *daven* – if we don't act upon the words, if we then go out and are ruthless in business, if we go around spreading gossip, if we don't recite *berachos* with gratitude and appreciation, if we aren't attentive to our spouse and children, then what did those words accomplish? יעשו לפני. *Selichos* isn't about the words; it's about the actions that come afterward.

אמור מעט ועשה הרבה – "Speak little, and do much" (*Avos* 1:15). Talking is easy, but acting and doing is what counts. Rabbeinu Yona, commenting on this Mishna, cites the Midrash as explaining that this principle was shown to us by G-d Himself, who formulated His promise of *B'nei Yisrael*'s redemption from Egypt very briefly, telling Avraham, דן אנוכי ("I will judge [the Egyptians]" – *Bereishis* 15:14). The actual, supernatural events that He brought, however, far exceeded the implication of the small word דן, and are described by Moshe in a 27-word sentence:

> או הנסה אלוקים לבוא לקחת לו גוי מקרב גוי במסת באתת ובמופתים ובמלחמה וביד חזקה ובזרוע נטויה ובמוראים גדלים ככל אשר עשה לכם ה' אלוקיכם במצרים לעיניך. (דברים ד:לד)

3 *Chiddushei Aggados*, Rosh Hashanah 17b.

Rav Saadia Gaon, as Rabbeinu Yona cites, derived from this principle that the final redemption will be much greater than even all the beautiful prophecies of the *nevi'im*. Hashem does far more than He says, and thus, necessarily, the miracles and blessings of the ultimate *geula* will far exceed everything He promised to do. And this is the example we must follow – talking less and doing more.

The Rebbe's Preparation for *Selichos*

Rav Moshe Leib Sassov was a revered Rebbe with a large group of *chassidim*. Once, a cynical *misnaged* named Yankel came over to the *chassidim* and ridiculed the Rebbe.

"What's so special about the Rebbe?" he asked. "Why do you hold him in such high esteem?"

The *chassidim* explained that Rav Moshe Leib was an exceptional *tzadik*. Yankel decided he would check the Rebbe out and see for himself if he was really what they said he was.

One morning, before *Selichos*, Yankel came to shul to watch Rav Moshe Leib *daven*. He arrived just when *Selichos* were about to begin – and the Rebbe wasn't there.

"Ha!" Yankel jeered. "You say that your Rebbe is so righteous and holy – he's not even in shul yet! Where is he?"

The *chassidim* replied that the great Rebbe comes late because he prepares for *Selichos* by ascending to the heavens in order to petition Hashem on behalf of *Am Yisrael*.

Yankel scoffed at them. He decided that the next morning he would arise early and go to the Rebbe's house and watch what he was doing, so he could prove them wrong.

Sure enough, the next morning, Yankel woke up well before dawn, and secretly went to the Rebbe's house. He hid behind a bush and peered into the window, assuming he would see Rav Moshe Leib sleeping, or relaxing and sipping his coffee. He was sure that the Rebbe was no different from the rest of us, who need to struggle to get up and make it to shul on time in the morning.

To his astonishment, the creaky front door opened, and the Rebbe walked outside. He was dressed like a peasant, and held in his hands an ax and a bag of food. Yankel followed the Rebbe as he went out into the woods and began chopping wood and making small logs. He then carried the small logs to a small, dilapidated house that looked barely inhabitable. The Rebbe knocked on the door, and an elderly, frail widow opened it.

"Here, I've brought you firewood," the Rebbe – appearing as a simple peasant – said.

"Oh thank you," the woman said, "but I have no money with which to pay you."

"Don't worry," the Rebbe said. "You can pay me when you can. I also brought you some food." He handed the woman the bag.

Her eyes lit up. "Thank you!" she exclaimed. "I am so hungry but have nothing to eat." She then asked the Rebbe if he could bring the logs to the fireplace, because she was not physically capable of doing so. Yankel watched in amazement as the revered Rebbe of Sassov carried the logs to the fireplace, bent down, and arranged them, piece by piece. As he carried and arranged the logs, the Rebbe softly chanted, ...ה' ה' קל רחום וחנון ארך אפיים ורב חסד.

Yankel ran to the shul, where the *chassidim* had begun assembling for *Selichos*.

"You're right," Yankel said to them. "Your Rebbe ascends high into the heavens – but much higher than you think."

יעשו לפני כסדר הזה. Rav Moshe Leib Sassover understood that the power of the י"ג מידות lies not in the articulation of the words, but rather in our translating these words into action. It's not enough to "talk the talk"; we have to "walk the walk," and act upon the words, conducting ourselves with kindness, compassion and sensitivity just as Hashem does.

This concept underlies the custom of Chabad *chassidim* to recite *Selichos* only before Rosh Hashanah, but not during the *Aseres Yemei Teshuva*. The *Tzemach Tzedek* (third Rebbe of Lubavitch) explained: עד ראש השנה מצוות אמירה, ומכאן ואילך מצוות עשיה. The days leading up to Rosh Hashanah are a time for words, for verbalizing our commitment, but the days after Rosh Hashanah are a time for action, for following up on the words, and showing that we meant everything we said. First we express our dreams and aspirations, we articulate our goals; and then we stop expressing and articulating, and start acting.

The Lubavitcher Rebbe explained this concept in a letter dated 7 Marcheshvan, 5722 (October 17, 1961):

> On the question of the custom of Chabad to not recite Selichos after Tzom Gedalia, there is an illuminating statement by the Tzemach Tzedek to the effect that the days between Rosh Hashanah and Yom Kippur are a time for action. The meaning of it is that the verbal prayers of Selichos should be reflected in actual deeds during these days, and in a growing measure, not only in quality but also in quantity. There is much more in the statement, which cannot be further expanded here, but essentially, the main purpose of the custom is to emphasize the need for action during these days.

יעשו לפני. Reciting *Selichos* is undoubtedly important, but the recitation must then be followed up by action.

The prevalent *minhag*, of course, is to continue reciting *Selichos* even after Rosh Hashanah, until Yom Kippur. But the message of the Chabad practice is no less relevant to the rest of us. We continue the אמירה, but our focus must be on the עשיה, on translating our words into action.

Carl Jung said: *"You are what you do, not what you say you'll do."* It's not enough to want to do the right thing, or to talk about how we want to do the right thing. We need to do it. And the *teshuva* process requires us to stop thinking and talking, and to start doing.

The story is told of a Rebbe who was walking outside with his *chassidim* when it suddenly began to rain. He turned to his *chassidim* and said, "You know how we know the sky wants to rain? Because it's raining."

The Rebbe later explained that if somebody truly wants to do something, then he won't just talk about it; he'll do it. If it's not raining, then the sky doesn't want to rain; if we're not doing something, it's because we don't really want to do it. If we truly believe in our values and principles, then we act upon them.

"Your Intentions are Desirable…But Not Your Deeds"

One of the most important Medieval works of Jewish philosophy is Rabbi Yehuda HaLevi's *Ha'kuzari* which sets out to present Jewish beliefs and doctrines by relating the story of a foreign ruler, the king of the Khazars, who summoned representatives of different faiths. The king had a recurring dream in which an angel appeared to him and said: *"Your intentions are desirable to the Creator, but not your deeds."* After beholding this vision repeatedly, night after night, the king brought a Muslim, a Christian, a Jew, and a philosopher to present their respective views. Ultimately, the king was convinced by the Jew's arguments, and proceeded to convert to Judaism and have his subjects convert as well. By way of this narrative, Rav Yehuda HaLevi elucidates the philosophical differences between Judaism and other belief systems.

The philosopher summoned by the Khazar king articulates the belief that the king should not be troubled by the angel's message, because, indeed, all that matters is one's thoughts and beliefs. He says:

> You need not concern yourself with which specific dogma, set of rituals and other actions, and choice of words or language you will follow. If you like, you can even fabricate your own religion which promotes humility, exalts the Prime Cause, [and] helps you correct your traits… But your ultimate objective should be purification of the soul [so you can perceive things more accurately]…

The Sefer Ha'kuzari is, essentially, a polemic against such an outlook. The Jew, in his response, affirms the priority of action over thought and belief, that good intentions are meaningless if they do not lead to action. He says to the king:

> It is impossible to become close to G-d without the Divine commandments themselves. This is because G-d alone knows the proper measurements, weights, times, places, and all else that is tied into the practices [of these commandments,] which, when performed properly, lead to Divine favor and attachment to the Divinity.

We know this from our relationships. My daughter can tell me repeatedly that she loves me, but if, when I ask her to set the table, she starts making excuses and refuses to help, her "I love you" means nothing. Actions speak so much louder and more clearly than words. We show our feelings not only through the words we say, but, primarily, through the way we act. If a person speaks to Hashem about his love for Him in shul, but then after shul lives the way that suits him, that accommodates his interests, wishes and desires, without yielding to G-d's command and submitting to His will, then his "I love You, Hashem" – no matter how many times he said it – is utterly meaningless.

Chazal expressed this idea in a remarkable passage in the Midrash (*Eicha Rabba, Pesichta,* 2).[4] Citing the *pasuk* (*Yirmiyahu* 16:11), ואותי עזבו ואת תורתי לא שמרו ("And Me they abandoned, and they failed to observe My Torah"), the Midrash explains that G-d was saying, הלוואי אותי עזבו ותורתי שמרו, מתוך שהיו מתעסקין בה, המאור שבה מחזירן למוטב – "I wish they abandoned Me but kept My Torah, for as a result of involving themselves in it, its light would bring them back to goodness." Hashem prefers that we do what He asks of us more than even believe in Him! He would rather we observe His *mitzvos* as atheists, because eventually, we will come around. Just as I prefer that my child follows the rules without telling me that he or she loves me, Hashem would rather we observe His *mitzvos* without expressing our love for Him, than verbally expressing love without obediently fulfilling His will. (Of course, it goes without saying, the ideal is to do both.) The true measure of a relationship is not what a person says, but what a person does.

In *Parashas Nitzavim* (*Devarim* 29:17-18), Moshe expresses to *Benei Yisrael* his concern that there might be among the people a שורש פורה ראש ולענה – a toxic root, a person with dangerous ideas and thoughts. Specifically, there might be somebody who, after hearing the Torah's warnings about the consequences of disobeying Hashem's commands, והתברך בלבבו. The Rebbe of Kotzk[5] explains that the "poisonous root" is when a person thinks that it suffices to have a good heart, to have the right emotions, to think the right thoughts. This is poison.

"Rabbi, I know you never see me volunteer, but I have a really good heart. I

---

4   A variation of this comment appears in the Talmud Yerushalmi, *Chagiga*, 1:7.

5   In *Emes Mi'Kotzk Titzmach*, 656.

really am caring and generous."

"Rabbi, I'm not in shul that often, but I'm very spiritual in my own way."

The Rebbe of Kotzk teaches us that this is poisonous thinking and a dangerous way of approaching Judaism. Of course, רחמנא ליבא בעי – Hashem cares very much about what we think and what we feel – but only if those thoughts and feelings are translated into action. It is not enough to be kind and generous in one's heart without generously giving *tzedakah*, and without lifting a finger to help and get involved. This was the mistake of the king of the Khazars. His heart was in the right place, but it meant nothing because he did not act upon those values and those emotions.

It is because of the primacy of action over thought and emotion that Hashem often brings us tests and challenges that make us grow. Ramban, in his discussion of *Akeidas Yitzchak*, the unfathomably difficult test that G-d posed to Avraham Avinu (*Bereishis* 22:1), briefly explains the purpose behind the tests that Hashem presents to the righteous. He writes that Hashem tests a person להוציא הדבר מן הכח אל הפועל – to bring the individual's potential into fruition. Hashem does not want our vast potential to go to waste; He wants us to maximize it, to use it to its very fullest. And this can only happen by being tested. People grow and develop new skills when circumstances force them to. So many people begin caring for their physical wellbeing when they face a health scare. People learn a new trade when they lose their job. Tests force us out of our comfort zone, and this is how we grow.

Ramban adds that Hashem wants our potential to materialize להיות לו שכר מעשה טוב, לא שכר לב בלבד – so that we receive reward for our good deeds, and not merely for our good thoughts.

Our כח isn't enough. The key is to bring our potential into fruition, to translate our inner goodness and strongly-held values into concrete actions. This is why Hashem tests us – so that we act, produce, build, perform, and achieve.

The Real You

In an October 7, 1977 article in the *New York Times* entitled "What You See is the Real You,"[6] psychiatrist Dr. Willard Gaylin rails against what he

---

6   Available online at https://www.nytimes.com/1977/10/07/archives/what-you-see-is-the-real-you.html.

calls "the prevalent tendency to think of the 'inner' man as the real man and the outer man as an illusion or pretender." He laments that psychoanalysis, which probes people's minds to uncover the reasons for their behavior, has led many to mistakenly identify a person based on his inner being, rather than his conduct, the way a person lives. Dr. Gaylin writes:

> Few of us are prepared to substitute an X-ray of grandfather's head for the portrait that hangs in the parlor. The inside of the man represents another view, not a truer one. A man may not always be what he appears to be; but what he appears to be is always a significant part of what he is. A man is the sum total of all his behavior. To probe for unconscious determinants of behavior and then define him in their terms exclusively, ignoring his overt behavior altogether, is a greater distortion than ignoring the unconscious completely....
>
> I will not be told that the young man who earns his pocket money by mugging old ladies is "really" a good boy. Even my generous and expansive definition of goodness will not accommodate that particular form of self-advancement.
>
> It does not count that beneath the rough exterior he has a heart – or, for that matter, an entire innards – of purest gold, locked away from human perception. You are for the most part what you seem to be, not what you would wish to be, nor, indeed, what you believe yourself to be.
>
> Spare me, therefore, your good intentions, your inner sensitivities, your unarticulated and unexpressed love. And spare me also those tedious psychohistories which – by exposing the goodness inside the bad man, and the evil in the good – invariably establish a vulgar and perverse egalitarianism, as if the arrangement of what is outside and what is inside makes no moral difference...
>
> I do not care to learn that Hitler's heart was in the right place. A knowledge of the unconscious life of the man may be an adjunct to understanding his behavior. It is not a substitute for his behavior in describing him.

Dr. Gaylin proceeds to explain that a person's perception of himself, his self-definition, which often differs considerably from his outward behavior, is merely a fantasy:

> The inner man is a fantasy. If it helps you to identify with one, by all means, do so; preserve it, cherish it, embrace it, but do not present it to others for evaluation or consideration, for excuse or exculpation, or, for that matter, for punishment or disapproval.
>
> Like any fantasy, it serves your purposes alone. It has no standing in the real world which we share with each other. Those character traits, those attitudes, that behavior – that strange and alien stuff sticking out all over you – that's the real you!

So many of us walk around with a "fantasy" about who we are. We think we're an amazing parent, an amazing spouse, an amazing servant of Hashem, an amazing employee or businessman. Maybe, we truly even believe it. Nevertheless, these fantasies have no bearing on the real world if this is not how we are perceived.

הנסתרות לה' אלוקינו, והנגלות לנו ולבנינו עד עולם – *"That which is concealed is for Hashem our G-d; but what is revealed is for us and our children, forever"* (*Devarim* 29:28). Only Hashem sees what's inside our hearts, but everyone else – primarily our family, ולבנינו – sees our actions. Our thoughts and feelings have little value if they are known only to G-d and to nobody else. והנגלות לנו ולבנינו. Our children learn not from our inner thoughts and feelings, but from our actions. They cannot and do not feel our internal emotions of love, but only feel what we do for them, the time we make for them, the way we show them how important they are to us. Whether or not we are a good parent is determined not by our feelings for our children, but by how we act towards them.

Entering the courtyard of the *Beis HaMikdash*, on the way to the altar, one first encountered the *kiyor*, the basin from which the *kohanim* would wash before performing the service, and which was made from mirrors (במראות הצובאות – *Shemos* 38:8). Rav Soloveitchik explains that before approaching the altar in an effort to draw close to Hashem, a person needs to take a good look at himself in the mirror. He needs to see who he really is, and not who he imagines himself to be. He looks into the mirror to see the person that everyone else – his spouse, his children, his coworkers, his friends – sees, not the image of himself that he painted in his mind.

Rav Samson Raphael Hirsch notes that the Hebrew verb for confession – התודה – is in the reflexive התפעל form. When we confess, we're talking primarily not to Hashem – who, quite obviously, already knows exactly what we did wrong – but to ourselves. Confession means repainting our image of ourselves, acknowledging out loud that we are not the person who we want to think we are. The process of repentance, which begins with *vidui* (confession), requires recognizing the real "you," understanding and internalizing who we truly are, and seeing how we can be better.

What is Your Brand?

Renowned author Matthew Kelly, in his book *The Culture Solution*, includes a chapter entitled "Your Brand." He writes:

> Everybody has a brand. Some people's brand is "he is always late," other people's brand is, "She is always so helpful" or "She is always the first to leave." "He is such a hard worker." "She is so committed." The list goes on. Everybody has a personal brand, what do you want yours to be?
>
> Some people overcommit and under-deliver, their brand becomes unreliable. Some people crush whatever project you give them. That becomes their brand. And every team has that person who wants the ball in those last seconds when it matters most, when one shot is the difference between winning and losing, the person who always comes through when it really matters. That's his personal brand.
>
> Most people's personal brand is developed by default. It just happened. They didn't set out to create that brand, it just happened. What happens to companies that just let their brand happen? Right, they probably go out of business.
>
> Businesses spend billions of dollars creating and perpetuating their brand. The least you can do is be intentional about it…

Whatever you want your brand to be, write it down, read it every day, and do at least one thing every day to demonstrate that brand.

What is your brand? What is your brand as a spouse, as a parent, as a congregant? What do the people around you think of when you come to mind? Is that the brand you want?

There is one place where you can reliably count on a person's brand being talked about at length. At every funeral I attend, I hear the family members describe the deceased's brand. When a grandchild says in the *hesped* that he never saw the grandparent get angry, that the grandparent always made time for the kids – this is the grandparent's brand. When a spouse talks about his wife's extraordinary acts of kindness, or a wife tells stories about how devoted to the sick and needy her husband was, this is remembering their brand.

A great way to determine your brand is taught by management guru Peter Drucker. He writes: *"Tell me what you value, and I might believe you. Show me your calendar and your bank statement, and I'll show you what you really value."*

What we do with our time and money reveals much about our values and principles. Do we prioritize the body or the soul? Do we spend our time and money only on ourselves, or also on others? Looking over our credit card statement can give us a pretty good idea about who we really are.

Modern technology has given us another mirror showing us our "brand," our true selves. Today, many phones have a feature that tracks how much time is spent on each app. If a congregant tells me, "Rabbi, believe me, I wish could attend more *shiurim*, but I just don't have time," or, "Sorry, I'm too busy to help out in shul" – a quick glance at his screen time record will tell me whether he's being honest, or whether he is too busy because of all the time he spends scrolling through social media or watching Netflix.

If we review the amount of time we spend on our various apps, we get a good sense of our "brand." And let us ask ourselves honestly, is this really what we want our "brand" to be?

Getting Into G-d's Wheelbarrow

The story is told of a tightrope walker who stood at the edge of a rope stretched over an enormous ravine, turned to the audience, and asked, "Who thinks I can walk across this rope to the other side?" Around half the people raised their hands. He proceeded to easily cross to the other side.

He then turned to the crowd a second time and asked, "Who thinks I can walk across the rope blindfolded?" Around one-quarter of the audience raised their hands. He took out a blindfold, covered his eyes, and walked back to the other side.

He then asked how many people thought he could cross the tightrope with a wheelbarrow. By this point, few people doubted his abilities, and so nearly the entire audience raised their hands.

The tightrope walker then asked, "Who is willing to get inside the wheelbarrow as I cross?" Not one person in the audience raised his hand.

We talk about *emuna*, we affirm our belief in Hashem, but we must honestly ask ourselves, is this real or only lip service? Are we prepared to get into His wheelbarrow, to fully trust that He is taking us across the "tightrope" of life? Is *emuna* something we talk about or something we live with? If we truly believed that everything happens for a reason, that Hashem gives us precisely what we need and what is right for us, then we would never become angry, anxious, jealous or resentful. If we get flustered when things don't go our way, then we need to consider whether our *emuna* is real, if it is something we live with, or something we just talk about.

קבעת עתים לתורה – Making a Plan

This can be applied in many other areas, as well. We talk about our commitment to *talmud Torah*, but do we make time for learning? When was our last *siyum*? Do we only talk about Torah learning, or do we put in the effort to do it?

The Gemara in *Maseches Shabbos* (31a) teaches that one of the questions we will be asked after we depart from this world is קבעת עתים לתורה? – whether or not we "set periods for Torah." It does not suffice to talk about the importance of Torah; we have to be קובע עתים, build a schedule, devise a plan for when and how we will learn.

At the 12th *Siyum HaShas* in MetLife Stadium, Rav Yissachar Frand told a story about Rav Nosson Tzvi Finkel *zt"l*, the revered Mirrer Rosh Yeshiva, which made waves throughout the Torah world[7]:

> An older *talmid* chacham Rabbi Nochum Stilerman had developed a personal study program for himself and sought Rav Nosson Tzvi Finkel ztz"l's endorsement for it. The program would have had Rabbi Stilerman completing two tractates of Talmud (*Brachos* and *Pesachim*) and the Sefer Tehillim by his next birthday, his 71st. Rav Finkel however sent Reb Nochum back to the drawing board.
>
> "But what about the rest of the Torah?" the Rosh Yeshivah demanded. "Draw up a plan to finish kol haTorah kulah!" Reb Nochum went home and drew up a five-year plan to finish 12 *masechtos* (all of *Seder Moed*) all of Tanach and the *Sefer Mesilas Yesharim*. He brought a detailed printout to Rav Nosson Tzvi who reviewed it and said "But you're not finishing *Shas!*"
>
> "Rosh Yeshivah," Reb Nochum protested, "to finish *Shas* according to this program I'll need many many years." "Go print out a learning program for the whole *Shas*" Rav Nosson Tzvi insisted. "As well as Tanach the Shulchan Aruch and the machzorim of the Shalosh Regalim." The Rosh Yeshivah himself intended to be Reb Nochum's chavrusa for learning the machzorim.
>
> Reb Nochum went home and with the help of his good friend Reb Meir Hellman developed and printed out the plan which also included the Lakewood Chazarah Program, a six-time review of each *sugya*. Some 2,500 pages later he had a program to present to the Rosh Yeshivah – a program that would take 23½ years to complete.
>
> When Rav Nosson Tzvi saw the three-volume printout he exclaimed, "Now that's a plan! THAT'S a plan!"
>
> "But Rosh Yeshivah," Reb Nochum objected, "I can't do this! I'm already 70 and it would take me until I'm over 93 to finish this

---

7   Taken from *Mishpacha*, September 27, 2012, available online at https://mishpacha.com/the-man-with-the-plan/.

— at a pace of ten hours of learning a day! I hope to live to 120, but how can I undertake a plan that I can't possibly complete?"

The Rosh Yeshivah, who was battling Parkinson's, struggled mightily to stand up and while quivering in his place he said, "And do you think I can do what I'm doing? Look at me!"

Rav Nosson Tzvi then reached under his tablecloth and pulled out his plans for the Mir which included adding more buildings to the yeshivah and making space for even more *talmidim*.

"Do you think I can do this?" he asked Reb Nochum. "Of course I can't."

"But you and I have a great advantage," Rav Nosson Tzvi continued. "We both realize that we can't possibly do what we would like to do. Everyone else fools themselves into thinking that they can do what they want to do. You and I realize that we are in the hands of the *Ribono Shel Olam* and that we can't do more than commit ourselves to the task."

It's time to stop making excuses, stop telling ourselves, "I want to, but," and to start getting down to business. We need to draw up a plan, to make Torah learning a priority, and to get to work.

This is relevant to many other areas, as well. For example, *ahavas Yisrael*, love for our fellow Jews, is an ideal that so many people talk about, repeatedly and emphatically, but fail to put into practice. I have yet to meet somebody who professes to oppose *ahavas Yisrael*, who supports being nasty to Jews who aren't exactly like him. Yet, so many people who talk about diversity and pluralism do not hesitate to speak negatively about fellow Jews who dress differently, have different opinions or political leanings, or send their children to different schools. They talk openly about loving fellow Jews, but these are just words, which are not put into practice.

Torah values are lived, not just spoken about. Our words don't tell us who we are; our actions do.

The Transformative Power of Action

The *Sefer HaChinuch* repeatedly emphasizes throughout his book that אחרי הפעולות נמשכים הלבבות – our hearts are drawn after our actions. If we don't feel like acting a certain way, the best thing to do is to start, to do it anyway, to take the first step, to "fake it till you make it."

The Lubavitcher Rebbe's outreach campaign was largely predicated on this concept. He understood very clearly how actions can change a person's heart. He would tell non-observant women to just light Shabbos candles every Friday, and instruct men to just put on *tefillin*. These actions led to other actions, gradually transforming people's lives.

This notion is reflected in the Rambam's famous remark in his commentary to *Pirkei Avos* (3:15) that it is preferable to give $1 to one hundred different paupers than to give $100 to a single pauper. The Rambam explains that each act of giving, regardless of the amount, has an effect on a person's character. The more frequently we act generously, the more generous we become. אחרי הפעולות נמשכים הלבבות.

An article appeared in the *Wall Street Journal* on February 7, 2017 entitled, "Superhero Costumes Come to Parents' Rescue,"[8] reporting on a remarkable study showing how children act differently when wearing a superhero costume. Wearing the costumes made the kids smarter and more responsible. One of the researchers explained, "Pretending to be strong and admirable can help a child take on those characteristics of competence and confidence." Even if they did not at first feel competent and confident, the children began feeling that way once they wore a costume.

An earlier study, reported on by the *New York Times* on April 2, 2012,[9] found that wearing a white coat which one thinks belongs to a doctor can increase attention span and concentration. Just dressing up as somebody we admire has an impact upon us, and enhances our ability to achieve. אחרי הפעולות נמשכים הלבבות. Even if we don't feel it, we need to do it, and then the feelings will come. Sometimes we need to start eating to build an appetite.

Whatever is inside our heads, no matter what we feel, we can and must act.

8 Available online at https://www.wsj.com/articles/superhero-costumes-come-to-parents-rescue-1486482657.

9 Available online at https://www.nytimes.com/2012/04/03/science/clothes-and-self-perception.html.

This is true if, like the king of Khazars, our intentions are sincere and noble, and also if we feel unmotivated and uninspired. We are defined not by the נסתרות, by what we feel internally, but rather by the נגלות, by what we do.

No More Excuses

People reading this might, understandably, respond by thinking, understandably, that maybe it's true – that we want to, but we can't. What if we really cannot do all that we want to do?

The answer to this question is found in the Midrash (*Yalkut Shimoni, Nitzavim* 940), which relates the following remarkable story told by Eliyahu Ha'navi:

פעם אחת הייתי מהלך ומצאני אדם אחד היה מתלוצץ ומלעיג בדברי. אמרתי לו, מה תשיב ליוצרך ליום הדין? אמר לי, בינה ודעה לא נתנה לי שאקרא ואשנה. אמרתי לו, בני מה מלאכתך? א"ל צייד. ואני אמרתי לו, מי למדך שתטול פשתן ותארגנו מצודות ותשליכה לים ותעלה הדגים מן הים? אמר לי, בינה נתנו לי מן השמים. אמרתי לו, מה ליטול פשתן ולארוג מצודות להשליכהו לים להעלות בה דגים מן הים נתנו לך דעה ובינה מן השמים, לדברי תורה שכתוב בהם "כי קרוב אליך הדבר מאד" לא נתנו לך בינה ודעה מן השמים? מיד הרים קולו ובכה עד שאמרתי לו, אל ירע לך, שכל באי עולם משיבין תשובה זו אבל מעשיהם יהו מעידין בהם.

Once I was walking along the road, and a certain man who was jeering at and ridiculing my words found me. I said to him, "What will you respond to your Creator on the day of judgment?" He said to me, "I was not given wisdom or knowledge so that I could read and study." I said to him, "My son, what work do you do?" He told me, "A hunter." I said to him, "Who taught you to take flax, weave nets, throw them into the sea and pull fish out of the sea?" He told me, "I was given wisdom from the heavens." I said to him, "If you were given knowledge and wisdom from the heavens to take flax, weave nets, throw them into the sea and use them to pull fish from the sea, then for words of Torah, about which is written, "For the matter is very close to you" – you were not given wisdom and knowledge from the heavens?!"

He immediately raised his voice and cried, until I told him, "Do not be upset, for everyone in the world gives this response, but their actions will testify about them."

If we don't think we have the capabilities to learn Torah, to perform *chesed*, to volunteer, to get involved – then we need to take a look at all the things we are able to do. If a person learned a trade and works as a professional, he clearly has the brains and ability to sit and learn Torah. If a person opened a business which he runs successfully, then he clearly has the drive and ability to get things done, to take on projects, and to make a difference. We just need to stop saying "I want to" and start doing it.

Let us start paying less attention to what we think, feel and say, and more attention to what we do and how we act. Let us take the vast reservoirs of כח within us and bring it לפועל, into fruition, so we can build for ourselves the lives of meaning and fulfillment that we want and ought to build.

The Roite Bindele

RABBI ARYEH LEBOWITZ

Introduction

It is quite common for those who visit Eretz Yisrael, and particularly when visiting certain holy sites such as Kever Rochel or the Kotel, to receive a red string to wear around their wrist. It is generally taught that the string serves to ward off the *ayin hara*. Is this practice rooted in Torah sources and to be encouraged, or is it simply a superstition that was picked up from other religions or cultures and should, therefore, be rejected?

Darkei ha-Emori

There seem to be three separate *pesukim* in the Torah which prohibit following in the way of the idolaters. First, the Torah (*Shemos* 23:24) commands לא תעשה כמעשיהם - to not act as the idolaters do. Second, the Torah (*Vayikra* 18:3) warns ובחקתיהם לא תלכו - to not follow in the ways of the Emorites. Finally, the Torah (*Vayikra* 20:23) warns לא תלכו בחוקות הגוים - do not follow the ways of the idolaters. This prohibition is broadly referred to by *Chazal*

Rabbi Aryeh Lebowitz is Director of Semikha at the Rabbi Isaac Elchanan Theological Seminary and Rabbi of Beis Haknesses of North Woodmere. He was previously a guest for Shabbos at the Dr. Yitzchak Belizon z"l Beis Medrash of BRS.

as *Darkei ha-Emori*. Ramban (*Shemos* 23:24 s.v. *Lo*), in a lengthy discussion, attempts to ascertain the precise source of this prohibition. He cites all three *pesukim* as possible sources for the prohibition. Based on these *pesukim*, the term *Darkei ha-Emori* is often used interchangeably with the term *Chukas Akum*.

The Gemara offers several examples of which behaviors do and do not constitute *Darkei ha-Emori*. The examples include:

1. In *Chulin* (77a) the Gemara teaches that if one slaughters an animal and finds a fetus inside of it, he may not bury its placenta on the road, nor may he hang it from a tree, because doing so would violate the prohibition of *Darkei ha-Emori*.

2. The Gemara (*Avodah Zarah* 11a) states that it is permissible to burn the possessions of a king following his death because it is not a violation of *Darkei ha-Emori*.

3. The Mishnah (*Shabbos* 67a), in the context of a discussion of what may be carried on Shabbos, cites Rebbi Meir who says that a sick person may wear an amulet containing an egg of a locust, a tooth of a fox, or a nail from one who was crucified, and it is not considered a violation of carrying on Shabbos. The *Chachamim*, however, forbid carrying such items even during the week because utilization of such things, even in the context of achieving a *refuah*, would constitute a violation of *Darkei ha-Emori*.

Based on these (and other) examples, the *Rishonim* struggle to develop clear rules regarding what is or isn't included in the prohibition of *Darkei ha-Emori*. They particularly address those medications and treatments that seem to be based on idolatrous practices. There appear to be three basic approaches taken by the *Rishonim*:

The Opinion of Tosafos

Tosafos (*Sanhedrin* 52b s.v. *Ellah*) write that *Darkei ha-Emori* is not necessarily something that relates to *avodah zarah*, but can be a nonsensical or superstitious practice that non-Jews have accepted into their culture, such as good-luck charms and the like. There is a difference, though, between those practices that relate directly to *avodah zarah*, and those that are pure nonsense. In attempting to reconcile a seeming contradiction between the Gemara in *Maseches Sanhedrin* and the Gemara in *Maseches Avodah Zarah*, Tosafos suggest that there are two types of *Chukos HaGoyim*. First, there are practices that idolaters use in their worship, like burning items that had belonged to a deceased king, and these practices would be prohibited even if they were written in the Torah. Second, there are practices that the nations of the world do for nonsensical reasons, such as executing criminals through beheading, which is an unnecessarily gruesome way to execute a person. Such practices would be permissible for us if they are written in the Torah, since there is no concern that we would be drawn to their ways with such practices, as we would only be performing them on account of their being recorded in the Torah. This is also the opinion of the *Shiltei Giborim* (*Shabbos* 31a Rif).

The Opinion of the Ran and the Maharik

The Ran (*Sanhedrin* 52a) writes that if non-Jews have a medicinal practice that has no logical explanation and has not been proven to be effective through experimentation, it is considered *Darkei ha-Emori*. Only practices and customs that have rational explanations or reasons behind them are permitted. Elsewhere (*Avodah Zarah* 5b), the Ran comments that any practice that has no rational explanation must be assumed to have its roots in *avodah zarah*.

Similarly, Maharik (*Shoresh* 88) was asked whether it was permissible for doctors to wear special garments in order to identify themselves (such as lab coats nowadays). He explains that this is not a problem of *Chukas Akum* or *Darkei ha-Emori*, since it has a clear reason (to be able to more easily identify doctors who may be able to help in a medical emergency). Maharik limits the *issur* to two categories: a practice that has no logical reason behind it, or a *minhag pritzus* - an immodest practice that we find among the non-Jews - even if it has an explanation.

It seems that in the view of the Ran and Maharik, the criteria for inclusion in the category of *Darkei Ha'Emori* does not necessarily require that it be based upon *avodah zarah*, but inexplicable practices and behaviors that involve *peritzus* are also prohibited.

The Rambam

In *Moreh Nevuchim* (3:37), Rambam discusses the issues raised in the

Mishnah, such as burying the placenta and wearing the fox's tooth, and he explains that, in those times, some people believed that doing so had the ability to heal illnesses. However, now, when these things cannot be scientifically proven to have any effect, they are forbidden because of *Darkei ha-Emori*. Lest one argue that these are harmless practices, Rambam (*Hilchos Avodah Zarah* 11:16) emphasizes that all of these practices are complete *sheker*, and such beliefs and behaviors caused people from earlier generations to stray from serving Hashem. Therefore, Jewish people, who are expected to be sophisticated and wise, should stay far away from such nonsense.

Meiri (*Shabbos* 67) discusses what has become known today as the placebo effect. He explains that some of these 'cures' were believed to have been effective even though there is no basis for them whatsoever, but that since people believed that they were following a proper treatment plan, their positive thinking helped their health improve more than if they would have done nothing. Perhaps the impact of treatments that have no scientific explanation can be attributed to the placebo effect, and, if beneficial to the patient, may be practiced. Indeed, Rashba (*Sheilos U'Teshuvos* I:413), in disagreeing with Rambam, permits even unproven medication, aside from those that are explicitly prohibited by *Chazal*.

To summarize the opinions:

1. Tosafos maintain that anything that is completely nonsensical or based on *avodah zarah* is included in the prohibition of *Darkei Ha-Emori*, albeit with different levels of severity.

2. The Ran assumes that nonsensical behaviors ARE based on *avodah zarah*, and Maharik adds behaviors of *peritzus* to the prohibition.

3. Rambam extends the prohibition to any medication that cannot be rationally explained.

The Shulchan Aruch

When it comes to defining those forms of Darkei ha-Emori that are for medicinal purposes, the Shulchan Aruch (*Hilchos Shabbos* 301:27) cites two opinions. First, the Shulchan Aruch permits wearing the fox's tooth and the locust egg since they are for *refuah*, and anything that heals is not *Darkei ha-Emori*. Only that which is not recognized as being therapeutic would be prohibited. Second, there are those who prohibit any amulet which hasn't already been proven to work. The Mishnah Berurah (301:107), however, adds that if one is dangerously ill, one may use an amulet even if its effectiveness has not been proven.

In *Hilchos Yom Hakippurim* (605:1), the Shulchan Aruch recommends refraining from the practice of "*shlugging kaparos*", and the Mishnah Berurah explains that the objection is based on the prohibition of *Darkei Ha-Emori*. Rama, however, defends the practice, stating that it was recorded by the Geonim and has been the practice of scrupulously observant Jews for many centuries.

Rama (*Y.D.*, *Hilchos Chukas Ovdei Kochavim 178*:1) includes the definitions of the Ran and Maharik in the prohibition of *Chukos HaGoyim*, and writes that one may not engage in any activity that is nonsensical, as it may originate with idolatry, nor may one engage in activities or *peritzus*.

A Red String (Roitele Bindele)

With this background we can begin the discussion of wearing a red string to ward off *ayin hara*. If there is no known source for the spiritual effectiveness of a red string, it would seem to run afoul of the prohibition of *Darkei Ha-Emori* according to all three opinions, as it is an inexplicable practice.

The only place where *Chazal* discuss wearing a red string is the Tosefta (*Maseches Shabbos* 7) which lists wearing a red string around one's finger as an example of a violation of *Darkei ha-Emori*. Those who are familiar with kabbalistic sources have said that there does not seem to be any source in Kabbalah for the efficacy of a red string in warding off *ayin hara*. Considering that this passage in the Tosefta, which unequivocally prohibits wearing a red string, is the only source in *Chazal* for the practice to wear one, it would seem pretty clear that one may not wear a red string. How then has it become common among many G-d- fearing Jews to purchase red strings at holy sites? A variety of *poskim* have worked to justify this seemingly questionable behavior that is rampant in the Jewish community.

First, the Debreziner Rav, Rav Moshe Stern (*Shu"t Be'er Moshe* 8:36), writes that he found no source for such a practice. He adds, however, that many old Jewish women do have such a custom, including very G-d- fearing people. He cites a *Rashba* that says not to mock the practices of the Jewish people, and, therefore suggests that one shouldn't mock the practice of wearing a red string, since we can be certain that it has a holy source.

Second, the Munkatcher Rebbe (*Divrei Torah* 2:81) quotes from the Zohar that a red thread relates to *Din* and *Gevurah*.

Third, the *Korban ha-Eidah* in his commentary on the *Yerushalmi* writes that since there aren't any Emorite people left anymore, perhaps practices that were once associated with them no longer carry that same prohibition. Indeed, nowadays, people tend to only identify the red string with Jewish people and *ayin hara*, rather than with non-Jews. This idea that even those practices that used to be prohibited may now be permitted, is found in the *Eishel Avraham MiButchach* as well. Rav Shlomo Kluger (*Haelef Lecha Shlomo* 216) also suggested that we only prohibit a practice because of *Darkei ha-Emori* if we can trace its origins to non-Jews. Indeed, nowadays, all of the non-Jews who are wearing red strings are doing so to copy Jewish practices.

Finally, others point out that although the Tosefta lists wearing a red string as one of the *Darkei ha-Emori*, the Gemara in *Shabbos* did not include it in any of its lists. This could indicate that the Gemara chose to reject the Tosefta's inclusion of a red string as a violation of this *issur*.

Nevertheless, as a matter of practical halacha, Rama (Y.D. 178:1) rules like the Ran and the Maharik, that any practice that has no known rational basis violates the prohibition of *Darkei Ha-Emori* and must therefore be avoided. Rav Herschel Schachter has often remarked that the Jewish religion has long rejected superstitious behaviors, and that it is most unfortunate that Jewish people are often engaged in activities that are purely based on superstition. Rav Schachter points out that despite the fact that the Torah prohibits superstitions, the Jewish people seem to have more of them than other peoples. Perhaps, this is because we have a greater *yetzer hara* for that which is explicitly prohibited for us. It is worthwhile for the Jewish people to attempt to rid themselves of this and all other superstitions.

What is *Ayin Hara*?

If we are going to strongly discourage, or even prohibit, the use of red strings, what other methods are available to us that can effectively ward off *ayin hara*? In order to answer this question, it is important to recognize the precise definition and concern of *ayin hara*.

Rav Eliyahu Dessler (*Michtav me-Eliyahu* 3, pp. 313-314) develops an idea that all things have a proper balance and should be kept in their appropriate places. If one uses the gifts that Hashem has bestowed upon him to upset that balance, especially if he does so in a public manner, he brings a *middas hadin* upon himself and is judged as to whether he truly deserves such a blessing. Indeed, the Gemara (*Bava Basra* 2b) points out that one should not gaze upon another's field when it is in full bloom, as this may bring an *ayin hara* upon the owner.

Based on this premise, it would seem that the most effective way to protect oneself against *ayin hara* is not through wearing red strings and trinkets, but rather by conducting oneself with modesty and humility. The *Navi* Michah (6:8) teaches us, "*Hatzneia Leches Im Elokecha*" - walk modestly with your G-d. Rather than purchasing red strings, we should show Hashem that we are worthy of the brachos He bestows upon us by using them to serve Him properly instead of flaunting them and lording them over others.

A Final Word

It has become fairly common in recent times, not only for religious Jews to live lavishly, but also for people who cannot afford such a lifestyle to criticize the conspicuous consumption of others. Sadly, it is far less common to find people who undertake introspection and decide that although they can afford to live a more lavish lifestyle, they will choose not to. While criticism of overspending and public displays of wealth may be warranted, perhaps the best response to such garish behavior is for each of us to make a concerted effort to live below our own means. Perhaps I can't afford an expensive vacation, but I can afford a lease on a luxury vehicle. Instead of using our energies to criticize those who go on such vacations, maybe I ought to consider leasing a less expensive vehicle. Oftentimes, the criticism of others is based less on a genuine concern for our community than on very thinly veiled jealousy which is in fact the driver of *ayin hara*. One might imagine that if we are concerned with the impact of *ayin hara*, we should certainly do whatever we can to avoid being the source of the *ayin hara*. It is important to avoid both opening oneself to potential *ayin hara*, as well as harming others with our own *ayin hara*. When the trend in frum society returns to the vision of Micha to truly live modest and private lives, we will be afforded better protection than a red string or any other quick fix could possibly offer.

Psak Halacha through Artificial Intelligence

Rabbi Yoni Levin

THE ADVENT OF ARTIFICIAL INTELLIGENCE HAS RAISED MANY QUESTIONS in society, ethics, education, public policy and business. Halacha, too, will be faced with many new questions and challenges as further advancements are made to AI. This essay is not intended to give a *psak halacha*. Rather, it is intended to pique the interest of the reader regarding the fascinating interface between Halacha and technology.

School Work

To date, AI software has been widely used for school papers and speech writing. There certainly would be no violation of plagiarism - but misrepresentation might very well be at play. In Halacha, this would be called *geneivas daas*. When a teacher assigns a paper to a student, the expectation is that the student research, organize and write the paper. Of course, there is an understanding that there are people along the way who may assist – such as parents, siblings, and friends – but the expectation is that most of the legwork

Rabbi Yoni Levin is the Rosh Yeshiva of Yeshiva of South Florida and Assistant Rabbi of Congregation Aish Kodesh in Woodmere, NY. He was previously Rosh Kollel of the BRS Summer and Winter Kollels.

is performed by the student. The AI programs, however, entirely remove the research, the organization, the writing, the creativity and the human element. Therefore, if a student were to hand in a paper by submitting a question or command to AI and hand in the paper as it is, it would appear to be a blatant violation of *geneivas daas*

What if the student were to use AI software but change, alter, and personalize the results? Would that still be considered *geneivas daas*? How much would need to be altered? Is that considered any different than doing ordinary research? I don't believe there are any clear answers or guidelines, but I offer some food for thought.

Speech Writing

Speech writing for professional purposes, however, may likely not pose a problem of *geneivas daas*. Many public figures commission speech writers. It's hardly considered a misrepresentation. The listeners are well aware that presidents, CEO's and the like make use of speech writers. AI software would seem to be no different than using a speech writer. However, when it comes to a speech class in school, the understanding is that the student is not only delivering the speech, but also preparing the speech. It would be the same discussion as papers and assignments discussed above.

Psak Halacha on the Internet

Although the answer appears to be obvious, the need to address the following is of utmost importance. The use of the internet for *psak halacha* has become, regrettably, quite prevalent. So long as the author of the website is credible, the information can be reliable. The danger of relying on web-based articles is two-fold. Firstly, while many areas of Halacha are black and white, there are many areas of Halacha that are quite the contrary - they require sensitivity and an intimate understanding of the intricate details of the question, the individual and the situation that only a person, a Rav, can adequately address. Secondly, it paves the way for a breakdown in the relationship with a Rav. A person can live in a community and remain completely anonymous. However, a connection with a Rav may have additional benefits. This connection may not only benefit the person in a time of need but may also inspire the individual to mature spiritually and increase his knowledge base.

Psak Halacha through AI

While there may be value to utilizing AI for *psak halacha*, it may lead to a dangerous breakdown in Halacha. In theory, as AI self-teaches itself, it may, in fact, have the capability to answer *shailos*, even the most sophisticated ones, correctly. Moreover, if a person inputs the relevant details, he may, in fact, get an accurate *psak*.

Probing the *Shaila*

The first challenge with AI *psak halacha* is that the questioner must know how to ask the question with all of the relevant information. Many times, a competent Rav has the experience to probe the situation and ask follow-up questions to understand the *shaila*. It is possible that AI may also evolve and eventually accomplish this.

Bearer of *Mesorah*

Another challenge associated with relying on AI-generated *psak* is that *psak halacha* should be in the hands and minds of those transmitting the *Mesorah*. Human input is necessary. It's not only about arriving at the correct halachik answer. It's about receiving the correct halachik response that is part of our *Mesorah*. AI software can in no way be considered a bearer of the *Mesorah*. The Yerushalmi (*Bava Metzia* 7:1) states *minhag* overrides Halacha. In other words, an accepted *minhag* outweighs the objective Halacha. And since AI, by virtue of the fact that it is not human and lacks the critical *Rebbe-Talmid* relationship, does not qualify as a receiver or transmitter of *Mesorah*, it cannot qualify as a source of *psak halacha*.

The Spiritual Realm of *Psak*

Furthermore, *psak halacha* is not simply an intelligent individual, or in this case, a person arriving at the correct conclusion. It is an entry and encounter into the deepest parts of the spiritual world. The Gemara (*Sotah* 4b) records a debate among several *tanaaim* regarding the length of time of intercourse. The Gemara explains that each *tana* answered according to his own personal experience. But the Gemara points out that Ben Azai expressed an opinion, even though he had never been married. The Gemara gives two explanations. Firstly, he heard this from his *rebbe*, which may prove that one needs a *Mesorah* for *piskei halacha*. This is not foolproof since, as a result of lack of experience, he may have needed to learn from his *rebbe*. Secondly, the Gemara suggests that he merited knowing the answer, not from personal experience, but because he had been privy to *sod Hashem leyereiav* (*Tehillim* 25:14) – the secrets of the Torah – through his achievements in Torah. In other words, he had some level of *ruach hakadosh*. In truth, this is not conclusive proof that human participation is required. The Gemara may be teaching that one can arrive at the correct Halacha through *ruach hakodesh*, but one does not need *ruach hakodesh* in order to get the correct *psak halacha*.[1]

The *Siyata deShmaya* of Psak

Another essential role of *psak halacha* is the element of *siyata deShmaya*. The Gemara (*Sotah* 7b) describes how Yehuda's bones were trembling as they were being carried through the desert. Moshe Rabeinu *davened* on Yehuda's behalf and the bones eventually stopped moving. The Gemara describes several stages in the ascent of Yehuda's *nesahama*, for which Moshe Rabeinu *davened*, until Moshe finally merited the ability to *pasken* correctly. It is clear from this Gemara, that *siyata d'Shamya* is an essential component of *psak halacha*.

1 Regarding this Gemara, Maharatz Chiyus asks how is it possible that Ben Azai *paskened* based on *ruah hakodesh*, don't we say *lo bashamyim he*? Rav Elyashiv answers that *lo bashamayim* does not disqualify a resolution that is based on facts. In other words, marital relations take a certain amount of time. The time is fact-based, and those who have access to *ruach hakodesh* may utilize it to reveal the facts. It is only when it relates to a *psak halacha* that is not based on facts but rather based on an understanding of a concept that we do not rely on *ruach hakodesh*.

Geulas Yisrael 101
Shavuot: Is Torah In Israel "Different"?

Rabbi Moshe Taragin

Thousands of years ago, we stood underneath a fiery mountain, attentively listening to the directly revealed voice of Hashem. No religion has ever, or will ever, lay claim to a direct encounter between an entire nation of three million strong and the Creator of the universe. Har Sinai was the seminal moment of Jewish faith and religion.

Strangely, this celebrated encounter with Hashem was staged in a barren desert landscape. Wouldn't it have been more appropriate to conduct this meeting in a more elegant and palatial setting?

Lessons for Torah study

Chazal point to the numerous guidelines for Torah study which are distilled within the metaphor of a desert. For example, an unfenced desert allows free passage, as opposed to a delicate garden which is shielded from human intrusion. Similarly, Torah study demands extraordinary humility and

Rabbi Moshe Taragin is a Rebbe at Yeshivat Har Etzion. He was previously a guest for Shabbos at the Dr. Yitzchak Belizon z'l Beis Medrash of BRS.

only an accepting person, who tolerates the trespass of others can fully absorb the word of Hashem.

Secondly, Torah is endowed in a desert, which is an ownerless site, suggesting that Torah is not the province of any one particular group. No human being or faction hosted the delivery of Torah, and none can claim a monopoly over Torah knowledge.

Finally, a stark and barren desert highlights that Torah study cannot be relaxed or cavalier. Mastering the infinite and uncontainable word of Hashem demands relentless intensity and, typically, comes at the expense of the extravagant luxuries normally associated with city life. The cost of Torah excellence is often a barebones and spartan "desert" lifestyle.

These three lessons of Torah study all justify its delivery in a desert, but they don't explain why the chosen desert was located outside the land of Israel. Evidently, scheduling Matan Torah specifically in Sinai projects a different Torah message: Torah is non-geographical and can be studied and practiced anywhere, even outside of Israel. Torah is a cosmic encounter with the eternal word of an unfathomable G-d, and has little to do with location. As the gemara (Berachot 6a) reassures

ומנין שאפילו אחד שיושב ועוסק בתורה ששכינה עמו - שנאמר: בכל המקום אשר אזכיר את שמי אבוא אליך וברכתיך

the Shechinah attends any incident of Torah study, wherever and whenever it occurs.

Preserving Torah's Independence

During two pivotal entries into gallus, the geographical autonomy of Torah was underlined. During the initial stage of our first exile, a cadre of surpassing Torah scholars was relocated from Yerushalayim to Bavel, establishing a Torah hub which lasted well over 1500 years. Bavel would ultimately host the greatest surge of Torah study in history- the development of Torah sheba'al peh. Conditions in Israel proper remained too austere and too grueling for the flourishing of the oral Torah, whereas the calm valleys of Bavel and Persia provided a more serene backdrop for this phenomenal expansion. The Talmud Yerushalmi, compiled in Israel, pales in comparison to the Talmud Bavli, reflecting the degraded state of the Jewish imagination operating under duress in Israel. Even before our first gallus concluded, Torah was already firmly entrenched in Bavel, its future residence outside of Israel.

During our second exile, during the Roman siege, Rebbi Yochanan ben Zakai negotiated the surrender of Yerushalayim in exchange for the relocation of the High Court of the Sanhedrin. Though the Sanhedrin relocated to a different site in Israel, this barter set the stage for the portability of Torah. Rebbi Yochanan swapped "location" for Torah. Our religion was now transportable, able to be carried anywhere.

As the gemara (Berachot 8a) remarks: מיום שחרב בית הצמקדש אין להקב"ה בעולמו אלא ד' אמות של הלכה בלבד

Though we were expelled from Israel, Torah never required a location or a specific "place". It merely required an inner four cubits of divine logic.

To showcase Torah's geographical independence from the land of Israel, it was delivered in a remote desert, outside of Israel,

Is Torah in Israel Different?

Yet, Torah study in Israel is still distinct and still different from Torah studied elsewhere. The amora, Rebbi Zeira, in particular, sensed the superiority of Torah in Israel, and emigrated to Israel, despite the disapproval of his Rebbi, Rav Yehuda who banned it. Evidently, for Rebbi Zeira, Torah in Bavel was inferior to the purer Torah in the land of Hashem. Seeking to purge himself of the impure Torah of Bavel, he fasted 100 days prior to his arrival in Israel. Finally, Rebbi Zeira coined the well-known adage דארץ ישראל מחכים claiming that the atmosphere of Israel enables greater access to divine wisdom. His observation echoes a midrash (Bereishit Rabbah 16:4) which reports

אין תורה כתורת ארץ ישראל ואין חכמה כחכמת ארץ ישראל,

affirming that Torah wisdom in Israel is superior.

Unfortunately, throughout our troubled history, as we were scattered amongst the nations, we rarely had the opportunity to fully explore this unique blend of Torah in Israel... until now.

Torat Eretz Yisrael

Over the past 150 years, renewed Jewish sovereignty in Israel has raised the question of whether Torah study should be updated. Rav Kook in particular, believed that, with our national and historical return, a new Torah study or "torat eretz yisrael" should be developed. He wasn't specific about *how* this should be accomplished, but his repeated messaging did inspire an entire school of thought supporting a transformed Torah study in modern day Israel.

One suggestion is to study Torah in Israel in a more contoured fashion, with less give and take, less questioning and less disputation. Supernatural inspiration in the land of Israel should expedite the process, enabling more consensus opinions and precluding the need for extended debate or elliptical analysis. Outside of Israel there was greater need for argumentation and for dialectics, whereas in Israel, the experience is more direct and straightforward.

A different modification of Torah study in Israel would seek to fuse various disciplines of Torah into one integrated whole. Traditionally, legal Talmudic inquiry study was kept distinct from Kaballah or from Midrash, as their respective logic and their ground rules of analysis are so different. Combining these dissimilar fields would distend their inner logic and would constitute, as the Chatam Sofer warned, a prohibition of Kilayim.

Perhaps, now that we have resettled Israel and live under the direct presence of Hashem, who is indivisible, we should similarly unify the various strands of His torah into one incorporated fabric.

A third opinion of Torat Eretz Yisrael wants to better apply Torah to our more expansive Jewish horizons. Living in Israel, we finally experience a holistically Jewish environment, and we also aim to spiritualize our culture, our politics and our society at large. Shouldn't we also explore the impact of Torah upon this broadened Jewish totality? Shouldn't we think about how Torah is expressed in all sectors of the modern Jewish experience, rather than confining it to study halls or to legal halachik applications for daily life?

Enhancement, Not Replacement

My Rebbe, Rav Aharon Lichtenstein was very cautious about these changes, strongly opposing any alteration of Torah study, adhering instead to the classic "internal" analysis of Torah. Talmudic debate as serpentine as it appears, isn't a function of disrupted analysis, but instead generates multiple approaches to a Talmudic concept, each of which contain elements of a larger divine truth. Streamlining the process splices off segments of this broader divine truth.

Similarly unifying diverse areas of Torah study can wreck the internal logic of each respective field. Talmudic calculus is completely different from the mysticism of Kaballah.

Finally, stretching Torah for social and political commentary undermines the internal self-sufficient relevance of the eternal word of Hashem. Torah need not comment upon broader society or enjoy contemporary applications to attain relevance.

Moreover, the very prospect of altering Torah study can invite broader dangers such as antinomianism, or the false but seductive notion that, in a redeemed state, normative halachik practice is no longer binding. If Torah study changes why shouldn't mitzvoth? Torah and mitzvoth are each immutable, and any notion of adjusting them to our new reality can subvert their eternal inalienability.

As time passes, we will probably reach a balanced calibration. We should continue to study Torah in its classic manner, but gradually become sensitive to additional hues and tints which never surfaced in Bavel, but have emerged now that we have returned to the land of Hashem. Religiously, historically and even intellectually we cannot overhaul Torah study. We can, however, add layers to the ever-evolving word of Hashem, especially when it flows through His land.

Torah was delivered in a desert, but it has now come home to Israel.

Fixing the Big Picture: (How) Is Ahavat Yisrael Possible?

RABBI REUVEN TARAGIN

Why We Mourn

We have two yearly communal periods of mourning — the Three Weeks and the Omer. Both were caused by dysfunctional interpersonal relationships.

The Three Weeks commemorate the *churban* (destruction) of the Beit HaMikdash and our exile from Eretz Yisrael. Chazal[1] attribute the *churban* to the sin of *sinat chinam* (baseless hatred).[2] Though the Jews of the Second Temple period were involved in Torah, mitzvot, and *chessed* (!), they (still) hated each other and were therefore exiled.[3]

1   Talmud Bavli, Mesechet Yoma 9b. See Malbim (Tehillim 122:6) who learns from Tehillim 122 that the city of Yerushalayim's strong peaceful existence hinges on the healthy inter-relationships between its citizens. See also Talmud Yerushalmi, Masechet Bava Kamma, pg. 33b.

   See Maharal (Netzach Yisrael Perek 4) who explained why this had such a devastating impact on specifically the second Beit Hamikdash.

2   The episode of "Kamtza and Bar Kamtza" (Talmud Bavli, Meschet Gittin 55b) is an excellent example of this baseless hatred.

3   One can explain the connection between baseless hatred and the *churban* not only as one of crime and punishment, but also naturally. Josephus (History of the Jewish Wars with the Romans) records how, exhausted from their infighting, the Jews lacked the strength to face the external Roman enemy.

Rabbi Reuven Taragin is the Dean of Overseas Students at Yeshivat Hakotel and the Educational Director of The World Mizrachi Movement.

Baseless hatred's ability to cause *churban* teaches us that this sin is as severe as the three cardinal sins (which caused the destruction of the *first* Beit Mikdash).[4] This explains why many Tannaim saw healthy relationships as central to Torah and mitzvot. Rebbe Akiva considered loving other Jews the Torah's greatest principle.[5] Hillel went even further and hailed proper interpersonal relationships as the *entirety* (!) of the Torah.[6]

The *mitzvah* of *"v'ahavta l'rei'acha kamocha"*[7] demands more than merely avoiding hatred; we are commanded to love each other as well. We see the importance of this love and of respect for one another from the second yearly mourning period — the Omer. During the Omer, we mourn for Rebbe Akiva's twenty-four thousand[8] *talmidim* who perished because they did not show respect to one another.[9]

---

4   The Gemara (there) goes even further and asserts that the fingernails of those who lived during the first temple period were better than the stomachs of those who lived during the second temple. The Gra (Ruach Hamosheil, pg. 213) explains that as opposed to the earlier generation, whose sins were merely external and expressive of their inability to control themselves, the baseless hatred of the later generation reflected the fact that they were internally problematic. See the Rambam (Mishneh Torah, Hilchot Teshuvah 7:3) who explains the unique severity of sinful character traits.

See also Masechet Avot 2:11 which depicts the serious implications of this sin.

The Zohar (Parshat Vayeshev 29b) links the baseless hatred of the Second Temple period which we commemorate during the *twenty-two* days of the Three Weeks to the hatred Yaakov's sons had for their brother Yosef (Sefer Bereishit 37:4) which caused him to be exiled for *twenty-two* years. Sadly, baseless hatred goes back to the very beginning of Jewish history. See also Sifri (Vezot HaBracha 11) which explains that Hashem chose to found His Beit HaMikdash in the portion of Binyamin because he was the only brother not involved in the sale of Yosef.

5   Sifra, Kedoshim 4; Bereishit Rabbah 24:7.

6   Talmud Bavli, Masechet Shabbat 31a. See Medrash Shocher Tov which links this teaching of Hillel with the pasuk of *V'ahavta l'rei'acha ka'mocha*.

Also, this statement of Hillel dovetails with his directive to emulate Aharon HaKohen's *ahavat haberiyot* (Masechet Avot 1:12).

7   Sefer Vayikra 19:18.

8   The Gemara (Talmud Bavli, Masechet Yevamot 62b) describes the twenty-two thousand as twelve thousand pairs. The message might be that the group was a representative body of the Jewish People, which consists of twelve tribes.

9   Talmud Bavli, Masechet Yevamot 62b. The Gemara (Talmud Bavli, Masechet Menachot 68b) tells of Rebbi Akiva rebuking one of his talmidim for such conduct.

Many wonder how Rebbi Akiva, who emphasized the importance of *ahavat Yisrael*, could have talmidim who acted this way. Many suggest that Rebbi Akiva learned this lesson from the fate of his talmidim. At the very least, we know that Rebbi Akiva himself attributed their death to this sin (See Kohelet Rabbah 11).

Understandably, Rebbi Akiva's later talmidim emphasized the importance of showing respect to one's friends. See Masechet Avot 4:10,12 and Talmud Bavli, Masechet Berachot 28b, Masechet Shabbat 32b and 118a, Masechet Berachot 43b, and Masechet Bava Metzia 33a, Medrash Tanchuma Vayechi 2, and Shir Hashirim Rabbah 2:15.

Though the *talmidim* may have actually *had* respect for (and definitely did not hate) one another, not *showing* respect was enough to seal their fate. Their death, which occurred parallel to (or, possibly, as part of[10]) the failure of the Bar Kochva rebellion, extinguished the final hope for a quick rebuilding of the Beit HaMikdash and led to almost two thousand years of exile and suffering — "the world was decimated."

The lesson of these two mourning periods is obvious. Though the Torah commands many *mitzvot* that guide our relationship with Hashem, the *mitzvot* that govern interpersonal relationships are the most important.[11] Disregarding them causes *churban* and subsequent mourning.

The Sefat Emet[12] and Rav Kook[13] reach a natural conclusion. If *churban* is caused by baseless hatred and disrespect, we merit redemption through love and respect. The Chafetz Chaim said (in the name of the Zohar) that: "If *one* shul could maintain proper peace and harmony among its members, we would merit the coming of Moshiach."[14]

Sadly, we know that accomplishing this is easier said than done.

The High Bar

A closer look at the parameters of the *mitzvah* to love one another accentuates the enormity of the task.

First off, as we saw, the Torah commands us to love one another *ka'mocha* — as we love ourselves. The Ramban[15] explains that most people have pity upon and are willing to help those less talented or blessed, but are more hesitant to help those more or as successful as themselves. We are happy to help others improve their situation, but we try to maintain our supremacy. The Torah commands us to care for others *like we care for ourselves* — to help every Jew become *as successful as possible*. The *klal gadol* of *ka'mocha* commands us to do for others *exactly* what we seek for ourselves — "without distinctions,

---

10 See Iggeret of Rav Sherira Gaon. Rebbe Akiva was an initial supporter of Bar Kochva (Talmud Yerushalmi, Masechet Ta'anit 4:5) and it makes sense that his talmidim might have been killed as part of the Roman reprisals to the revolt.

11 See Rosh on Pei'ah 1:1. See also Mesilat Yesharim Perek 19 based upon Masechet Avot 3:10. See also Sippurei Tzaddikim (of Rav Simcha Raz) pg. 95 and Great Jewish Wisdom pg. 63.

12 Sefat Emet, Rosh Hashana 5641.

13 Orot Hakodesh 3, pg. 324.

14 Shemirat Halashon 2:7.

15 Ramban, Vayikra 19:17.

without schemes, exactly like you."[16]

The *mitzvah* is also completely inclusive. We are commanded to love *all* Jews — even those there is a *mitzvah* to *hate*.[17] Chazal teach this idea in the context of the *mitzvot* to help load[18] and unload[19] another's donkey. Though we generally prioritize unloading (out of sensitivity for the animal), Chazal[20] instruct us to help a sinner (who we are commanded to hate) load before helping a friend unload. We are taught to help the sinner first in order to foster positive feelings toward him. Because Chazal understood that we care about those we roll up our sleeves to help,[21] they encourage prioritizing helping those we hate in order to mitigate these feelings.

Tosafot[22] wonders why we are instructed to mitigate the hatred we feel towards those we are meant to hate. If we are meant to hate them because of their sins, why fight these feelings? Tosafot answers that Chazal seek to help us avoid the development of "complete" hatred. We are meant to hate the sin, but not the sinner.[23]

The wise woman Beruriah made this point to her husband, Rebbi Meir, who was praying for the death of heretics.[24] She noted that Sefer Tehillim[25] expresses the hope that *sin*, not *sinners*, disappear and she encouraged him to do the same. Heeding his wife's sage advice, Rebbe Meir prayed for the sinners to repent and his prayers were answered.

---

16 Mesilat Yesharim, Chapter 11.
17 See Talmud Bavli, Masechet Pesachim (113b), Avot D'Rebbe Natan 16:5, Sifri Re'eh 37, and Yerei'im 224.

   In a famous letter, Rav Kook addressed secular kibbutz members as "loved (and) hated brothers."
18 Sefer Devarim 22:4.
19 Sefer Shemot 23:5.
20 Talmud Bavli, Masechet Bava Metzia 32b.
21 Chazal predated Benjamin Franklin, who "discovered" this idea over 1500 years later (*The Autobiography of Benjamin Franklin*, pg. 48).

   See also Maharal (Netivot Olam 1: Netiv HaTzedakah 6), Rav Hirsch (Bereishit 22:2), and the Michtav Mei'Eliyahu (1:Kuntras HaChessed) who discuss this idea.
22 Tosafot (D'H Shera'ah) to Talmud Bavli, Masechet Pesachim 113b.
23 See Lechem Shamayim (of Rav Yaakov Emden) to Masechet Avot 1:12. See also Avot D'Rebbe Natan (Perek 33) who quotes an opinion that identifies a "*gibor*" as one who can turn someone they hate into someone they love.

   See also Chazon Ish (Yoreh Dei'ah 12), who explains that this idea applies even more so in contemporary times, when heresy is so widespread.
24 Talmud Bavli, Masechet Berachot 10a.
25 Sefer Tehillim 104:35.

Why We Are Meant To Love

Indeed, we are meant to love all people — because we are all Hashem's creations. By loving and showing respect to His creations, we, in essence, show respect to Hashem *Himself*.[26] The Ba'al HaTanya[27] saw this as the reason why Hillel used the word "*beriyot* (creations)" to describe people when encouraging us to emulate Aharon HaKohen who was "*oheiv et ha'briyot u'mekarvan la'Torah* (loved creations and drew them close to Torah)." Hillel used the word "*beriyot*" to include even those we see no reason to love beyond the fact that they were created by G-d.[28]

One who loves the Creator should love his creations. Though Chazal use the term "*sinat chinam*," they never use the term "*ahavat chinam*." This is because love of Hashem's creatures is never baseless. Hashem's creation is reason enough to love all His creations.[29]

This is how Rav Tzvi Yehudah Kook explained why Pirkei Avot[30] twice lists love of "*beriyot*" right after love of Hashem. What does love of Hashem mean if it does not express itself in love of his creations? As we do not see Hashem himself, we can only come to love Him by appreciating His word (the Torah) and His world.

Hashem's having created *all* people is why we should love *every one* of them. This is the lesson Eliyahu HaNavi taught Rebbi Elazar b'Rebbi Shimon. Proud of his having mastered much Torah, Rebbe Elazar was riding high on his donkey. Eliyahu appeared as an ugly person (seemingly, both physically and spiritually) and greeted him. After first ignoring him, Rebbi Elazar called Eliyahu an empty and ugly person. Eliyahu responded that Rebbi Elazar should tell this to the One who created him — Hashem. Immediately realizing his

26 See Masechet Avot 4:1, quoting Hashem's description of people showing Him respect as a prooftext for the importance of respecting other *people*.

27 Sefer HaTanya 32.

28 See Masechet Avot 2:11, which also uses the term "*beriyot*" in this context. See also Talmud Bavli, Masechet Berachot (17a), which quotes the prestigious Rabbis of Yavneh who used this term as a basis for appreciating the equal value and significance of all people.

29 See Rav Kook (Midot Hari'iyah Ahavah 6) who describes a love for all creations that naturally resides in the heart of the righteous. This love includes all things, people, and nations — even Amalek!

In Orot Hakodesh 3 (pg. 327) Rav Kook asserts that people who think in a pure, Godly way cannot hate or denigrate any creation or ability found within our world, as they are all revelations of Hashem's handiwork.

30 Masechet Avot 6:1 and 6:6.

mistake, Rebbe Elazar begged for (and was eventually granted) forgiveness.[31]

No matter how learned and otherwise accomplished one is, it is critical to continue respecting all people. They are all Hashem's creations and are thus valuable and worthy of love and respect.

Though all of Hashem's creations are valuable, human beings are even more precious as they are created in Hashem's image.[32] This is how the Medrash[33] explains why Ben Azzai chose the pasuk of *"zeh sefer toldot adam"*[34] as the Torah's *klal gadol*. The end of the pasuk emphasizes that man was created in G-d's image. This is why man's life and history are important, and why we are all worthy of love and respect.

Though all humans are beloved Godly creatures, the Jewish people are uniquely beloved, as we are all Hashem's children.[35] This is why *"v'ahavta l'rei'acha ka'mocha"* applies particularly to Jews and is followed by the words *"Ani Hashem."* Hashem reminds us that He created all people in His image and chose all Jews as His children. If we appreciate what truly makes us special, we love (all) those who share our unique distinction as much as we love ourselves.

Where This Love Brings Us

Ahavat Hashem is not only a reason to love His creations; it is also a *byproduct* of doing so. The Rambam[36] explains that appreciating Hashem's amazing creations brings one to appreciate their creator. Developing belief in Hashem is much easier than cultivating emotional feelings of fear and love. How can we love or even fear a being we have no way of knowing? The answer is by appreciating His creations. Studying Hashem's creations generates awe; appreciating his creatures fosters love.

Hashem's greatest creation is man. Appreciating and loving people helps us best appreciate and love Hashem. In fact, the former is a condition for the latter. This is why the Arizal taught the importance of committing oneself to

---

31 Talmud Bavli, Masechet Ta'anit (20a). See Rashi there (d.h. *Nizdamein*) who explains that the man was, in actuality, Eliyahu HaNavi, who appeared to Rebbi Elazar to teach him a much-needed lesson.

32 See Mechilta, Parshat Hachodesh 11.

33 Bereishit Rabbah 24:7. See also the formulation of Sifri, Kedoshim 4.

34 Sefer Bereishit 5:1.

35 See Sefer Shemot 4:22, Sefer Devarim 14:1, Masechet Avot 3:14.

36 Mishneh Torah, Hilchot Yesodei HaTorah 2:2.

the mitzvah of *"v'ahavta l'rei'acha ka'mocha"* before praying to Hashem:[37] Love for His creations is a *pre-condition* for receiving Hashem's love and affection.[38]

The Maharal[39] summarizes the bilateral linkage between *ahavat Hashem* and *ahavat ha'beriyot* this way: "It is impossible for one who loves Hashem to not love all of His creations. And one who hates creatures, cannot love the God who created them."

But How?

We have seen 1) how important and demanding loving creatures, people, and Jews is, and 2) the reason for its importance.

Though most of us are familiar (on some level) with this importance, we find developing these feelings very difficult. When it comes to the *mitzvah* of *ahavat Yisrael*, there is sadly a wide gap between theory and practice. Though we all recognize the *mitzvah*'s importance, we fall very short of the goal.

How can we bring ourselves to love all Jews?

Rav Nachman of Breslov[40] offers a suggestion. He explains that love hinges on appreciation. We love the things and people that make us happy, those that enrich our life. Understanding this, Rav Nachman instructs us to take each other seriously, to speak to each other with *"yirat Shamayim"*[41] in order to appreciate the traits and ideas we can apply to our own lives. This, writes Rav Nachman, is "where love lies."

Pirkei Avot[42] teaches that the wise man is the one who learns from all others. The fact that all people were created by Hashem and that all Jews are His children (and have a *cheilek* (portion) in His Torah[43]) means that they all have what to teach us.

Rav Nachman teaches that love of others depends upon a similar process.

37 Quoted from Kavanot Ha'Ari by the Magen Avraham Orach Chayim 46 (Introduction).
38 The Arizal quoted by Shaarei Ha'hitkashrut of Rav Chaim Vital.
39 Netivot Olam 2, *Netiv Ahavat Rei'a*, Perek 1. See also Shelah (Sha'ar Ha'otiyot, Ot Bet, "*Beriyot*") who elaborates upon the connection and relationship between the two Torah mandated loves — love of Hashem and love of man.
40 Likutei Maharan 34:8.
41 See also Tanna D'Bei Eliyahu Rabbah (28) that also speaks about the importance of fearing other people as part of its discussion of loving and respecting others. We should have *yirat Shamayim* when we speak to each other because we are speaking to one of Hashem's creations.
42 Masechet Avot 4:1.
43 Masechet Avot 5:20.

The fact that we can learn from each person means that we can appreciate and love them as well.

Focusing on the Good

Loving by learning from others hinges upon our ability to see and focus upon the good in others. Rav Nachman[44] explains this as the meaning of Pirkei Avot's exhortation to "judge all people favorably."[45] Every person, even the worst sinner, has positive traits. When we choose to define, or "judge," people by these positive traits, we inspire them oand ourselves to live up to this positive image.

This is why Rav Elimelech of Lizensk wrote a prayer that asks Hashem for His help in inspiring us to see the good in other people:

> "Save us from the (natural) jealousy people have for each other..
> In contrast, place in our hearts the ability to see the good in our peers, not what they lack.
>
> And that we should speak to each other in a way that is straight and desired by you... And strengthen our bond with love to you."

Rav Elimelech reminds us that our connection with Hashem hinges upon our relationship with other people and our ability to focus on the good in each of them.

Focusing on the good in others and the world, in general, is also the key to living a good life. Dovid Hamelech teaches this lesson through the well-known *pesukim* in Sefer Tehillim which identify a desirable life as one that allows people to "love each day by focusing upon the good."[46] One who sees good in the people he is surrounded by and the events he experiences will love each day of his life. The good life is not defined objectively. It hinges upon our *view* of our lives. Many live lives full of riches and resources, but are unhappy. Others live with poverty and suffering, but are happy because they focus on the good. Such is the desirable life.

---

44 Likutei Maharan 1:282.
45 Masechet Avot 1:6.
46 Sefer Tehillim 34:13.

Fixing the Big Picture

Our people's first exile began with Yosef and his brother's inability to see the good in each other. Hundreds of years later, our first attempt to return to Eretz Yisrael was derailed on Tisha B'Av by the *meraglim's* inability to see the good in Eretz Yisrael.[47]

Sadly, even once we entered the land and built a kingdom and the Beit Hamikdash, ongoing hatred and disrespect caused the ultimate *churban* (again on Tisha B'Av) and the death of Rebbi Akiva's *talmidim*, leading to two thousand years of exile.

As we mourn these events and their implications, let us aim to fix their cause and to merit redemption through love and respect. Let's accomplish this by greeting each other with a smile[48] and generating positivity by focusing on the good in one another. May doing so merit the redemption of ourselves, the Jewish People, and the entire world speedily in our days.

---

47 The Torah links these two events by using the word "*dibah*" to describe each of their acts of slander (Bereishit 37:2 and Bamidbar 13:32, 14:36 and 37) and nowhere else in the Torah.

48 See Masechet Avot 1:15, 3:12, and 4:15.

The Source of Ethics and Dealing with Mitzvot that Seem Unethical

Rabbi Netanel Wiederblank

O N THREE OCCASIONS THE TALMUD (*BAVA KAMA* 46B, *KESUBOS* 22A, *NIDAH* 25a) cites Scripture to prove a particular idea and then asks a remarkable question: למה לי קרא סברא הוא - Why do I need a Biblical verse to teach me this idea? It is a *sevara*! Namely, why do I need a *pasuk* to teach me this concept if I can figure it out on my own.

With this interrogative, the Talmud declares that *sevara* is binding. Moreover, this implies that a legal concept which can be derived by *sevara* should not be stated explicitly in the text. The purpose of the Torah, it would seem, is to tell us what we would not have known otherwise. Thus, the Talmud will often reinterpret a verse that seems to be teaching us something obvious in such a way that it provides additional content.[1]

An obvious question arises. Certain *mitzvot*, such as the prohibition of murder or theft, seem to be independently derivable. How can we claim that every mitzvah is teaching us something we would not otherwise have known?

1   See for example, *Chullin* 114b.

Rabbi Netanel Wiederblank is a Maggid Shiur at Yeshiva University where he teaches Tanach, Talmud, Halacha and Jewish Philosophy to college and semicha students. He is the author of a number of volumes on Jewish thought, and previously taught in the BRS Afternoon Kollel.

Perhaps the answer is that there is a novel element (*chiddush*) in every *mitzvah*. For example, the categorical prohibition of murder includes euthanasia, which otherwise might seem morally defensible as a form of merciful killing.[2]

In an article entitled "How Are We to Determine What God Wants? Reason, Revelation, or Both," (*Hakirah* Vol. 18, pp. 107-146),[3] I described the role of *sevara*, its scope and limitations, in determining the laws . In this essay, I would like to address some questions that were not fully answered in the Hakirah article.[4]

Does Our Reliance upon *Sevara* Imply an Ethic Independent of God?

We saw above how the Talmud expects us to obey a law dictated by logic, despite the absence of a divine command. For example, it is unethical to kill someone in order to save one's own life because "who says your blood is redder, maybe the other person's blood is redder?" (*Sanhedrin* 74a). This law is derived using *sevara*; there is no Scriptural source. Thus, we must ask, does the derivation of a law without divine command suggest an ethic independent of G-d.

R. Mayer Twersky deduces from Rambam (*Hilchot Yesodei ha-Torah* 1:1) that there is no ethic independent of G-d:

> Judaism does not recognize a natural moral independent of *Hakadosh Baruch Hu*. *Hakadosh Baruch Hu* is *the* source of all morality. Rambam opens his *magnum opus* by declaring that *the* fundamental principle which underlies all others and *the* pillar of *all wisdom* is knowing of the existence of *Hakadosh Baruch Hu*, Creator of heaven and Earth. Rav Soloveitchik, zt"l commented

---

2 Similarly, the prohibition of theft includes, according to many Rishonim such as Ritva *Chullin* 94a, false goodwill. Thus, only through the Torah's prohibition would we know that something as insignificant as opening a new barrel of wine in the presence of a guest can be considered theft if it gives the false perception that the barrel was opened for the honor of the guest but would not have otherwise been opened.

A more fundamental answer to this question may be that without a formal prohibition against murder it would not be a capital offense. Moreover, the detailed laws of *retzicha* (e.g. distinguishing between hitting someone with metal versus wood) could not be stated.

3 Currently available for free online at www.hakirah.org.

4 In the third volume of *Illuminating Jewish Thought* I hope, with G-d's help, to further develop some of these ideas.

that Rambam clearly indicates that *all* wisdom depends upon knowledge of *Hakadosh Baruch Hu*; i.e., there is no ethical or moral knowledge independent of Him.[5]

It would seem that the existence of a system of ethics or a body of law that exists independently of G-d and that binds G-d would contradict the principle of divine unity which states that all that exists is dependent upon His existence. This is not just true regarding material existence but even wisdom.[6]

Another source that points to this idea is Rambam's fourth principle of faith, Divine Antiquity:

והיסוד הרביעי הקדמות. והוא, שזה האחד המתואר הוא הקדמון בהחלט, וכל נמצא זולתו הוא בלתי קדמון ביחס אליו, והראיות לזה בספרים הרבה. וזה היסוד הרביעי הוא שמורה עליו מה שנ' מענה אלהי קדם (הקדמה לפרק החלק).

The fourth principle is that God existed prior to everything, and that everything that exists besides Him is not eternal, when compared to Him. There are many proofs to this. A verse that shows this is: "This is the abode of **God immemorial**" (*Devarim* 33:27).

When Rambam deduces divine antiquity from *Devarim* 33:27, he is not merely saying that no physical substance preceded G-d, because G-d is incorporeal. Rather, as Rav Aharon Lopiansky suggested, Rambam is teaching

5   http://www.torahweb.org/torah/2002/parsha/rtwe_vayera.html
6   Rambam writes:

יסוד היסודות ועמוד החכמות לידע שיש שם מצוי ראשון, והוא ממציא כל נמצא. וכל הנמצאים משמים וארץ ומה שביניהם לא נמצאו אלא מאמתת המצאו.

The foundation of all foundations and the **pillar of all wisdom is to know that there is a Primary Being** Who brought all that existence into existence. All the beings of the heavens, the earth, and what is between them came into existence only from the truth of His being.

At first glance it is not clear how R. Soloveitchik inferred his thesis from the above sentence. True, G-d is the source for all that exists, but does natural law actually exist. As long as we say that the natural law does not exist but is inherent, then we could embrace the notion of natural law while at the same time say that G-d is the source of all that exists. It would seem that R. Soloveitchik understood that if something is the *amud hachchamot*, then all *chachamot* must be relying upon that thing; thus, G-d is the source of all things, including all *chachamot*. (In the words of R. Twersky: "לידע שיש שם מצוי ראשון הוא עמוד החכמות.")

us that nothing precedes G-d - not laws of nature, not "morality," and not "ethics." Thus, we cannot question G-d on the basis of laws of nature or ethics.

One might wonder why this doesn't contradict Rambam's view, discussed in Volume 1 of *Illuminating Jewish Thought* (4.5), that G-d is bound by that which is theoretically possible?[7] If we can say that the laws of logic bind G-d why can't we say that the laws of ethics bind God?

It would seem that limiting G-d to that which is inherently possible does not imply a system of knowledge independent of Him, and, as such, does not contradict divine oneness.[8] In fact, the opposite may be true since the "limitations" we ascribe to God stem from His oneness and omnipotence. For example, according to Rambam G-d cannot destroy Himself because He necessarily exists. Likewise, as explicated in the first chapter of *Hilchot Yesodei ha-Torah*,[9] if He could corporify Himself or change, then He would not be one in an absolute sense, However, the existence of a body of ethics that binds G-d would contradict His oneness.

At this point, we must add an important caveat. While there is no independent system of ethics which limits G-d, it does not follow that G-d could do something unjust or cruel.[10] The reason for this is because He is just and merciful (or, at the very least, the Torah describes G-d as just and merciful). Since injustice and cruelty contradict those descriptions, and G-d is bound by the laws of contradiction (G-d is unchanging and a cannot simultaneously be

---

7   We saw there that others, including Rashba, Ralbag, and Chazon Ish, agree to this notion, while others, such as Maharal and R. Kook strenuously disagree. They maintained that there are no limitations to G-d including the laws of logic. Moreover, even if there were, it would be presumptuous to imagine that we could discover them.

8   As noted in Volume 1 of *Illuminating Jewish Thought* (4.5) this may depend upon how one looks at the laws of logic and the laws of math. Those who maintain that G-d cannot violate these laws presume that these are necessary truths (i.e. they are true in all conceivable universes). It is true, therefore, that certain things are simply inconceivable for Him; but this is not an external constraint. Moreover, limiting G-d to these laws does not imply a deficiency. When we say that G-d is omnipotent (*kol yachol*), we mean that He can do anything that is theoretically possible. In other words, morals from the outside, are a problem, but logical limitations Rambam would see as internal.

9   Rambam makes this point explicitly in *Moreh ha-Nevuchim* 3:15:

    We do not ascribe to God the power of doing what is impossible. No thinking man denies the truth of this maxim; only those who have no idea of logic ignore this maxim... All philosophers consider it impossible for one substratum to have at the same moment two opposite properties... Likewise, it is impossible that G-d should produce a being like Himself, or annihilate, corporify, or change Himself. The power of G-d is not assumed to extend to any of these impossibilities.

10 Thus, it is not the case that it is wrong simply because He said it is wrong.

just and unjust),[11] it follows that He cannot be unjust and cruel. Thus, even though G-d is not bound by an independent body of ethics, He cannot, at least according to Rambam, contradict His own essence.[12] As expressed by Rabbi Aharon Lichtenstein:

> It is true, therefore, that certain things are simply inconceivable for Him; but this is not an external constraint, and therefore we need not be shaken by the thought that somehow His power is not boundless…. By virtue of His very essence, certain things not only shall not but cannot be willed by Him. God and moral evil are simply and purely incompatible.[13]

The Source of Ethics

Having established that there is no body of knowledge independent of G-d, and that our reliance upon *sevara* does not imply an ethic independent of G-d, we must search for the source of the binding authority of *sevara*. Absent a divine command, why must I be ethical?

---

11 As Rambam, cited in Volume 1 of *Illuminating Jewish Thought* (4.5), unequivocally states.

12 This is even more apparent once we recognize the descriptions of G-d are actually negative attributes. As we explain in 10.4 Rambam (*Moreh ha-Nevuchim* 1:50–60) proves that attributing positive attributes to G-d, whether essential or accidental, contradicts His oneness and incorporeality. For example, saying that G-d is kind, merciful, all-knowing, or all-powerful introduces plurality insofar as it implies that these qualities are separate attributes. This contradicts His oneness because it indicates that there is Him and His kindness, mercy, power, or knowledge. Moreover, Rambam writes, it contradicts logic. If we were to say that G-d is "the most knowledgeable being," then we would be placing G-d into two genera, the genus of "beings" and the genus of "those that are knowledgeable," and doing so indicates that those genera exist prior to, and are more inclusive than, G-d Himself (1:52). Furthermore, if we try to avoid that conclusion by saying G-d is a composite of two things (e.g., knowledge and G-d), there would have to be something that keeps them together, which would indicate that there is a cause ontologically prior to G-d (besides for already having compromised G-d's oneness). In addition, it is false to say that He is the wisest or most powerful thing, since that would indicate that G-d's wisdom or power resembles ours (1:56–57). Accordingly, one can describe G-d only through negative attributes, i.e., expressing our knowledge of G-d by describing what He is not, rather than by describing what He is. Thus, when the Torah says that G-d is merciful it is saying it is not cruel. Accordingly, it would be impossible for Him to perform an act of cruelty insofar as that would be an impossibility.

One might deflect the above analysis by noting that Rambam also notes that attributes can be seen as describing the way in which we perceive His relation to the world rather than descriptions of Him. Rambam calls these "attributes of action," and examples include references to G-d as merciful or angry. However, even in this case it seems reasonable to conclude that He cannot act with cruelty insofar as such behavior would render the description of merciful meaningless.

13 "Being Frum and Being Good," based on addresses by R. Aharon Lichtenstein, adapted by R. Reuven Ziegler. https://www.etzion.org.il/en/philosophy/great-thinkers/harav-aharon-lichtenstein/being-frum-and-being-good-relationship-between

The answer to this question is that *sevara* too is from G-d. Moreover, when used correctly it is almost a form of revelation. The tools that we use to discover *sevara* were created by G-d. G-d conveys His will to mankind in many ways. Prophecy is one. But wisdom too is a divine gift:

> *Ki Hashem yitein chochma miPiv da'at utevunah* - For God will give wisdom; from His mouth emanates knowledge and discernment (Mishle 2:6).[14]

Thus, while it may be possible to derive that which is ethical independently and without revelation, there cannot be an ethic independent of G-d. As Rabbi Yerucham Levovitz, the *mashgiach* of Mir, declared:

> *Bemitzvah shel sechel ein shum viturim, shehasechel hu mitzvah shel teva, vehi nuhanhagat Haborei al yedei shaliach* - With the demands of reason there cannot be compromise, for reason is the command of nature and is part of the Creator's providence through an agent (חבר מאמרים מ"ח).

Of course, our natural sense of ethics is often wrong. G-d's decision to give us a system of law reflects this limitation. Nevertheless, it does not entirely negate it.

The Talmud (*Sanhedrin* 99a) states that just as every *gezeira shava*, a hermeneutical principle that is not a *sevara* and requires a tradition[15] originates from Sinai, so too every *kal va-chomer* (an *a fortiori* argument), which is a form of *sevara* and, therefore, does not need a tradition,[16] also emanates from Sinai.[17] Thus, the independently derived *sevarot* in the Talmud are subsumed

---

14 This is true both on a natural level as well as on a supernatural level. Rashi (*Bava Batra* 12b s.v. *ve-lav*) writes explicitly that the source of a scholar's "*sevarat ha-leiv*" is divine. Ramban (*Bava Batra* 12b) likewise asserts that a scholar apprehends the truth through divine inspiration.

15 *Pesachim* 61a; *Nidda* 19b.

16 Ibid. While a *kal va-chomer* certainly is a form of *sevara*, it need not always be rational, because its power derives from the assumed inner consistency within the law; see *Shabbat* 132a.

17 In a sense, this goes much further than Yerushalmi (*Chagigah* 1:8 and discussed in 28.11), which states that "Whatever a seasoned student in the future will rule already has been revealed at Sinai," because it deems the denial of the Sinaitic origin of a *kal va-chomer* heretical. According to the Talmud, denying the divine origin of a *kal va-chomer* is equated with denying the divine origin of the entire Torah; someone who does so has "disparaged the Torah and has no portion in the world to come." (See *Dikdukei Sofrim ad. loc.*, which has an alternate text that states that anyone who denies the authenticity of the thirteen hermeneutical principles is condemned.) Even though a *kal va-chomer* is one of the thirteen hermeneutical principles, it is just a strong type of *sevara*. As R. Hershel Schachter has pointed

under the Sinaitic revelation.[18] The very act of intellectual innovation of a valid *sevara* is rooted in tradition, and the resultant law has identical force to a law transmitted from Sinai.[19] While the Rishonim debate the extent to which the details of every *mitzvah* were given at Sinai, all concede that, to some degree, even interpretations without a received tradition have the status of biblical law.

To summarize, while G-d cannot be cruel (that would contradict His own self-description), there is no ethic independent of G-d. Nonetheless, G-d allows us to independently discover that certain things are right and wrong. Because the source of this intuition is divine, it is binding. However, it is also very limited. This sense of ethics is often inconclusive; two people may disagree about what is ethical with no way to prove who is right. Moreover, it is often wrong, G-d occasionally commands us to do something that seems unethical. Thus, revelation is a higher and more direct way to determine behavior. Yet, while G-d's instructions trump our natural sense of morality, they do not totally replace it. Though human intellect offers only oblique, feeble, and fallible access to G-d's will, the Torah teaches it should not be dismissed. Indeed, it is the "glory of our maker" that resides within us.[20] Though reason frequently is the servant of desire, even the slave of passion, the properly motivated seeker of truth is led by G-d to the discovery of the divine will.

Is There an Ethic Outside of Torah?

Having concluded that there is no ethic independent of G-d we must now consider if there is an ethic independent of halacha.

The answer to this question may be semantical and depends upon what

---

out, it seems that a *sevara* also is one of the hermeneutical principles, even if it did not make the list of thirteen.

18 One must define "Sinaitic revelation" broadly if one assumes (like Rambam cited in 28.11) that alongside the received tradition from Moshe, the sages introduced new interpretations of the Torah (*drashot*) of their own invention.

19 This seeming paradox must be considered in conjunction with a broader discussion regarding Talmudic statements that depict an all-encompassing Sinaitic revelation, e.g., *Megillah* 19b and *Berachot* 5a, and Midrashic statements that indicate that the primary thrust of the Sinaitic *mesorah* was not a detailed revelation but a transmission of general principles, e.g., *Shemot Rabba* 41:6.

20 Rambam (commentary to Mishna *Chagiga* 2:1). Thus, Rambam argues, rationality is the common possession of the human race, because the entire human race is created in the image of God (*Moreh ha-Nevuchim* 1:1). Indeed, when Rambam (*Hilchot Teshuva* 5:1) highlights human uniqueness insofar as humans alone have free will, he stresses that the basis of this freedom is the ability for man to use his mind to determine that which is right. Likewise, *Meshech Chochma* (*Devarim* 30:12) writes that G-d implants moral values in a person's conscience. Thus, valid moral and rational *sevarot* are of divine origin.

is meant by the phrase 'ethic outside of halacha.' It is certainly not the case that anything not explicitly prohibited by the halacha is ethical. As Ramban (*Vayikra* 19:1) forcefully argues there are many things not overtly restricted by the Torah that are abhorrent (*naval birishut ha-Torah*). For this reason, after the Torah restricted all sorts of specific activities, it added a general commandment to be holy (*kedoshim tihiyu*) to ensure that we do not engage in repugnant activity even if it was not explicitly prohibited.

Similarly, in the realm of monetary law, after the Torah restricted stealing and cheating, it added a general commandment to do good and be straight (*ha-yashar v-ha-tov*), to remind us that business ethics go well beyond avoidance of fraud and duplicity—we must be *tov* and *yashar*.[21] Consider the following story which highlights the extent to which this is true (Bava Metzia 83a):

> The workers of Rabba bar bar Chanan [negligently] broke a barrel of wine. Rabba bar bar Chanan held on to their clothes [to ensure restitution, since they were liable for the damage due to their negligence, moreover, they were not entitled to wages since they had been remiss in performing their assigned task]. The workers complained to Rav who told Rabba bar bar Chanan to return their clothes. Rabba bar bar Chanan asked, "is this the *din* (law)?" Rav responded: Yes, [as the verse states,] "that you may walk in the way of good men (Mishle 2:20)." Rabba bar bar Chanan returned their clothes. The workers turned to Rabba bar bar Chanan and said, "we are poor, we have worked all day, and now we are hungry and left with nothing." So Rav said to Rabba bar bar Chanan, "go and pay their wages." Rabba bar bar Chanan asked, "is this the *din*?" Rav answered, yes, [as the verse continues] "and keep the path of the righteous."

Clearly, the Torah expects us to go much further than that which the *din* (that which is explicitly commanded by the halacha) demands. Indeed, the Talmud states that Jerusalem was destroyed because they only followed the letter of the law, never going beyond the letter of the law.[22]

21 See Ramban, *Devarim* 6:18
22 *Bava Metzia*, 30b

Thus, one might conclude that there is an ethic outside of halacha insofar as we are expected to do things not explicitly articulated by the halacha. However, this would not be precise because the halacha also demands that we keep these norms.[23] Just because these details that emerge from these principles are not explicated by the halacha, it does not mean that they are not demanded by the halacha. As Ramban (Devarim 6:18) and *Maggid Mishneh* note, it would be impossible for the Torah to spell out what to do in every situation, especially since sometimes subjective variables determine the morality of a particular act. Rather, the Torah outlines principles and expects us to figure out the rest.

Magid Mishnah states (Hilchot Shecheinim 14:5):

> The point of *dina de-bar mezra* is that our perfect Torah has laid down [general] principles concerning the development of man's character and his conduct in the world; as, in stating "Ye shall be holy," meaning, as they [i.e., the rabbis] said, "Sanctify yourself with respect to that which is permitted you," that one should not be swept away by the pursuit of lust. Likewise, it said, "And thou shalt do the right and the good," meaning that one's interpersonal conduct should be good and just. With regard to all this, it would not have been proper to give detailed instructions. For the Torah's commands apply at all times, in every period, and under all circumstances, whereas man's characteristics and behavior vary, depending upon the time and the individual. The rabbis [therefore] set down some relevant details subsumed under these principles, some of which they made [the equivalent of] absolute din and others [only] ante facto and by way of hasidut, all [however] ordained by them. And it is with reference to this that they said, "The words of consorts [i.e., the rabbis] are more beloved than the wine of Torah, as stated, 'for thy love is better than wine.'"[24]

---

23 This emerges from Ramban's understanding of the *mitzvot* of *kedoshim tihyu* and *v-asita et ha-yashar v-ha-tov* cited above and as noted by R. Aharon Lichtenstein in his seminal essay, "Does Judaism Recognize an Ethic Independent of Halakhah?" reprinted in *Leaves of Faith: Selected Essays of Rabbi Aharon Lichtenstein, 2004.*

24 Translation from *Leaves of Faith: Selected Essays of Rabbi Aharon Lichtenstein* p. 49.

Thus, there are ethical responsibilities not articulated by the halacha that are nevertheless mandated by the halacha.

We might add that a similar concept may exist for non-Jews. Ramban writes that non-Jews must come up with a legal system that guarantees justice and includes provisions such as fair pricing even though these principles are not explicitly articulated in the Noahide code.[25] Here, too, we may argue that this implies an ethic independent of the Noahide code, insofar as these norms are not explicitly included in the code that G-d commanded Noach. But we can also argue that there is no independent ethic since, as Ramban argues, they are subsumed in *dinim*, one of the seven Noahide laws.

Nevertheless, there may be a basis to argue that when it comes to non-Jews there is a system of ethics outside of the Noahide code. Later, we shall see that G-d expects non-Jews to give charity (*Yechezkel* 16:49) and pray (*Igrot Moshe* O.C. 2:25). While one might argue that labor laws are included in the code, it is hard to argue that charity and prayer are included. As such, it would seem reasonable to conclude that there are expectations of non-Jews that go beyond that which is demanded by the laws of *binei noach*.[26]

Rav Kook and Rav Soloveitchik—Two Perspectives on Addressing Questions of Morality and Halacha

There can be no doubt that if a person encounters what appears to be a contradiction between a divine command and their own innate sense of morality, one must subjugate their intuition to God's dictate. *Akeidat Yitzchak*, among other biblical passages, emphasizes this point. Moreover, as noted earlier, G-d is the source for all morality. Thus, even if it is the case that in the absence of divine instruction G-d expects us to utilize our intellect to determine the propriety of an action, when presented with divine direction we must submit. Surrendering, almost definitionally, is foundational to the service of G-d and our acceptance of the Torah. Without it we are not truly serving a Higher being.

Moreover, we must surrender not just to G-d but (*li-havdil*) to the *chachmei ha-mesorah*, our teachers, who have faithfully transmitted the Torah

25 See Ramban, *Bereishit* 34:3, *d.h. ve'al da'ati*

26 Along similar lines Rambam (אגרות הרמב"ם עמוד תרפ"א מהדורת הרב שילת) writes that a non-Jew who understands God appropriately and possesses good character traits will merit *olam ha-ba*.

from Moshe to us.[27] While there are times when a person may argue with the rulings of previous generations, and there are even times when a qualified scholar can disagree with someone they acknowledge is greater than they are, in cases when the internal rules of halacha do not allow for disagreement, one must surrender. This is something that modern man finds particularly difficult to do.

In truth, this struggle is not new. Chazal frequently note that observance of *chukim* demands staring down external threats, non-believers who mock us, and internal fortitude when battling our own doubts.[28] Chazal express this as combating *umot ha-olam* and our own *yetzer ha-ra*. Rambam adds that fighting these battles brings us closer to Torah and our ability to stand strong upholds the entire world.[29] Significantly, both Rambam and Ramban stress, it is insufficient to merely observe *mitzvot* we don't understand, we must believe in them.[30]

---

27 As noted in *Illuminating Jewish Thought* (28.14) in *Hilchot Teshuva* 3:8 Rambam refers to two forms of heresy, rejecting *Torah she-be'al peh* and *makchish magideha*. In the words of R. Twersky, "at times we encounter "*chukim*" in the words of *Chazal*. We do not understand the what or why of certain *ma'amarei Chazal*. At such times, we are called upon to surrender and believe. Our acceptance for all *halachos* and *hashkafos ha Torah* must be unconditional." https://www.torahweb.org/torah/2005/parsha/rtwe_korach.html

28 See the end of Chapters 8 and 12 of *Torat Kohanim, Kidoshim.*

29 Rambam writes (*Hilchot Me'ilah* 8:8):

> The decrees (*chukim*) are the *mitzvot* whose motivating rationales are not known. Our Sages said: "I ordained decrees and you have no license to question them." **A person's natural inclination confronts him concerning them** and the nations of the world challenge them, e.g., the prohibition of the meat of a pig, milk and meat, the calf whose neck is broken, the red heifer, and the goat sent to Azazel. To what degree did King David suffer because of the heretics and the idolaters who would issue challenges concerning the decrees! **As long as they would pursue him with false retorts that they would arrange according to man's limited knowledge, he would increase his clinging to the Torah,** as *Tehillim* 119:69 states: "Willful transgressors have stacked falsehoods against me, but I guard Your precepts with a full heart." And *Tehillim* 119:86 states concerning this matter: "All of Your *mitzvot* are faithful; they pursue me with falsehood; help me."

> How does the second verse cited by Rambam support his view that the challenges brought David to greater closeness to Torah, if the verse simply states that David prayed? Rambam reveals that the simple act of prayer, beseeching G-d to help him defend the Torah and uphold its faithfulness brought him closer to Torah.

30 Rambam (*Hilchot Meilah* 8:8) writes:

> The verse (*Vayikra* 19:37) states: "And you shall guard all My decrees and all My judgments and perform them." Our Sages commented: This adjures us to guard and perform both the *chukim* (decrees) and the *mishpatim* (judgments). The meaning of "performing" is well known, i.e,. that one should observe the decrees. **"Guarding" means to treat them with caution and not think that they are any less than the** mishpatim. The judgments are those *mitzvot* whose motivating rationale is openly revealed and the benefit of their observance in this world is known, e.g., the prohibitions against robbery and bloodshed and honoring one's father and mother. The decrees are the *mitzvot* whose motivating rationales are not known. **Our Sages said: "I ordained decrees and you have no license to question them."**

The Role of Sanhedrin in Resolving Moral Problems According to Rav Kook

In the aforementioned article in *Hakirah* we demonstrated that *sevara* plays a significant role in the interpretation of the Torah. For example, in the case where the text of the Torah can be understood in two ways, moral considerations sometimes play a role in biblical analysis. The examples we gave of this phenomenon were culled from Chazal. Nowadays, however, this sort of analysis is not usually relevant because Chazal, for the most part, have already interpreted the normative aspects of the Torah, and, as we shall see in Volume 3 of *Illuminating Jewish Thought* (28.9), Chazal's elucidation of the Torah is binding upon us, and we lack the authority to argue.[31] Effectively, until the restoration of the Sanhedrin (High Court), one cannot reinterpret the text of the Torah.[32] Does that mean that it will never change?

In Volume 2 of *Illuminating Jewish Thought* (25.4), we considered Rav Kook's position concerning the development of Halacha by examining his letters which argue that one of the roles of the *Sanhedrin* is to resolve, through biblical exegesis (*derashot*), tensions that arise from situations where it would seem that the Torah's dictates contradict our sense of morality. Examples that he considers are the ethics of war, slavery, polygamy, and the permissibility to consume meat. In letter 90 he writes:

> And if a question arises about some law of the Torah, which ethical notions indicate should be understood in a different way, then truly, if the Great Court decides that this law pertains only to conditions which no longer exist, a source in the Torah will certainly be found for it.[33]

Ramban commenting upon the phrase *Arur asher lo yakim et divrei haTorah hazot* (Cursed be he that does not uphold the words of this Torah) writes that the Torah does not merely demand observance of *mitzvot*, we must believe in their truth and value. Failure to do so constitutes absolute heresy (*Devarim* 27:27).

31 Rambam explains that when it comes to a tradition, no authority has ever debated an understanding passed down orally from Sinai. Regarding the interpretation of the text, a later court may disagree with an earlier court, even if they are not as great. However, the conclusions of the Talmud Bavli are binding because they were accepted by all of Israel. An interesting theoretical question to consider is whether a new understanding, accepted by all of Israel, would be binding even if it contradicted the Talmud. However, in practice, this possibility seems unimaginable.

32 Conceivably the Sanhedrin could be restored prior to the coming of the messiah as Rambam suggests in *Hilchot Sanhedrin* 4:11.

33 Translation taken from *Rav A.Y. Kook: Selected Letters* by R. Tzvi Feldman (Ma'aleh Adumim, 1986) pp. 3-10.

Of course, this does not mean that the *Sanhedrin* has the authority to change the Torah's laws on a whim; there are rules of interpretation.[34] Nevertheless, G-d will allow the members of the *Sanhedrin* to see a way to resolve the tension through the honest and divinely inspired elucidation of the Torah:

> The conjunction of events with the power of the courts and interpretation of the Torah will certainly be found for it. The conjunction of events with the power of the courts and

34 In 27.11 we argued that one may not reread Scripture in light of moral considerations. Does R. Kook suggest that Sanhedrin has that authority? It depends on what exactly R. Kook is saying. Let us consider a number of possibilities:

Is R. Kook suggesting that the Sanhedrin can consciously reread Scripture to conform with a preconceived sense of morality?

Is he arguing that they will arrive at their conclusion in order to resolve an internal Torah contradiction?

Is he simply stating that they will seek to understand the Torah and in so doing resolve a moral dilemma?

Or is he saying that God will reveal a new understanding at the right time through the Sanhedrin's interpretation of the Torah.

The first possibility is at odds with our thesis, not so with the latter possibilities. Deciphering R. Kook's intent is difficult, though I do not believe the first option is correct. To better understand his intent let us present the entire paragraph in the original Hebrew as well as English:

אגרות הראי"ה - אגרת צ

מושג ההתפתחות, שרגיל העם ליחש, הוא מאורע של פנים חדשות, המביא קלות ראש. ומה שאנכי אומר, שהידיעה העליונה, הסוקרת כל המעשים מראש ועד סוף, היא סובבת את כל התולדות כולם, היא אמתת קבלת עול מלכות שמים, שהוכנו מראש כל הסיבות שיסבבו ההבנות וההרגשות לבא לידי החלטות בכל דור ודור כראוי וכנכון. על כן אי-אפשר לאמתתה של תורה להתגלות כי אם בהיות עם ד' כולו בארצו, מבונה בכל תיקוניו הרוחניים והחומריים גם יחד, שאז תשוב תורה שבע"פ לאיתנה, לפי הכרת בית דין הגדול, היושב במקום אשר יבחר ד', על כל דבר אשר יפלא למשפט, ואז אנו בטוחים שכל תולדה חדשה תהיה מוכתרת בכל עז ובכל קודש, כי קודש ישראל לד'. ואם תפול שאלה על איזה משפט שבתורה, שלפי מושגי המוסר יהיה נראה שצריך להיות מובן באופן אחר, אז אם באמת על פי בית דין הגדול יוחלט שזה המשפט לא נאמר כי אם באותם התנאים שכבר אינם, ודאי ימצא על זה מקור בתורה, והסכמת המאורעות עם כח בית דין ודרישת המקרא יחד אינם דברים שמזדמנים במקרה, כי אם הם אותיות מחכימות מאורה של תורה ואמתת תורה שבע"פ, שאנו חייבים לשמע לשופט אשר יהיה בימים ההם, ואין כאן "התפתחות" של גריעותא.

The idea of development, as most people understand it, is of change, [and this idea] leads to irreverence. What I say is that the [divine] lofty knowledge which scrutinizes everything, from the beginning to the end of time, encompasses the entire Torah. This belief is the true acceptance of God's absolute sovereignty, that all the causes which form and influence understanding, and the feelings leading to decisions in every generation, were prepared from the beginning, in the proper and correct way. Therefore, the truth of the Torah can be revealed only when the entire nation of God is in its land, perfected in all its spiritual and physical manners. Then the oral law will regain its essential condition, according to the understanding of the Great Court [Sanhedrin] that will sit in the place of the Lord's choice, to deal with matters too difficult for lower courts to judge. At that time, we may be certain that any new interpretation will be crowned with all might and holiness, because Israel is holy to the Lord. **And if a question arises about some law of the Torah, which ethical notions indicate should be understood in a different way, then truly, if the Great Court decides that this law pertains only to conditions which no longer exist, a source in the Torah will certainly be found for it.** The conjunction of events with the power of the courts and interpretation of the Torah is not a coincidence. They are rather signs of the light of the Torah and the truth of the Torah's oral law, for we are obligated to accept [the rulings] of the judge that will be in those days, and this is not a deleterious "development."

interpretation of the Torah is not a coincidence. They are rather signs of the light of the Torah and the truth of the Torah's oral law, for we are obligated to accept [the rulings] of the judge that will be in those days, and this is not a deleterious "development."

But, we wonder, why didn't the earlier courts appreciate such a contradiction? In Volume 1 of *Illuminating Jewish Thought* (5.16) we considered how G-d reveals certain truths to the world in accordance with His plan for world history. For example, certain Kabbalistic truths were revealed well after the giving of the Torah. Rav Kook may believe that the same is true regarding moral sensitivities. To appreciate why this may be, let us consider an example that Rav Kook explicates: Why was it that for most of human history that man presumed that he was at the center of the universe (an anthropocentric or geocentric model of the universe)? Rav Kook answers that this was in order to spread the Torah's message of the immense potential and infinite value of a human life. Only in the 16th century, when society had come to appreciate mankind's majesty, did G-d reveal the grandeur of the universe, allowing us to marvel at a new idea—our smallness.

In Iggerot HaRaayah (91), Rav Kook wrote:

> *Knesset Yisrael* had to fight strongly against the idol worshippers in order to teach them that despite the greatness of creation, the moral essence of man is much more important than even the greatest creation, beyond measure; a man is not worthless until his moral behavior is valueless. It was not simple to inculcate this matter along with guarding the inner recognition of God's honor, which is also essentially the greatest foundation of human perfection and the creation in general in the present and for eternity, in both material and spiritual life. This labor was necessary in order to implant in the small heart of man the vision of the greatness of creation and the lowliness of man along with the vision of recognition of God's great hand, and how he is elevated and loftier than all agreed upon values of any creation. **If it was then known about the many worlds described by modern science, man would have considered himself nothing,**

and his morality would have evaporated; it would have been impossible to raise within him the living spirit of greatness and glory. Only now, after the internalization of man's greatness has struggled and won, man will not reject it even upon encountering any other qualitative and true greatness. All of these require the proper time and preparation, and the images received – whether gleaned from studying creation with our reason or through revelation of God's hand to His prophets – must always carry with them the power that truly strengthens life and success, and not bring man to bits of knowledge to "play with" as children play.

When man was ready to appreciate the significance that he is a tiny speck in an immense universe, G-d allowed him to discover this reality. Before then, however, he was better off thinking he was at the center, with all the luminaries encircling him.

Rav Kook does not explain why humans only arrived at certain moral sensibilities later. We are left to speculate. Perhaps he may have felt that other lessons of the Torah needed to be taught first. Perhaps, along the lines of Rambam's understanding of sacrifices,[35] Rav Kook felt that the initiation of certain higher values would have overwhelmed man at the time of the giving of the Torah, for, as Rambam writes, "to obey such a commandment it would have been contrary to the nature of man, who generally cleaves to that to which he is used. It would in those days have made the same impression as a prophet would make at present if he called us to the service of God and told us in His name, that we should not pray to Him, not fast, not seek His help in time of trouble; that we should serve Him in thought, and not by any action."

Either way, according to Rav Kook, the *Sanhedrin* of each generation is mandated to resolve contradictions between "ethical notions" and the law by the means of a divinely guided reinterpretation of the biblical text through the hermeneutical principles.[36]

Rav Kook cautions against those who try to reform Halacha prematurely:

---

35 See *Moreh ha-Nevuchim* 3:32 explicated in Volume 3 of *Illuminating Jewish Thought* (36.7).
36 R. Kook stresses that the development of Halacha is not truly novel but rather is a reflection of God's eternal will.

"It is ready for those whose foot slips" (*Iyov* 12:5). Nevertheless, Rav. Kook believed that in messianic times, and possibly before, the *Sanhedrin* will be restored and resolutions to moral tensions will be found.

While Rav Kook's position may provide comfort for someone struggling to understand the morality of certain *mitzvot*, it might leave others frustrated with their inability to progress now. Either way, Rav Kook stresses that this development is a reflection of divine providence. Thus, the fact that we are currently restricted in our ability to normatively interpret the Torah (since there is no *Sanhedrin*) is also a reflection of G-d's will, even if it forces us to live with the tension. Just as G-d allowed the Jewish people to discover the place He desired (i.e. Yerushalayim) only during King David's rulership, because to do so earlier would have been premature, so, too, He will allow for the understanding of certain *mitzvot* when the time is ripe.

Rav Kook explains further:

> The crux of the matter is that there is a special significance attached to the timing and effect of every idea. Nothing is haphazard…. When you understand this you will know that there is sublime value in what is revealed and what is hidden. The manners of concealing are many and great, of the wonders of the paths of the Divine wisdom of the Master of all actions, blessed be He (Ibid.).

Thus, according to Rav Kook, when the time arrives for halacha to change, G-d will give us the tools for it to change within the system. In other words, our paralysis is not an accident.[37]

Of course, if one feels frustration with the current state of affairs, they may channel that emotion into longing for the restoration of the Sanhedrin. Indeed, we pray for the restoration every day. Moreover, the blessing highlights that the restoration will resolve the pain we currently experience because of our current obfuscation. Thus, we begin by asking for the restoration of judges

---

37 Moreover, for the most part, the Torah does not ask us to do something we see as immoral. Generally, the types of *mitzvot* that modern man finds immoral, from Amalek to slavery to execution, are not relevant today. Even the consumption of meat is not mandated. Thus, even if modern man is asked to lower his head in submission with respect to his understanding of certain *mitzvot*, he is rarely asked to act against his conscience.

(*hashiva shoteinu kevarishona veyoatzeinu kevatchila*) immediately followed by a petition to remove sorrow and sighing from us (*vehaser mimenu yagon va'anacha*). The implication is clear—the lack of judges (*shoftim* and *yo'atzim*) is the cause for much sorrow and sighing.[38] Not physical pain—the restoration of judges will not necessarily restore that—but pain that stems from uncertainty and confusion.

What should our attitude be when we encounter something in the Torah that troubles us from an ethical perspective? According to Rav Kook this tension need not undermine our confidence in our intuition.[39] True, we might not currently have the ability to act on these intuitions and, accordingly, we must patiently submit, but this inaction is only temporary. We must trust G-d's providential hand. Our confusion is not accidental. It is part of the plan. Indeed, it may reflect the progress of humanity, an indication that we are getting closer to redemption. There is an answer, and, at the right time, it will be discovered.

Rav Soloveitchik and the Need to Surrender

When examining the teachings of Rav Soloveitchik, a different value is emphasized: surrender. While the Torah certainly encourages creativity,[40] it simultaneously demands we submit. Appropriate creativity reflects man's obligation to imitate G-d, the ultimate creator; inappropriate creativity is nothing more than a demonic urge for power.

Rav Soloveitchik writes:

> Alas, not always does creative man respond readily to the divine normative summons which forms the very core of his new existential status as a confronted being. **All too often, the motivating force in creative man is not the divine mandate entrusted to him** and which must be implemented in full at both levels, the cognitive and the normative, **but a demonic urge for power.** By fulfilling an incomplete task, modern creative man falls back to a non-confronted, natural existence

---

38 See Abudraham.

39 In *Shemona Kevatzim* 1:75 that a person must not allow his fear of Heaven to supplant his natural sense of morality (*hamussar hativ'i*).

40 Indeed, in R. Soloveitchik's "Brisker" tradition the notion of *chidush* was the highest value of learning. *Nefesh ha-Chaim* makes this point as well (*Sha'ar* 4, chap. 12, *d.h. vechol shekain*)

to which normative pressure is alien. The reason for the failure of confronted man to play his role fully lies in the fact that, while the cognitive gesture gives man mastery and a sense of success, the normative gesture requires of man surrender. At this juncture, man of today commits the error which his ancestor, Adam of old, committed by lending an attentive ear to the demonic whisper "Ye shall be as God, knowing good and evil."[41]

As Rabbi Mayer Twersky observes, this is something that modern man finds particularly problematic. Moreover, Rav Soloveitchik maintained that modern man's unwillingness to surrender is behind many of the contemporary perversions. Rabbi Twersky writes:

> Modern man, buoyed by the explosion of scientific knowledge and the previously unimaginable advances of scientific technology, wants to know, but does not want to believe. Man's understanding is the measure of everything. *Mishpatim* (intuitive *mitzvot*) sit well with us; *chukim* (unintuitive *mitzvot*) are grating. We are too often unwilling to surrender and acknowledge our limitations. In truth, we are limited not only vis-a-vis *Hakadosh Baruch Hu*, but also *l'havdil* with regard to our *chachamei hamasorah*. We know of their wisdom. There is much in the words of *Chazal* that we are privileged to understand and appreciate. But at times we encounter "*chukim*" in the words of *Chazal*. We do not understand the what or why of certain *ma'amarei Chazal*. At such times, we are called upon to surrender and believe. Our acceptance for all *halachos* and *hashkafos haTorah* must be unconditional.

> In our times, we also witness the profound and tragic truth of an insight provided by the Rov *zt"l*. The Rov explains that without the absolute, unconditional acceptance of and submission to *chukim*, our commitment to *mishpatim* will also erode. In his day, the Rov cited the prohibition against murder. This is the ultimate *mishpat*. And yet if our acceptance of *lo*

---

41 "Confrontation," *Tradition: A Journal of Orthodox Thought*, 1964 volume 6.2.

tirtsach is rooted only in our intuitive moral sense and not in unconditional surrender to *ratzon Hashem*, ultimately even *lo tirtsach* is rationalized away as our exigencies and predilections dictate. The Rov decried how euthanasia and abortion, acts of murder, are construed as acts of compassion.

In our own day the nightmare of a society which "accepts" *mishpatim* but does not surrender to *chukim* has grown even darker. We are witness to shameless attempts to legitimize homosexuality - which the Torah brands an abomination (Vayikra 18:22) - within Orthodox Judaism.

As evidenced by these examples, the reciprocity of faith and knowledge is more vital than was hitherto described. They simply cannot exist without each other. Authentic faith requires a foundation of knowledge, but knowledge also requires the support of faith and the act of intellectual surrender inherent within faith. Otherwise knowledge is susceptible to being relativized and rationalized away.[42]

Of course, surrendering does not mean that we stop thinking. As Rav Soloveitchik insisted, "The special importance that Halakhah bestows upon reason is so salient that it symbolizes the entire character of the halakhic approach. Intellect is the final arbiter in all matters of law and judgment."[43] G-d entrusts us to use our intellect even as He demands submission. Moshe was the greatest student (and teacher) of Torah because his extraordinary wisdom was guided by his unparalleled humility (*Bamidbar* 12:3). Indeed, the hallmark of the *chachmei ha-mesorah* is how they display remarkable creativity even as they remain faithful to their tradition. More than anywhere else, this can be seen in how they addressed issues of halacha and morality. If we follow in their path, and surrender to their understanding, then we too will be on our way to perceiving His will.

42 https://www.torahweb.org/torah/2005/parsha/rtwe_korach.html
43 *And From There You Shall Seek* (p. 107).

Conclusion: Our Glory Within

We began by noting the power of *sevara*. We concluded with a warning not to abuse *sevara*.

To forsake *sevara* is tragic. The Mishna (*Chagiga* 2:1) warns: "One who has no regard for the honor of his Maker, it would be better for him had he not come into the world." According to its simple reading, the Mishna condemns someone who does not honor G-d. Rambam (Commentary on the Mishna *ad. loc.*), however, understands "the honor of his Maker" in a remarkable way— it refers to the human intellect (*seichel*). Our intellect is the glory of G-d. Certainly, to make less than full use of our intellect—to ignore the power of our *seichel*—is rejection of our greatest G-d-given gift.

But the Mishna (*Chagiga* 2:1) teaches us something even more profound. When we abuse our intellect by asking questions that we cannot possibly answer, when we overstep our intellectual bounds and refuse to acknowledge our inherent limitations, then we destroy our intellect and dishonor our Maker. "Anyone who gazes at four things, it is as if he did not come to the world: what is above, what is below, what precedes, and what follows." According to Rambam, asking these questions, seeking to understand something that we cannot possibly understand brings one to madness and destruction. Thus, we may not seek to understand the nature of existence outside of our universe. We are limited to perspective from within the universe. We cannot understand Him as He is; we can only hope to understand Him by examining that which He revealed to us. Likewise, we might add, to bind G-d by ethical norms that we have invented is to presume that we can understand Him as He is. G-d and His system of ethics ends up being nothing more than a figment of our imagination. G-d and His system of ethics ends up being nothing more than a figment of our imagination. This is the ultimate sacrilege.

When we offer reasons for or apply *sevara* to the *mitzvot* of the Torah, we are entering perilous waters. We are bound to use our intellect, but we must be cautious lest we "break through unto G-d" (*Shemot* 19:21).[44] When it comes to the intellect, we must tread carefully, for as Rambam (ibid.) states, we would

---

44 In *Hilchot Me'ila* 8:8, Rambam understands this verse to be referring to someone who treats a *mitzvah* lightly if he does not understand it. Likewise, in *Moreh ha-Nevuchim* 1:1, he explains this verse as warning against speculating about matters for which one is not properly prepared.

be better off not being born than not using, misusing, or abusing this great endowment.

The Locus of the Locusts Will Inform Us of His Greatness

Rabbi Eliezer Barany

And the Lord reversed a very strong west wind, and it picked up the locusts and thrust them into the Red Sea. Not one locust remained within all the border[s] of Egypt. (Shemot 10:19)

Often when people think of the Ten Plagues that Hashem brought upon the Egyptians, they tend to feel that people were in a great deal of distress. It is certainly logical that one would come to this conclusion! How would you like to experience a plague, let alone ten? However, when we look to the Torah and the commentaries that elucidate the text, we find a number of oddities. Parshat Bo continues the narrative of the Ten Plagues, begun in Parshat Vaera. Rashi explains the above quoted pasuk literally, that not one locust remained in Egypt. Quoting from Shemot Rabbah, Rashi explains, "Even the salted ones [locusts] which they [the Egyptians] had salted for themselves [to eat, were taken out of Egypt]." This midrash appears odd for a number of reasons. Should we be concerned with what is in one's kitchen? It is quite miraculous that Hashem should bring a plague of locusts to Egypt with a strong wind and

---

Rabbi Eliezer Barany is a High School Rebbe at the Posnack Jewish Day School.

then remove the locusts from the outside areas. Wouldn't it suffice to leave the locusts that were collected inside the houses? Allowing some locusts to remain inside the home wouldn't detract from Hashem's power. The midrash, however, is highlighting the pasuk that expressed that Hashem didn't want to leave even one remaining locust. Ralbag explains that this was not a delicacy normally available in Egypt. The wind brought the locusts which allowed Egyptians to enjoy this foreign delicacy. Therefore, there would have been some benefit if even a single locust remained in Egypt.

This midrash clearly shows that Hashem is in control. He literally took every single locust out of Egypt. While a reader of the text might think that Hashem removed most of the locusts, the midrash is highlighting Hashem's complete mastery over nature, the wind and the locusts. Not one locust remained, not even in a little corner of someone's home. This goes beyond what one might imagine when reading that the locusts were gone. The midrash highlights Hashem's absolute control, an aspect of the text that might be overlooked.

There is an additional oddity. Why would the Egyptians be interested in gourmet treats? Weren't they now consumed with fear? They certainly needed to survive and to eat, but salting and preparing this delicacy seems out of place. This narrative comes to illustrate the mighty power and mastery of Hashem over world events to the extent that, counter intuitively, not one locust remained.

From what we have seen from the midrash about the locusts, we see that the Torah is showing Hashem's complete mastery over nature and the Torah's description of the Almighty's control. In Parshat Vaera, the Torah says, "And there was hail, and fire flaming within the hail" (Shemot 9:24). Both fire and ice were intermingled, yet the hail did not melt nor was the fire extinguished. This illustrates Hashem's mastery over the natural occurrences of nature. Likewise, "Only in the land of Goshen, where the children of Israel were, there was no hail" (Shemot 9:26). There was no hail in a specific location, again displaying a mastery of space. Throughout the ten plagues, the Torah continues to show Hashem's mastery over nature. This helps explain a perplexing midrash found at the end of Parshat Bo.

"Moshe said, 'So said the Lord, at about midnight, I will go out into the midst of Egypt.'" (Shemot 11:4). Moshe explains that at *about* midnight

Hashem, performing the tenth plague, will smite the firstborn. Rashi, quoting the Gemara, explains that Moshe was afraid that the Egyptian astrologers might err in their calculation. They would witness the nine plagues and then the deaths of the firstborn which according to their calculations might be either a few seconds before midnight, or a few seconds after midnight. They would then conclude that the G-d of the Jews was not all powerful. This is why Moshe said 'about midnight.'

When would they have the time to make their calculations? Weren't the astrologers occupied with other concerns? Weren't they afraid? Lo and behold, the Torah later describes that 'exactly at midnight', Hashem performed the tenth plague. "It came to pass at midnight, and the Lord smote every firstborn in the land of Egypt," (Shemot 12:29). It seems clear that Hashem and Moshe are concerned with the Egyptians misrepresenting the actions of Hashem, to the extent that if there were to be a minimal concern for a misrepresentation of an idea, Moshe would leave it out.

According to this midrash, as quoted by Rashi, there would be a plague that would lead the Egyptians to doubt Moshe's knowledge. Additionally, this would have misrepresented the power of the Almighty. The entire ten plagues were being built up, step by step. For the last plague, it's not that they would think that Hashem was not in charge, rather their error would be in understanding the application of His power. The message revealed here was that Hashem is in charge of humanity. However, people might come to the conclusion that G-d was lacking in the mastery of time, that He was unable to calculate time with precision. In order to validate God's timing, humans would need to be accurate in their prediction! As such, the idea of G-d's control of time would be dependent upon man and his limitations. That would be a reflection of <u>our</u> lack of abilities, not G-d's.

Consequently, if we examine the mind frame of the Egyptians, we might wonder what was their state of mind? Were they in a state of fear? According to the midrash, regarding the locusts, it seems that they were not in a state of fear. If they were, then they would not be taking the time to salt locusts. Similarly, the midrash highlights Moshe's emendation of the precise moment of the tenth plague, which means that the Egyptians were not in dread, they had time to make calculations. One of two options exist to explain their lack of fear. Either they had become numb to the plagues by the time of the locusts, so they were just moving on and focusing on their delicacies; or, perhaps, they were in a state of contemplation. They were constantly being elevated in thought and were not in a state of fear for their lives. Witnessing these plagues, they were experiencing a sense of awe.

When Moshe and Aharon initially go to Paroh, they introduce plagues and the magicians attempt to match them. They succeed, but they don't really succeed. Yet there is no panic. The people could see that the plagues were far superior to what the magicians were able to perform, and they were intrigued. As each plague progressed, their curiosity continued to grow, until, finally, when the magicians failed in their attempts to replicate the plagues, even in a small way, they didn't even show up. They had to finally admit that the Jews should be sent out. Even though the night of the tenth plague was still shocking, the people had already absorbed nine plagues and had developed a pattern of gradually developing their observations and thoughts concerning the world.

Does Hashem Just Want Me to Fake It?

Rabbi Rael Blumenthal

Wearing white, standing all day, & avoiding worldly pleasures...

Are we really trying to be angels?

Is this the ideal of Judaism?

And if not - how can spending a day in the world of angels can change the trajectory of our year, and our lives?

Part One: Angels On Yom Kippur

Among the most visible elements of our Yom Kippur experience is a distinct attempt at entering into the world of angels. This manifests in a number of ways: The way we dress, the words we say and those we include in our davening.

Rama (Shulchan Aruch, Orach Chaim 421) explains that we wear white clothing to be like Angels. The Shulchan Aruch, (Orach Chaim 619:2) codifies the well known custom of saying *Baruch Shem* out loud since on Yom Kippur

---

Rabbi Rael Blumenthal is the Rabbi of Boca Raton Synagogue West and a Rebbe at the Katz Yeshiva High School of South Florida.

we are like Angels. Devarim Rabbah (2:36) explains that Moshe "stole" *Baruch Shem* from the Angels, and for this reason we usually say it quietly.

The Bach (Orach Chaim 18) writes that although we don't usually cover our heads with a Tallis at night (since the mitzvah of tzitzis is only during the day), on Yom Kippur it is appropriate since we are trying to emulate Angels. The Vilna Gaon (Shulchan Aruch Orach Chaim 619:5) explains that the custom of standing all day on Yom Kippur is part of an attempt to emulate Angels. Indeed, he explains, based on Pirkei D'Rebbe Eliezer, that the entirety of Yom Kippur - from our clothing to our avoidance of worldly pleasure, is to show Hashem that we are like Angels and thus silence the accusations levied against us.

Additionally, beyond these practices, our machzor is replete with praises of Hashem, inspired by our understanding of the world of Angels. None is more famous than *Unesaneh Tokef*, which describes how the Angels tremble in anticipation of the Great Judgement.

Of course, of greatest halachic interest, is *the tefilah* of *Machnisei Rachamim*, in which we ask the Angels to act as our intermediaries in advancing our *Tefilos* to Hashem.

(It should be noted that while Yom Kippur places a sharpened focus on Angels, we have a number of practices all year round that do the same. See *Aruch HaShulchan* (89:6) who explains that our *Kedusha* is patterned after the Angels, and famously, the notion of two Angels who follow us home on Friday Night (*Shabbos* 119b); the source for *Shalom Aleichem*, and controversially, the line *Barchuni LeShalom* - asking the Angels to bless us.)

These directed requests of the Angels have generated a discourse throughout the centuries as to the permissibility and appropriateness of saying these Tefilos.

Part Two: Is Praying To Angels Forbidden?

The Yerushalmi (*Brachos* 63) quotes R'Yuden that when a Jew is in distress he should appeal only to Hashem and not to Angels.

The first responsum to contend with this in the context of *Machnisei Rachamim* is from Rav Hai Gaon (recorded in Otzar HaGeonim), who, after offering arguments for both sides, concludes that since none of his predecessors have problems with saying it, there is no reason to stop the practice.

This sentiment was not shared by Rambam, who codifies the prohibition of praying to anything other than Hashem. While Ramban (*Drashas Torah Temima*) explicitly writes that we should not say *Machnisei Rachamim*, he does, however, have to contend with the fact that Yaakov Avinu received a *bracha* from his angelic opponent (*Bereishis* 32:30). Rambam effectively explains that getting a *bracha* from an Angel is not prohibited.

Shibolei HaLeket, however, differentiates: Asking for help is not *Avoda Zara*, but praying to them is. This explanation is the central argument that Rabbi Asher Weiss (*Minchas Asher - Moadim, Rosh Hashana* I) presents to defend the practice of saying *Machnisei Rachamim*.

Menahem ben Benjamin writes in his *peirush* (beginning of *Parashas Shelach*) that Calev's visit to Chevron to ask the *Avos* to intercede on his behalf is an iron-clad proof for the permissibility of asking the dead to intercede on our behalf and for saying *Machnisei Rachamim*. Rabbi Moshe Feinstein (*Igros Moshe, Orach Chaim*, 5:43), however, is not convinced that asking for help from Angels is similar to asking for help from the Dead. He writes that his father would omit the phrase *Barchuni L'Shalom* on Friday nights.

Advancing a nuanced argument, Mabit (*Beis Elokim - Shaar HaTefillah Perek* 12) suggests that we should prohibit the practice, not because of its inherent content, but rather to ensure that people don't think that they're praying to Angels.

Truthfully, the attention that *Machnisei Rachamim* draws largely stems from the accusations leveled against it in the early years of the Enlightenment, when emancipated Jews were attempting to edit and delete parts of the text of the Tefilos. The suggestion that *Machnisei Rachamim* was antithetical to basic tenants of our faith was used as as a license to consider what else should be removed. Within that context, Ibn Ezra's comments regarding the piyutim of R' Eliezer HaKalir were used as rationale to emend the siddur and machzor.

Ibn Ezra (*Koheles* 5:1) levies four major attacks on HaKalir under the general warning that people should not imagine that saying piyutim that they don't understand would somehow be helpful to them. He argues that HaKalir writes in riddles that are hard for people to understand, that he uses Talmudic Aramaic rather than Biblical Hebrew, that his usage of Hebrew is inaccurate, and that he abandons the simple meaning of *pesukim* in Tanach in favor of Midrashic interpretations.

Rabbi Akiva Eiger (*Igros Rabbi Akiva Eiger* pg. 77-78) addresses the question of emending the text of the Machzor and concludes that we should not. He writes that he is familiar with the accusations of the Ibn Ezra. However, considering that Tosfos (*Chagigah*) tell us that HaKalir was a Tanna, there is no justification for Ibn Ezra's attack. Rabbi Eiger ends with a *tefillah* that Hashem should forgive Ibn Ezra for this grave error.

Rav Shamshon Refael Hirsch, a pioneer in the fight for Orthodoxy, writes that the mockery of *Machnisei Rachamim* stems from chutzpa and callousness. He boldly defends the text of the machzor. (His letter was published by Rabbi Shlomo Sperber in *Yeshurun*).

The conclusion of the *poskim* is that *praying to* Angels, according to all opinions, is always forbidden. *Machnisei Rachamim*, however, might not be considered a prayer at all, but rather a request for assistance in our prayers. Within that context, there are those who permit it, and those who forbid it.

Part Three: Who's Better - Humans Or Angels?

While the recitation of *Machnisei Rachamim* might be permissible, is it advisable? This question becomes much acute in light of the old debate as to who is greater, Angels or Humans.

Rav Saadya Gaon (*Emunos V'Deos* Perek 4) explains that since Humans are the reason for all existence, we are certainly greater than the Angels. Ibn Ezra (*Shemos* 23:20) contends that Rav Saadya Gaon is seriously mistaken and that the achievements of mankind in strength and art pale in comparison to animals in the natural world. Our understanding of Torah is so limited that we should take no pride in it. Maharal (*Tiferes Yisrael, Perek* 12) explains that despite our weaknesses and our shortcomings, we are created in the image of Hashem. This makes us the greatest beings in the Universe.

Considering the above, our practice of addressing and emulating Angels comes under serious scrutiny. Regardless of the permissibility, if we are indeed greater than the Angels, why would we want to address or emulate them?

Part Four: What Is A *Malach*?

At this point, it is important to explain what an Angel is.

Rambam (*Mishneh Torah, Hilchos Yesodei HaTorah* 2:4) explains that whenever the *Tanach* describes Angels as having a physical appearance, these are all simply metaphors. Angels do not have bodies or any physical attributes. In *Moreh Nevuchim* (2:6) Rambam decries the common literalism of assuming that a fiery Angel forms a fetus inside the mother's womb. He writes that people would be upset to hear that an Angel is nothing other than the will of Hashem that seed and egg unite to form a new human being. Effectively, he argues, the rules of the Natural Order are *Malachim*.

The *HaKsav V'Hakabalah* (*Bereshis* 48:15) explains that the word מלאך (*malach*) is related to the word מלאכה (*melacha*), and simply stated, a *Malach* is a Defined Expression of the Will of G-d.

Rabbi Yitzchak Arama (*Akeidas Yitzchak, Mishpatim* #47) explains that *Malachaim* are the "pre-programmed" protocols of our world, and that the two Angels that follow us home on Shabbos are our natural tendencies for good and evil. If we "feed" the good side of ourselves, it will perpetuate positivity. The opposite is true as well.

Ramchal (*Derech HaShem*, 3, *Nevuah*) explains that Angels are forces that have defined roles, but that all forces can be manipulated - hence, explaining the concept that miracles can break the rules of nature.

The Beis Yaakov of Izhbitz (*Beis Yaakov HaKollel, Yom HaKippurim*) cites the Gemara that when Hashem created mankind, there were Angels who protested our creation. He explains that these Angels are the forces of psychology within each person that questions the reason for our existence, and that, on Yom Kippur, we are obligated to eradicate those negative voices.

Essentially, the major contention across the spectrum of Jewish literature is that *Malachim* are defined expressions of the Will of Hashem who created a complex and beautiful world, with many natural, metaphysical and psychological realities. In truth, however, *Malachim* are not independent beings, they are simply the rules, forces and guidelines for the universe Hashem made.

Part Five: If It's All Hashem, Why Do They Have Separate Names?

The question then is that if we understand that *Malachim* are simply expressions of Hashem's will in the world, why do we refer to them by unique names, rather than collectively as expressions of the Will of Hashem.

The Yerushalmi (*Rosh Hashanah Perek* 1) notes that throughout Tanach (until *Sefer Daniel*) no specific names of Angels are mentioned, and explains that the Names of Angels "came with us from Babylon." (This has erroneously led some to believe that we adopted Babylonian/Pagan notions of Angels while in exile.)

Understanding this idea requires a word of introduction. Rav Kook (*Ain Aya, Brachos* #8) explains that the nature of the world is the redemption of the Jewish people. In the absence of this reality, the world as a whole is unwell and yearns for our redemption. This basic nature of the universe that drives us towards eventual *geulah* is referred to as the *Malach HaBris*, the Angel of the Covenant. Essentially, there is a preprogrammed reality within the natural order that ensures *geulah*. It is this force that Yaakov refers to when blessing Ephraim and Menashe: the מלאך הגואל - the Force of History that ensured that he, Yaakov, fulfilled his mission to bring about *geulah*. In this context, Yaakov is praying that these children of Yosef should also take their place in moving forward towards the great destiny of humanity.

Rabbi Tzadok HaKohen of Lublin devotes an entire chapter (*Sichas Malachei HaShares*) to the question of the names of Angels and explains that once exile became the status-quo of our people, our relationship with Hashem became far more rigid. This is likened to a child who lives at home and can communicate with his parents using any method of communication, call out to them, text them or phone them. Similarly, the parent can take care of the child's needs in any one of a myriad of ways. But once the child moves out of home, the mode of communication becomes more complicated. Providing dinner for a child who is in yeshiva or college now requires sending money to a specific destination, calling a specific restaurant etc... The ease of the relationship is hindered by the delivery method.

Rav Kook (*Midbar Shur, Drush* 9) further elaborates that this distance resulted from the reticence on the part the Jewish people to return to Eretz Yisrael with Ezra and Nechemya, and, thus, we became a fragmented nation, causing Hashem to relate to us and the world in a fragmented way. Essentially, the *Malach HaBris* now operates in fragmented ways.

Rabbi Gerson Henich Leiner of Radzin (*Sod YeSharim, Succos* pg. 22) explains that the "Angel" of our People wears many hats. Sometimes this power is called מיכאל - the force that enables us to understand "מי כאל - Who is like Hashem?" Sometimes this force of nature is referred to as גבריאל - to help us comprehend Hashem's Power.

Part Six: Aren't We Better Than Angels?

With this understanding of *Malachim*, we can now better understand our relationship to them.

Maharal (*Gevuros Hashem*, chapter 68) explains that while the Angels, the forces of nature, are stronger, older and longer lasting than we are, we are the *reason* for existence. While Angels are inherently עבדים - servants of Hashem, we are בנים, children of Hashem.

Indeed, the Machzor for Rosh Hashana relates that we have a dual relationship with Hashem: servant and child - אם כבנים אם כעבדים. From the perspective of our existence being עבדי ה', it is instructive, inspiring even intimidating to consider ourselves within the context of the Angels.

While the entire world, indeed the universe, operates exactly as Hashem wishes, we often do not. Every force of nature, history, politics and psychology dutifully performs its obligations to ensure that the majestic balance of the universe is maintained. We are the outliers, constantly thwarting Hashem's designs for the destiny of humanity. We fail at some of the most simple tasks Hashem assigns to us. Wwe evade and avoid taking responsibility and often act languidly even when executing the *Ratzon Hashem*.

Mahari Bruna (*Simanim* 275) thus explains that our practice of involving the Angles in our tefilos is an attempt to approach the King through the appropriate channels. We recognize that we have little merit to stand on when asking the King for life, *bracha* and sustenance. And so, in contemplating our smallness and ineffectiveness in the broad scheme of the natural order, we accept that our failings make us far less than the Angels.

As servants of Hashem, Ibn Ezra is indeed correct - we are far less than they.

Maharal (*Nesivos Olam*, chapter 12) takes major issue with *Machnisei Rachamim*. His opposition to the practice is not rooted in concerns of Avoda Zara - he does not say it is אסור (forbidden). Instead, he writes אין ראוי (it's not appropriate). He recommends that we change the text from "Angels of Mercy submit our prayers" to "the Angels of Mercy *will/should* submit our prayers."

The *Chasam Sofer* (*Orach Chaim*, 166) explains the intention of the Maharal as acknowledging that addressing the King demands respect, subservience and submission. But *Klal Yisrael* are different. We are not simply servants of Hashem; we are בנים - G-d's children, and encountering Hashem as children requires no approach of subservience to the "guards of the palace". We need not be intimidated by the competency and servitude of the natural world. We are the reason for it all, and Hashem loves us.

Rav Soloveitchik (*Halakhic Man* pg. 43-44) writes that our ability to engage with Hashem without intermediaries is a basic tenant of our faith. We are always able to "knock on the gates of Heaven" and expect that they will be opened.

In more recent generations, the understanding that we should be wary of denigrating ourselves has taken center stage. As a foundational philosophy of Chassidus, Slabodka *mussar* and positive psychology, the conviction that we should relate to ourselves with greatness is widely accepted (even if still difficult to experience in practice.)

The *Shem Mishmuel* (*Vayikra, (Metzora)*, pg. 246) explains that humility, positive as it is, must be tempered so that it does not lead to depression.

The *Nesivos Shalom* (pg. 120) writes that the entire judgment of Rosh Hashana is centered around the question of אם כבנים אם כעבדים, meaning do we want to be a child or a slave to Hashem? The obvious implication being that living a Jewish life without an intimate connection to Hashem is a shallow and hollow existence.

Reb Tzadok (*Tzidkas HaTzadik*, 154) famously exhorts us that once we have firmly established our belief in Hashem, we are obligated to believe in ourselves.

The Chasam Sofer (*Drashos Chasam Sofer, Ki Savo* 5560) similarly explains that Hashem wants us to perform the *mitzvos* with excitement and sincerity, not simply as fulfillment of an obligation.

Lest one think that these notions belong squarely in the world of Chassidus, the Introduction of *Shev Shmatsa* records perhaps one of the most beautiful renditions of the notion that every Jew is inherently special and good. There, Rabbi Aryeh Leib HaKohen Heller explains that sin is never more than an adjective to the essential nature of a Jew.

כי זרע קודש אנחנו ולא ישתנו בעצמות. וכל עבירות בני ישראל אך
תואר הוא להם אשר לא יתמיד כי אם יעמוד עת מן העתים

For we are a seed of transcendence, and we cannot change our essence. And all sins of the Jewish people are just transient descriptions.

Rabbeinu Bechayei (*Shmos* 28:35) writes that the golden clothes of the *Kohen Gadol* are reflective of our unique relationship with Hashem, in that we are His children. The bells on the edge of the *Kohen Gadol's* cloak are a warning to the Angles to disperse and make way for the child of the King.

This level of relationship is vividly described by Shimon ben Shetach who admonishes Choni HaMe'agel for demanding rain from Hashem. The Talmud (*Ta'anis* 23a) relates that Choni HaMe'agel demonstrates the chutzpa of a privileged child:

שאתה מתחטא לפני המקום ועושה לך רצונך כבן שמתחטא על אביו
ועושה לו רצונו ואומר לו אבא הוליכני לרחצני בחמין שטפני בצונן
תן לי אגוזים שקדים אפרסקים ורמונים ונותן לו ועליך הכתוב אומר
(משלי כג, כה) ישמח אביך ואמך ותגל יולדתך

You nag G-d and He does your bidding, like a son who nags his father and his father does his bidding. And the son says to his father: Father, take me to be bathed in hot water; wash me with cold water; give me nuts, almonds, peaches, and pomegranates. And his father gives him. About you, the verse states: "Your father and mother will be glad and she who bore you will rejoice" (Proverbs 23:25).

Part Seven: Are Fear And Service Really So Bad?

Thus, it appears that the greater relationship with Hashem is that of a loving son, who, despite his shortcomings, has the confidence that his father will love him, forgive him and welcome him home.

But there are some disturbing questions to consider: Firstly, the clothing that the *Kohen Gadol* wears on Yom Kippur when entering into the *Kodesh HaKodashim* are not the golden clothes of a loving son, but the white clothes of the servant. Secondly, even Maharal, who strongly challenges the appropriateness of entreating the Angels on Yom Kippur, does not deny that we are attempting to emulate them.

Finally, our literature, across the board is replete with the importance of being an עבד ה' - a servant of Hashem.

Chazal (*Moed Katan* 17a) caution the student "only learn from a Rebbe who is likened to a *Malach*". The Alter Rebbe (*Tanya* #41) admonishes those who abandon being an eved Hashem in favor of serving Hashem exclusively out of love.

Chazal (*Nedarim* 20b) tell us that *talmidei chachamim* are like Angels, and Rosh (ibid.) explains that they receive that compliment because of their drive towards angelic transcendence. (It was likewise news worthy that a number of years ago when Rav Ovadia Yosef was asked his opinion of Rav Kook, he responded that Rav Kook was a "*Malach Hashem Tzevako*t". It would be hard to take such a comment as an insult.

Rabbeinu Bachya (*Vayikra* 16:4) furthermore explains that inside the *Kodesh HaKodashim*, The kohen is the ultimate עבד as indicated by his clothing.

Part Eight: Working To Build Your Father's Business

To understand this contradiction, it is instructive to note the comment of Rabbi Yechezkel Panet (*Mareh Yechezkel*). There he writes that we should not be over excited to claim that we do not want to say *Machnisei Rachamim*, because we are so much more important than the Angels. He explains that despite the closeness of a son to his father, when the son has repeatedly and flagrantly violated the law, he becomes a wanted man, a fugitive. His only chance for survival is to find a way to the King, his father, away from watchful eyes of the servants of The King. As fugitives of the law, we should be wary of drawing attention to our presence in proximity to the King, lest we face the wrath of those most loyal to him.

In the context of our understanding of Angels, we should not necessarily take pride in our ability to find favor in the eyes of Hashem despite living in a way that is entirely antithetical to His plan for the world and humanity. The Angels whom we fear are the expressions of the Will of Hashem and ensure that harmony and balance exist in the world with which we alone are out of alignment. Can Hashem still help us, save us and forgive us? Certainly. But there is an inherent fear that the fugitive son lives with: perhaps I will not succeed in reaching my Father.

Thus, the value in understanding that we are children of Hashem does not stand in contradistinction to our being a servant. On the contrary, they are complimentary notions.

The Shela HaKadosh (*Shenei Luchos HaBris - BeAsara Maamaros, Maamar* 3-4) explores this idea by asking how it could be that the greatest Jew of all time, Moshe Rabbeinu, is referred to by Hashem as עבדי משה - My servant Moshe. Surely, it would be greater praise to bestow upon him the title of בן - a child?

The Shela HaKadosh thus explains that in the service of Hashem there are four levels:

1. One who serves Hashem in order to be rewarded - עובד על מנת לקבל פרס.

2. One who serves Hashem resultant from a fear of punishment - the עבד ה'.

3. One who serves Hashem out of love and devotion - בנים אתם לה'.

But then there is a fourth level which we can understand with the following parable:

Consider the child of the CEO of a large corporation who understands that he is directed by the CEO to open a new branch, wing or franchise of the family business. On the one hand, he is just another manager in the company, subject to the same rules and benefits as any other manager. On the other hand, behind closed doors, this employee knows, by virtue of being the child of the CEO, that he will have many more opportunities to fail and try again.

At the same time, it is also understood that the more apparent the failures are, and the more regularly the child needs to be rescued by the CEO, the more the other managers will display their jealousy and disdain. Regular, and certainly unapologetic failure, puts the CEO in an uncomfortable position. The CEO is conflicted between what is best for his son and what is best for the company. Of course, in the long run, what is best for the company is, after all, in the best interest of the son. Weighing these considerations is no small matter, and subtleties of language, intention and action make big differences. There is only a limited amount of time that the son can ride on their father's love without an attempt to correct their failures.

But imagine for a moment that the son corrects his mistaken attitudes, that he starts again and recommits to the values of the business and family. Imagine that he slowly begins to embody the styles and desires of the CEO, eventually becoming a model of what the business is intended to be.

Such a person transcends the platitudes of fear and love, of employee and child, to live a life of mission and purpose that is *identical* to the values, ideas and ideals of their father, the CEO. In the context of his work, he will operate in tandem with the other employees of the company, not in competition with them. But he will possess the knowledge that the reason that the whole business exists is to provide a living for him and his family.

Moreover, such a son/employee revels not just in the devotion to his father, nor the fear of letting him down through lack of performance. Indeed, for such a son/employee, his greatest joy is contemplating the trust his father has bestowed upon him, the confidence of partnering with him for the betterment of the company and the world.

Such a son/employee has two personas. In his internal world, his most intimate relationship is with his father/employer, to experience the unity of בן and עבד. He is the most perfect employee; a paradigm of loyalty, devotion and competence. But to the world outside of that intimate relationship, this son/employee is seen as nothing more or less than an extension of the CEO himself.

This fourth level, the merger of עבד and בן was the level of Moshe Rabbeinu, עבדי משה.

In the Chabad *Seforim*, this notion is referred to as בן שנעשה עבד - the son who becomes a servant. (See *Ohr HaTorah, Ekev* pg. 526 and *hemshech* 5666 pg . 441 for extensive treatment).

With the understanding that Moshe reached this level, we can elucidate an enigmatic comment of Ramban (*Shemos* 23:20):

אמת הוא שכל ימי משה לא היה מלאך שר צבא הולך עמהם, כי משה היה ממלא מקומו

The truth is that all the days of Moshe's leadership, there was no Angel that traveled with the Jewish people, since Moshe himself filled that role.

This is to say that the *Malach HaBris*, the force that directs Jewish history throughout the ages, was embodied entirely by Moshe Rabbeinu. He was the Angel of the Covenant. It was Moshe who took on the responsibility to carry the Jewish people to the next stage of our destiny.

(It is interesting to note this in the context of the disagreement between the commentators as to the identity of the *Malach* that Yehoshua encounters following the death of Moshe. Some understand that the *Malach* was מיכאל, others suggest it was גבריאל. In light of our understanding of מלאכים, this is simply an argument in what Hashem wanted to teach Yehoshua, and indeed the Jewish people, about the furthering of their destiny).

Further closing the gap between Angels and people, the Torah (*Bereishis* 6:4) tells us of the נפילים - The Fallen Ones, who lived in the world before the Flood. Ramban (*Bereishis* ibid.) quotes from *Pirkei D'Rabbi Eliezer* that these "Fallen Ones" were Angels that fell from heaven. And the Zohar (*Zohar Chadash, Bereishis* 26a) reveals the identity of these mysterious Fallen Angels: they are none other than Adam and Chava. The original human beings whom Hashem created with the task of building, bettering, improving the world. In their failure to align themselves with the Will of Hashem, they descended from the level of מלאכים - they now lived in a fallen state, where it was no longer in their purview to single handedly bring the world to perfection. (Indeed, it is taking millennia to return humanity to the gates of *Gan Eden*.)

The *Sefas Emes* (*Beha'aloscha* 5643) expresses the internal goal of a relationship with Hashem when discussing the importance of Talmud Torah:

וכי הרצון לבוא לעלמא דקשוט בכרס מלאה מש"ס ופוסקים?! רק
להיות הלימוד בדחילו ורחימו כנ"ל

Do you really think that Hashem wants you to arrive in heaven simply with a belly filled with *Shas* (Talmud) and *Poskim* (Halacha)?! He wants us to live lives where our learning is infused with fear and love.

This is the ideal. This is the ultimate goal of Yom Kippur. To peak our heads into the Heavens, and see how the world operates in total harmony with the Will of Hashem. And then, to boldly declare that we, too, wish to be loyal servants of Hashem, with the confidence of knowing that our service to Hashem is ultimately to assist Him in creating the world that He wants us to enjoy. It's the merger of fear and love, of עבד and בן, it's the capacity for a person to become a מלאך ה'.

Part Nine: Angels On The Inside, Royalty On The Outside

But all this pertains to the way that we relate to Hashem. To Him we are loyal, devoted children/employees. To the world outside of our intimate connection, however, we are managers who represent the CEO in the most profound way - עבד מלך כמלך - the servant of the King is like the King.

The Sefas Emes (*Re'eh* 5664) explains from the Zohar that the entire purpose for our being here is to become royalty. This is greatest expression of בנים אתם לה' אלוקיכם - we are children of Hashem.

Chazal (*Gittin* 62a) explain that *Talmidei Chachamim* are capable of achieving this royalty. And the Beis Yosef (*Orach Chaim 1:1*) is the first to coin the phrase מאן מלכי - רבנן - "Who is royalty? The sages". (Arguably, his phraseology is an intentional spin off of *Nedarim* 20b - מאן מלאכי השרת רבנן.)

With the understanding that we are each sent here to personally ensure that the Will of Hashem is expressed in the world, Yom Kippur becomes a "Conference of Managers" where we, the managers, return to headquarters to learn new skills, dream of new projects and reinvigorate ourselves with the mission of the company.

Rabbi Eliyahu Dessler (*Michtav Me'Eliyahu*, vol. 5, pg. 456) quotes the statement of the Talmud (*Chagigah* 14a) that everyday there are new angels who are created, who sing once to Hashem and cease to exist. He explains that there are certain angels who only exist for a moment, and others whot appear to be part of the nature and fabric of the world. The Angels of the moment are the unique opportunities for mitzvos, chessed and Torah that appear anew each day. No day is like any other, and each day has its purpose. Hashem creates new "Angels", that is new opportunities to connect to Him, to daily fulfill our lives' mission and purpose. There are also other Angels. Angels of science and biology and history and mercy and anger and kindness. These are permanent *avodos* - they require constant and consistent attention. From these Angels we learn how to be merciful, patient, compassionate and giving. We learn from them how to act with empathy and to judge each other favorably.

Rav Dessler goes on to explain that this is the fundamental difference between *Mussar* and *Chassidus*. *Chassidus* addresses the daily angels, the daily work of passionate commitment to Torah, *mitzvos* and *chessed*. *Mussar* addresses the ancient Angels, those who are part of the fabric of the universe - the lifetime work of perfecting our character.

We peak our heads into Heaven to contemplate the New Angels and the Old Angels, to learn lessons for our own lives in endeavoring to connect to Hashem.

Part Ten: Creating Our Own Angels

But after every great conference, we return to our daily lives, to resume the work of growing, developing and building the company. As we have mentioned above, to the outside world, we are representatives of the King.

Our similarities are not, however, simply in name. Indeed, *Maharsha* (*Chidushei Agados Makos* 10b) explains that just as Hashem creates Angels, so too, we create our own Angels. That is to say, just as Hashem wills certain realities into existence, we do the same. Our actions, words and even thoughts create ripple effects that change the world around us, for good or ח"ו the opposite.

The *Tzemach Tzedek* (*Ohr HaTorah, Bechoros* pg. 54) explains that our "Angels" have "bodies" and "souls". The bodies are the practical ramifications of the things that we do. And the souls are our intentions. A full Angel, that is to say, a full effect of our positivity requires both the action and the intention behind it.

Rabbi Yekusiel Yehuda Teitelbaum (*Rav Tuv, Balak* 137a) quotes that R' Zusha once said that he "never saw a healthy bad Angel created by a Jew who believes in Hashem. Even in the moment that he is doing the *aveira*, he regrets it, thus depriving it of a head, arms or legs."

This returns us to the understanding of the *Akeidas Yitzchak* who taught us that the Angels whot return home with us on Friday night are our own good and evil inclinations. When we feed the positive side of ourselves, it generates positivity for the week to come. Recognizing and being in control of the effects we create is ultimately the definition of *Malchus* - Royalty.

Dr. Haim Ginott, the acclaimed Israeli educator writes:

> I've come to a frightening conclusion that I am the decisive element in the classroom. It's my personal approach that creates the climate. It's my daily mood that makes the weather. As a teacher, I possess a tremendous power to make a child's life miserable or joyous. I can be a tool of torture or an instrument of inspiration. I can humiliate or heal. In all situations, it is my response that decides whether a crisis will be escalated or deescalated and a child humanized or dehumanized.

In the same vein, Rabbi Yosef Yehuda Leib Bloch writes (*Shiurei Daas - Malchus*) that royalty means being in control of ourselves, which allows us to have a positive effect on the world around us. And Rebbe Nachman explains (*Likutei MaHaran* 5):

> כי צריך כל אדם לומר: כל העולם לא נברא אלא בשבילי (סנהדרין לז
> א). נמצא כשהעולם נברא בשבילי, צריך אני לראות ולעין בכל עת
> בתקון העולם. ולמלאות חסרון העולם, ולהתפלל בעבורם

> Each person must says: "The whole world is created for me." It comes out that if the world is created for me, I need to constantly seek out opportunities to fix the world, to fill the gaps in the world and to daven for them.

In a word, being a בן מלך means taking responsibility.

Viktor Frankl wrote:

> Ultimately, man should not ask what the meaning of his life is, but rather must recognize that it is he who is asked. In a word, each man is questioned by life; and he can only answer to life by answering for his own life; to life he can only respond by being responsible.

Rav Shlomo Wolbe explains that when Hashem consults with the Angels, *Chazal* use the term נמלך - literally, "become King." We, too, use our faculty of choice to decide. Indeed throughout the Talmud, the words for a person making a choice is נמלך. We become Royalty through the choices that we make, and those choices create the world we are living in.

Most profoundly, Maharal (*Derech Chaim*, 3:14) teaches us that the צלם אלוקים - the Image of G-d, in which we are created, is Royalty. As Hashem is King over His world, we are entrusted to rule over ours.

This is the ultimate purpose of our day up in the heavens. To learn from the מלך מלכי המלכים - the King of all Kings, how we should live with royalty, responsibility and purpose in our own lives.

It is this level of existence that Rav Kook (*Oros HaTeshuva Perek* I) defines as תשובה שכלית - transcendent return. It is the perspective that my entire life, my ups and down, strengths and weaknesses are all part of a journey to perfecting myself, and through my own perfection, fixing the world. It's the ultimate in living a life of purpose and growth

The *Chidushei HaRim* (quoted in *Imrei HaRim Rosh Hashanah*) explains that it is for this reason that we cry when relating to the fact that mankind is made from dust, and returns to dust. Ostensibly, we should not be upset, and yet, innately, we know that for a person to simply return to dust is emblematic of a wasted existence. We are formed from dust, but we could and, therefore, should become much more.

The Vilna Gaon famously interprets the entirety of Sefer Yonah as the story of the soul - the child of Hashem - who is sent to this world to fix it. The story of Yonah fleeing from this responsibility is our own avoidance of our mission, and the pain and tragedy that ensues is our own tragedy.

Conclusion: It's Time To Return To Our World

In his masterful rendition of the *Avodas Yom Hakippurim*, Yishai Ribo⁻ explores the *avoda* of the *kohen gadol* on Yom Kippur. He eloquently and beautifully expresses how the service of the day is marked by changing clothes, changing perspectives and ultimately changing ourselves. Within the context of all that we have learned, it would appear that the *kohen gadol* oscillates throughout the day between being a בן and being the ultimate עבד; from gold to white, a total of five times, or ten changes of clothing.

But it's the beginning and the end of the process that stands out. The language that Ribo uses is taken directly from the *piyutim* of *Mussaf*, which are patterned after the language of the Talmud.

Rambam (*Avodas Yom HaKippurim* 2:3) writes that at the beginning of the day: בַּתְּחִלָּה פּוֹשֵׁט בִּגְדֵי חֹל שֶׁעָלָיו - he removes his **mundane** clothes.

Naturally, at the end of the day, he should once again put on those same clothes. And indeed, he does. But now they have a different name (*Rambam Avodas Yom HaKippurim* 4:20): וּפוֹשֵׁט בִּגְדֵי זָהָב, וְלוֹבֵשׁ בִּגְדֵי עַצְמוֹ - He removes the gold clothes and dons **his own clothes**.

It would seem that the entire process of visiting *Shamayim* for this one day in the year is to return home realizing that the clothes we wear are not mundane. They are our own. This is *Malchus*; the knowledge that we are here for a reason, that we have a purpose.

This is the central question of Yom Kippur, indeed of life. What am I doing here? It is this question that Rebbe Nachman returns to over and over again in his story of *The Lost Princess* (which is *Malchus*...): היכן אני בעולם? His story climaxes with the finding and reduction of Royalty, but he concludes by stating that no one knows how the Princess was rescued, but in the end she was.

This is the ultimate question of our lives, and Yom Kippur is the day Hashem has given us to contemplate it in the deepest way, by learning what it is to be an עבד and then a בן, finally a בן שנעשה עבד, which is ultimately a מלאך on the inside, and a מלך on the outside.

Mori V'Rabbi, Rav Blachman once told the story that when the son of the Ropshitzer Rebbe (1760-1827), Reb Leizer Dzikover (-1860), was very sick, his *mechutan*, the *Divrei Chaim* (1796-1876), came from Sanz to say goodbye, so to speak, and told him, *"Gey gezunte heit!"* - So long!

"What do you mean?" "Well, if G-d wants you to go, then bon voyage."

"What about my wife and kids?" "I'll take care of them for you."

"What about my chassidim?" "I'm a great rebbe."

*"What about the poor people in town?" "I've got a tzedakah pushke. **Why do you want to live?**"*

"When I sing Ein Kitzvah on Rosh Hashanah and Yom Kippur the malachim listen, and tremble, and it helps the Jewish people."

"This I cannot do. I will pray for you and you will live." And Reb Leizer lived another thirty-two years.

This is our goal on Yom Kippur. To find the answer to the question, "What Am I Doing Here?" "Why Do I Want to Live?"

If the Shofar of Rosh Hashana crowns Hashem as King over the world, then the Shofar at the end of Yom Kippur crowns us as royalty in our own lives.

The Matter of Title to Israel Has Long Been Resolved in Favor of the Jewish People

Leonard Grunstein

THE MATTER OF SOVEREIGNTY OVER THE LAND OF ISRAEL KEEPS BEING raised by some, as if it were a novel question of first impression. However, this is just not the case. The matter has been litigated and decided in favor of the Jewish people on more than one occasion over the last approximately 2,349 years.

The Torah records that title to the Land of Israel is vested in the Jewish People as an inheritance, as more fully discussed below.

This is no idle or haphazard statement. As Rashi[1] explains, the story of the Jewish People's title to the Land of Israel is alluded to in the first verse of Bereishit[2]. Rashi notes from a strictly textual point of view, there was no reason for the Torah to begin with recounting that G-d created the world. After all, the Torah is dedicated to reciting the commandments and the first is not set

---

1 Rabbi Shlomo Yitzchaki, an 11th century sage and one of the preeminent commentators on the Torah.
2 *Genesis* 1:1.

Leonard Grunstein, a retired attorney and banker, is founder and current chairman of Project Ezrah and serves on the Board of the Bernard Revel Graduate School of Jewish Studies at Yeshiva University and the AIPAC National Council.

forth until later in Shemot[3]. He asks, why then not begin there?

Rashi's answer is prescient and most instructive. He posits that the nations of the world would question Israel's title to the Land of Israel. They would assert that the Children of Israel were robbers, because they took the land of the seven nations of Canaan by force. The purpose of the extended recitation in the Torah of the provenance of the world was to establish that the entire world belonged to G-d, who created it. G-d could give all or any part to whomever G-d pleased and G-d chose to give the Land of Israel, including Jerusalem, to the Jewish people[4].

When viewed from this enlightened perspective, the Torah is an extraordinary record of title. It is reputedly the oldest written record of title in the world[5]. Most other written title records are relatively newly minted by comparison[6]. It is thus an incomparable documentary source, which has stood the test of time.

Thus, as a careful reader of title would note, the Canaanites had no legitimate claim to the Land of Israel. As the Chizkuni[7] explains, the Land of Israel was a part of the inheritance Noah bequeathed to his son Shem[8].

---

3   *Exodus*, Chapter 12.

4   *Midrash Tanchuma Masei* 10:1 and *Genesis Rabbah* 1:2, as well as *Yalkut Shimoni Remez* 187. See also BT *Sanhedrin* 91a. Interestingly, Rashi interprets the word dimusana'ei (typically translated as usurpers), as used in the Talmudic text, to mean 'Ba'alei Hamas' (violent robbers), who wanted to steal a share in Judea and Jerusalem. The use of the term 'Hamas' is also curiously prescient given its modern usage by the contemporary terrorist organization seeking, G-d forbid, to accomplish the same malign goal. See further *Megillat Taanit*, Sivan 6, for a parallel report of the same incident.

5   While some might scoff at our belief in the Divine origin of the Torah, it is undeniable that the Torah is ancient in origin, with verifiable texts dating back more than two thousand years (see, for example, The Dead Sea Scrolls, at Israel Museum, Shrine of the Book, (IMJ.org), which includes fragments of Biblical texts dating back to the 3rd century B.C.E.). There is also other evidentiary support dating back more than three thousand years (see, for example, The Three Oldest Biblical Texts, by Bryan Windle, in Biblical Archeology Report, dated 2/6/2019, 3,000–year-old inscription bearing name of biblical judge found in Israel, by Rossella Tercotin, in the Jerusalem Post, dated 7/13/2021 and An Early Israelite Curse Inscription From Mt. Ebal?, by Nathan Steinmeyer, in Torah History Daily, dated 4/25/2022). The mere fact that the Torah, including the Chumash, Nevi'im and Ketuvim were uttered at the time is probative. Like any other ancient source, the Torah should at very least be accorded scholarly respect for what it says. So too, the authoritative commentators, who have recorded their profound understanding of these works, including the meaning of sometimes abstruse passages. Taken together, this body of literature is matchless and the provenance is unparalleled. It would be foolhardy to ignore or disdain it just because of some bias against those who treasure it as sacrosanct.

6   See, for example, *The History and Value of Land Records*, by Amanda Farrell, at PropLogix, tracing recording of title back to 13th Century Scotland. There is also William the Conqueror's 11th century Doomsday Book (National Archives.gov.UK).

7   Rabbi Hezekiah ben Manoah, a 13th century Torah commentator.

8   *Chizkuni, Genesis* 1:1. See also *Tur HaAruch, Genesis* 10:5.

Interestingly, the Torah reports, Malchi-Tzedek, who the Talmud and Midrash consider to be Shem[9], lived in and was the king of the city of Salem[10], or, as we know it, Jerusalem.

Abraham is a descendant of Shem[11], and as the Torah records, he and his descendants were vested with title to the Land of Israel, as their inheritance[12]. Thus the Torah often uses the terms 'Nachalah', 'Achuzah' and 'Yerusha' meaning, inheritance, in describing the Nation of Israel's vested title to the Land of Israel[13].

Title then passed to his son Isaac[14] and then to his son Jacob[15] (also known as Israel). Jacob then vested title in his progeny, known as the Children of Israel.

Therefore, as the Torah declares[16], when the Children of Israel enter the Land, then known as Canaan, it is the land that was vested to them as a part of their inheritance. This is no passive statement or optional prerogative; it is a duty entrusted to and an obligation binding on the descendants of Jacob, the Children of Israel. Indeed, Ramban, in his version of Sefer HaMitzvot, lists and describes the obligation to inherit and take possession of the Land of Israel as the fourth of the Positive Commandments[17].

Ramban also notes the Land of Israel should not be forlorn or left barren and desolate. In this regard, the accounts of Mark Twain[18] of his visit to Jerusalem and other parts of the Holy Land in 1867 and others over the years and photographs of Jerusalem, including even during the Jordanian occupation until the liberation of Jerusalem in 1967, are revealing and most compelling. They depict a forlorn and near desolate land. It is noteworthy that little had

9   See Rashi commentary on *Genesis* 14:18, as well as, BT *Nedarim* 32b, *Genesis Rabbah* 56:10, *Midrash Tehillim* 76:2 and *Pirkei D'Rabbi Eliezer* 8:4. See also *Zohar Chadash*, Noah 128 and *Midrash Tehillim* 76:2.
10 *Genesis* 14:18.
11 *Genesis* 11:10-27. Shem was one of Noah's sons (*Genesis* 10:1). Abraham's lineage is traced from Shem (as noted in *Genesis* 11:10-27), as follows: Shem to Arpachshad, to Shelah, to Ever, to Peleg, to Reu, to Serug, to Nahor, to Terach, and then to Abraham.
12 *Genesis* 12:7.
13 See, for example, *Genesis* 17:8, *Deuteronomy* 26:1 and *Deuteronomy* 6:8.
14 *Genesis* 26:3-4.
15 *Genesis* 28:13.
16 *Numbers* 34:2 and see also *Deuteronomy* 17:14.
17 Nachmanides, *Hasogot HaRamban* on Maimonides' *Sefer HaMitzvot*, Positive Commandments 4.
18 *The Innocents Abroad*, by Samuel Clemens (aka Mark Twain).

changed in the six hundred years since Ramban's arrival in Jerusalem in 1267 and Twain's visit in 1867. He also describes the barrenness of the land he encountered[19].

Ramban describes how this is a part of the miraculous quality of the Land of Israel, which resists cultivation by all who seek to settle it other than the Jewish people. As Isaiah[20] prophesized, "For G-d has comforted Zion, comforted all its ruins; and has made its wilderness like Eden and its desert like the garden of G-d". The evidence supporting Ramban's dictum and the fulfillment of Isaiah's prophecy is overwhelming. The Jewish people have made the desert bloom and developed the Land of Israel as no one else did in the history of the Land; it's irrefutable.

The survey description of the Land granted as an inheritance to the Jewish People is set forth in the contractual commitment G-d originally made to Abraham, as recorded in the Torah.[21] Abraham even did a walkthrough.[22]
Title to the Land of Israel was reconfirmed again to Moshe and the Jewish people[23], including in a more detailed description in Bamidbar.[24] Indeed, as a part of Moshe's penultimate testament in the Torah, he called upon the Heavens and the Earth to bear witness[25] to among other things that the Land of Israel was the inheritance of the Jewish people[26]. The Torah also reconfirms that it is the inheritance of Jacob[27] to the exclusion of any other progeny of his forbearers Abraham or Isaac.[28]

Interestingly, the Torah makes use of the term Chevel (measuring rope)[29] in

---

19 In a letter to his son, Nachman, from Jerusalem in 1267.

20 *Isaiah* 51:3.

21 *Genesis* 15:18-21.

22 *Genesis* 13:17. See also Targum Jonathan thereon, which describes how Abraham thereby exercised his dominion and control over the length and breadth of the Land of Israel.

23 *Exodus* 23:31.

24 *Numbers* 34:1-13

25 *Deuteronomy* 32:1 and see Rashi and Kli Yakar commentaries thereon.

26 *Deuteronomy* 32:8-9 and see the Rashi, Ibn Ezra, Rashbam, Bechor Shor, Rosh and Chizkuni commentaries thereon.

27 This reference is made to negate any unfounded claims by Ishmael and Esau. Abraham vested title to the Land of Israel solely in his son Isaac (*Genesis* 25:5). Abraham's son Ishmael and the children Abraham fathered with Keturah received other gifts from Abraham (*Genesis* 25:6). Isaac had two sons Jacob and Esau. Jacob was solely vested with title to the Land of Israel as noted above. Esau settled in the hill country of Seir (*Genesis* 36:8), which was given to Esau, as an inheritance (*Deuteronomy* 2:5).

28 See the (authoritative Tannaic *Midrash Halacha*) *Sifre* (*Deuteronomy* 312:1).

29 See, for example, *Bechor Shor* and *Ibn Ezra* commentaries on *Deuteronomy* 32:9.

connection with the recording of Jacob's inheritance of the Land. This unusual reference is cogent, because the Chevel was used to measure out a metes and bounds description of a parcel of land. Moshe is then allowed visually to survey the Land and, as the Torah records,[30] this is the inheritance of the Children of Israel.

The Canaanites were the descendants of Noah's son Cham[31] and were actually illegally occupying the Land of Israel. As the Torah notes,[32] when Abraham came to Israel, the Canaanites, at the time, were also in the Land. The otherwise superfluous reference to 'at the time' is not casual or coincidental. Maharal[33] explains it was meant to allude to the fact that the Canaanites were not there before, because it was not their land and they were not entitled to be there. Rather, they came to rob the Children of Israel of their heritage.

HaEmek Davar[34] notes the Torah, in Shemot,[35] uses the term 'Makom' HaCanaani (place of the Canaanites), as opposed to HaAretz (land), to emphasize that it was truly not their land from the beginning of creation, rather it was just a place they were occupying at the time.

The Torah[36] explicitly describes the boundaries of Canaanite territory as extending only as far as Sidon in the north, the approaches to Gaza in the south, and as far as the approaches to Sodom, Gomorrah, etc. in the east; but not extending into the Land of Israel proper. To the west of the Land of Israel is, of course, the Mediterranean Sea and, hence, not a concern in delineating the boundaries of Canaanite territory in terms of not encroaching on the Land of Israel.

It is bracing to appreciate how timeless these survey and boundary considerations are in delineating a title description with landmarks and markers. In this light, consider too the gravity of the commandment, set forth

30 *Deuteronomy* 32:49 and see the Aderet Eliyahu commentary of the Vilna Gaon thereon.
31 *Genesis* 10:6.
32 *Genesis* 12:6 and see Rashi commentary thereon.
33 Rabbi Judah Loew ben Bezalel, a 16th century sage, known as the Maharal of Prague or Maharal, in his *Gur Aryeh* commentary on *Genesis* 1:1.
34 *HaEmek Davar* (by Rabbi Naftali Zvi Yehudah Berlin) notes the term *'Makom' HaCanaani* (place of the Canaanites), as opposed to *HaAretz* (land), is used in Exodus 3:8, to emphasize that it was truly not their land from the beginning of creation, rather it was just a place they were occupying at the time.
35 *Exodus* 3:8.
36 *Genesis* 10:19 and see also Rashi commentary thereon.

in the Torah,[37] "not to move a neighbor's boundary landmarks (markers), set up by previous generations, in the inherited property vested in you, in the land that G-d has given you as an inheritance."

Rashi[38] describes how the Canaanites were gradually conquering the Land of Israel from the descendants of Shem. It had been allotted to Shem, when Noah apportioned the Earth among his sons. Hence, the Torah[39] makes reference to Malchi-Tzedek (also known as Shem, as noted above), as the king of Salem (Jerusalem).[40] Therefore, G-d assures Abraham that in the future, the Land of Israel would be returned to his descendants, the Children of Israel, who, as noted above, are also lineal descendants of Shem and the rightful inheritors of title to the Land of Israel. Interestingly, this was so both patrilineally and matrilineally. This includes Rachel and Leah, as well as Bilhah and Zilpah, who were all daughters of Laban.[41] It should also be noted that Judah's wife Tamar was also a descendant of Shem.[42]

The Torah is, thus, the record of title that shows from the beginning of the world, through Israel's miraculous retaking of the land from the illegal occupiers and since, the Jewish people's legal title to the Land of Israel, as a fully vested inheritance. As Kli Yakar notes, it is just and right[43], as G-d intended. There is no comparable source of record legal title to the Land of Israel.

The Torah[44] also reports the basis for Jerusalem becoming the capital of Israel. It states that Jerusalem is the city G-d chose to establish the House bearing G-d's name, under the stewardship of David, leader of the Nation of Israel.

---

37 *Deuteronomy* 19:14.

38 Rashi commentary on *Genesis* 12:6.

39 *Genesis* 14:18.

40 BT *Nedarim* 32b notes Abraham, a descendant of Shem, was also invested with the hereditary priesthood originally conferred on Shem.

41 *Pirke D'Rabbi Eliezer* 36.

42 *Genesis Rabbah* 85:11. As an aside, as descendants of Shem, the Children of Israel or Jewish people are categorized as Semites. In this regard, it should be noted that while Ishmael was the son of Abraham, his mother Hagar was a descendant of Mitzraim, a son of Cham (*Genesis* 10:6). According to *Midrash Genesis Rabbah* (45:1), Hagar was an Egyptian princess.

43 *Kli Yakar* (by Rabbi Shlomo Ephraim ben Aaron Luntschitz, a 17th century Biblical commentator) on *Genesis* 1:1.

44 II *Chronicles* 6:5-6.

The Torah records[45] that King David established Jerusalem as the capital of the Kingdom of Judea and Israel in the ancient Land of Israel more than three thousand years ago. He insisted on buying the land set aside for the First and Second Temples for cash and refused it as a gift. The transaction is recorded in the Book of Samuel[46] and in Chronicles.[47] The Midrash[48] explains that recording of this title[49] was critical so that the nations of the world could not defraud Israel and say that this was stolen property in Israel's hands. Amazingly, this statement, attributed to Rabbi Yudan bar Simon, was likely made almost two thousand years ago.

Despite being conquered a number of times by foreign empires and invaders, the Jewish connection to and presence in Jerusalem continued throughout the vicissitudes of thousands of years of history, a miracle in its own right.

It should also be noted that no nation has ever actually situated its capital in Jerusalem other than the Nation of Israel. In this regard it should be noted that during the entire period of the Muslim occupation of Jerusalem, beginning with Caliph Omar and throughout the Ottoman period, Jerusalem was not a capital city. Even when Jordan occupied a portion of Jerusalem from 1948-1967, it did not move its capital to Jerusalem; but rather, maintained its capital in Amman.

Moreover, the Jewish people never ceded or voluntarily gave up their right to the Land of Israel. There are no treaties extant where the Jewish people legally surrendered their rights.[50]

Yet, as the Midrash and Rashi predicted, there would be those who would nevertheless seek to challenge Israel's title to the Land of Israel. The fact of the matter is that the issue of Jewish sovereignty over the Land of Israel has been litigated and decided in favor of the Jewish people on more than one occasion.

45 II *Samuel* 5:5-7.

46 II *Samuel* 24:24

47 I *Chronicles* 21:25. The Talmud (BT *Zevachim* 116b) reconciles the apparent contradiction between the price described in the Book of Samuel (II *Samuel* 24:24) of 50 Shekels and the one in *Chronicles*, noted above of 600 Shekels. The total price King David paid was 600 Shekels. He then divided it 12 ways so that each of the Twelve Tribes would have a share in title to the land. See also *Sifre, Numbers* 42:3 and *Deuteronomy* 352:13.

48 *Genesis Rabbah* 79:7.

49 As well as the title to the Cave of the Patriarchs (*Meorat HaMachpelah*) in Hebron, which is recorded in *Genesis* 23:16 and the Grave of Joseph *(Kever Yosef)* in Nablus, which is recorded in *Genesis* 33:19.

50 See, for example, *The Rape of Palestine*, by William B. Ziff (Martino Publishing-2009), at pages 23-24.

It is not some novel question of first impression and the propaganda efforts directed at disassociating Jews from Israel are absurd.

One of the first such legal actions[51] was brought approximately 2,350 years ago by descendants of the Canaanites[52], who as noted above, were ancient occupiers of the Land of Israel. The judge was no less a personage than Alexander the Great.

The question arose as to who would represent the Jewish people in the defense of this momentous and extremely risky case. After all, the fate of the Jewish People hung in the balance. An adverse verdict would have meant the dispossession of the Jewish People from the land of their ancestors, the Land of Israel.

Geviyah[53] presented himself to the Sages and suggested he could handle the case. He counseled that sending him might afford the Sages some downside risk protection. Since he was not a recognized member of the presiding body of the Sages, his role might be disavowed if things went sideways. He was just an ordinary proverbial country lawyer taking his chances against a world-class prestigious law firm on the other side. Therefore, the credibility of the Sages would not be on the line.

At the trial, Geviyah examined the plaintiffs and asked what proof they had to support their claim to title to Israel. They testified the Torah[54] was their proof of record title. Well, Geviyah handily countered that assertion. He cited the very same Torah[55] to defeat the Canaanites' claim. As noted above, the Torah reports title to the Land of Israel was vested in the Children of Israel

51 *Megillat Ta'anit*, Sivan 25; BT Tractate *Sanhedrin*, at page 91a; and *Bereishit Rabbah* 61.

52 See Jerusalem Talmud (JT) Tractate *Sheviit* 6:1, at page 18a of the Zhitomir edition, as well as the Maharsha, in his commentary on the BT *Sanhedrin* (page 91a) text noted above. The plaintiffs were descendants of the Girgashites, who left the land of Canaan, as Joshua and the Jewish people entered it. They resettled in a country, known as Afrikiya (see the Jerusalem Talmud Sheviit text, noted above). They are referred to as the children of Afrikiya in the Sanhedrin text noted above and as Canaanites in the *Megillat Ta'anit* (Sivan 25) and *Bereishit Rabbah* (61) texts noted above.

53 He is referred to as Geviyah ben Pesisa in the BT *Sanhedrin* (page 91a) and *Megillat Ta'anit* (Sivan 25) texts noted above and Geviyah ben Kosem in the parallel account in the *Bereishit Rabbah* (61) text noted above.

54 *Numbers* 34:2. It is interesting to note that this Biblical verse cited by the Canaanite plaintiffs actually defeats their claim. It describes how the land of Canaan, according to its borders, is the land that shall belong to the people of Israel.

55 *Genesis* 9:25. The Maharsha, in his commentary on the *Sanhedrin* (91a) text noted above, also explains there are other verses in the Torah evidencing the Jewish people's title to the Land of Israel. Some examples are cited below. He also refers to the Rashi commentary on *Genesis* 1:1, summarized below.

as an inheritance. The Canaanites had no legitimate claim to title to the Land. Moreover, the Canaanites had compounded their illegal occupation of the Land by sinning mightily and G-d assured the Jewish people the Canaanites would be dislodged.[56]

Geviyah moved for summary judgment dismissing their claims. He also asserted a counterclaim.[57] Alexander turned to the Canaanite plaintiffs and said he was granting the motion and ruling in favor of the Jewish people, including on Geviyah's counterclaim, unless they could provide a compelling and convincing answer to the case presented by Geviyah.

The Canaanite plaintiffs had no response and so they asked for an adjournment of three days. It just delayed the inevitable, because they could not formulate any answer, since they had none. The fact was the very same Torah they relied on as evidence actually proved title was properly vested in the Jewish people. It also supported the counterclaim asserted by Geviyah against them for non-performance of services. Thus, judgment was rendered in favor of the Jewish people both dismissing the Canaanite claim and on Geviyah's counterclaim. It would appear that the Canaanites used the three-day adjournment as a subterfuge. It permitted them time to flee the jurisdiction. Perhaps, this was in order to avoid the enforcement of the counterclaim.

If, as some so called Palestinians claim,[58] they are descendants of the Canaanites, then the matter of title to the land of Canaan, including Jerusalem, has already been resolved in favor of the Jewish people. Their purported ancestors were parties to the lawsuit before Alexander the Great noted above. The matter was adjudicated; they lost and the Jewish people won. I can't help but wonder if these pretenders to the mantle of the Canaanites realize, they are also, thereby, assuming the status of being among the most notorious sinners[59] in the Torah?

Others argue they are descendants of the Philistines. It's a clever, albeit contrived subterfuge. It attempts culturally to appropriate the history of the

56 See, for example, *Deuteronomy* 7:1 and 20:16.
57 For all the many years of services they failed to provide to the Nation of Israel. See, for example, the Gibeonites, who as a part of their peace arrangement with Israel, agreed to perform certain services for the community and in support of the Temple services (Joshua 9 and see also JT *Kiddushin* 4:1 and *Sanhedrin* 6:7).
58 See Camera, February 19, 2014, *Saeb Erekat's Fabrication Exposes 'Palestinian Narrative'*.
59 See, for example, *Deuteronomy* 9:5, *Leviticus* 18:24-25 and *Deuteronomy* 18:9 and 12.

Philistines that is the source of the name Palestine given to the land of Israel by the Romans in an attempt to erase its identity as a Jewish country. However, this claim fares no better. As the Torah records, the Philistines invaded the Land of Israel and illegally occupied portions. The Jewish people were forced to defend against the Philistine invasion. In a series of climactic battles,[60] David, first as a young warrior in King Saul's army and then, as the King of Israel, defeated the Philistine invaders and re-conquered the Land. It should also be noted that the Philistines were of Greek origin and not Arabs.[61]

The descendants of Ishmael and Keturah, as plaintiffs, also brought a legal action[62] against the people of Israel. Once again, Alexander the Great was the judge and Geviyah was the attorney for the Jewish people. The plaintiffs argued that they too were children of Abraham like Isaac and cited the Torah[63] in support of their position. Therefore, they asserted they too were entitled to a share of the Land of Israel as an inheritance from their father Abraham. Indeed, the children of Ishmael argued they were entitled to a double portion, as the first-born.[64]

At trial, Geviyah also adduced evidence from the Torah.[65] In essence, it records that Abraham gifted all his property during his lifetime. He gave Isaac all he owned. He gave his other children gifts of money[66] and/or ancestral property[67] in the land of the east. He also sent them there, far away from Isaac and the Land of Israel, because he wanted to avoid any disputes or quarrels about inheritance among his sons, after he passed on.[68] Hence, he settled all matters relating to his property during his lifetime, preferring not to rely on a will and someone else having to carry out his instructions.[69] Thus, Geviyah

---

60 See, for example, *Samuel* I-17:26 and 19:8, as well as, *Samuel* II-8:1.

61 See, for example, *The Philistines Were Likely of Greek Origin, According to DNA*, by Philip Chrysopoulos, in the Greek Reporter, dated 5/18/2022 and Ancient DNA may reveal origin of the Philistines-Historical accounts and archaeology agree that the biggest villains of the Hebrew Torah were 'different'—but how different were they really? by Kristin Romey, in National Geographic, dated 7/3/2019. The Torah (*Amos* 9:7) records the Philistines came from Caphtor.

62 *Megillat Ta'anit*, Sivan 25; BT *Sanhedrin*, at page 91a; and *Bereishit Rabbah* 61.

63 *Genesis* 25:12 and 19.

64 *Deuteronomy* 21:17.

65 *Genesis* 25:5-6.

66 See Ibn Ezra, as well as Rashbam commentaries on *Genesis* 25:6.

67 See Chizkuni commentary on *Genesis* 25:6

68 See Radak and Sforno commentaries on *Genesis* 25:6.

69 Ibid, Sforno

asserted, as the Torah records, title to the Land of Israel belonged wholly to Isaac and his progeny, the Children of Israel. Once again, Geviyah won the lawsuit.

If, as many Palestinian Arabs claim, they are descendants of Ishmael,[70] then the matter of title to the land of Canaan, including Jerusalem, has already been resolved in favor of the Jewish people. Their ancestors were parties to the lawsuit before Alexander the Great. The matter was adjudicated; once again, they lost and the Jewish people won. In this regard, it should also be noted, the Qur'an[71] itself recognizes that the Land of Israel belongs to the Jewish people.

Yet, the matter of title to Jerusalem and the Land of Israel continues to be re-litigated. As noted above, Rashi predicted this would be the case. Rashi's answer is reminiscent of a land title legend, involving an opinion of title issued by a Louisiana attorney to a bureaucrat at the FHA. It seems that the federal official did not accept title being traced back only 194 years; he wanted it traced back to its origin. In a somewhat sarcastic reply, the attorney reportedly proceeded to discuss the origin of title to the land, for the edification of the uninformed FHA bureaucrat, in the manner paraphrased below. He noted, as most school children know, the United States acquired ownership of Louisiana from France, in 1803, in what is commonly known as the Louisiana Purchase. France acquired the land by Right of Conquest from Spain. It in turn acquired it by Right of Discovery in the year 1492, through the efforts of a sea captain named Columbus. He did this in the course of his mission seeking a new route to India, as authorized by Queen Isabella of Spain. Before the Queen granted this authority, she obtained the sanction of the Pope. In essence, his sanction, as the supreme religious authority in Europe, was deemed to represent approval of G-d for the expedition. Of course, the Louisiana attorney declared, it is commonly accepted that G-d created the world and it is safe to assume that Louisiana was a part of the world. The attorney concluded that G-d would, therefore, be the owner of origin. He said he hoped to (expletive deleted), the FHA bureaucrat would find this original claim to be satisfactory and his client could now have his (expletive deleted) loan.

Whether this legendary tale was true or not, it provides a real-world

---

70 See The Arab Claim to Palestine because they are descendants of Ishmael, by Robert Morey.
71 Quran 5:21, 17:104, 7:137, 26:59 and 10:93.

context for Rashi's remarks at the very beginning of *Genesis* and those of the other Biblical commentators, summarized above. It also adds contemporary color to the deep understanding and amazing insights Rashi possessed so long ago. Frankly, saying Rashi is a profoundly respected Biblical commentator and authority is an understatement. His pithy comments continue to resonate throughout the ages.

In modern terms, the Torah provides a title abstract, which traces the chain of title to the Land of Israel and shows that it is properly vested in the Jewish people. Many things have changed since Rashi's times. He lived in the period of the Crusades, when European Christian powers fought with Islamic ones over control of the Land of Israel. Jews were living there at the time and, thereafter, to date. They also lived there for thousands of years before that, as noted above. This despite all the hardships they have endured. Empires rose and fell. A good portion of the Middle East, including the Land of Israel was conquered and controlled by the Ottoman Empire, during the period 1517-1917. The Ottoman Empire was on the losing side of World War I. This set the stage for the establishment of new or reconstituted sovereign states, out of the portions of its former empire, which it ceded to the victorious allies, as summarized below.

Today, the Jewish State of Israel governs the Land of Israel. However, some things have not changed. As Rashi anticipated, there are still those who continue to rehash the same old bogus claims that they and not the Jewish people are the rightful owners of the Land of Israel.

Having summarized how these title claims were adjudicated in ancient times, we come now to the early 20th Century version. This time, the context was the end of World War I. Representatives of the victorious allies, including the United States, Britain, Italy, France and Japan, met in Paris in 1919. They had triumphed over the central powers, Germany, the Austrian-Hungarian Empire and the Ottoman Empire and they received presentations by various delegations of all sorts of claims to lands previously comprising a part of the German, Ottoman and Austrian-Hungarian Empires. Thus, for example, in Europe, Poland was reborn, the borders of Czechoslovakia and Romania were fixed and recognized and the country of Yugoslavia was created.

The Jewish people also presented their claim to an area that had been a part of the Ottoman Empire, which was referred to at the time as Palestine. The Jewish delegations included Dr. Chaim Weizmann, the future first president of the State of Israel. The Arab people also presented their claims. Emir Feisal led the Arab delegation.

Thereafter, in 1920, the Supreme Council of Allied Powers met in San Remo, Italy, in order to resolve many of these claims. The context is important. The Central Powers ceded control of portions of their Empires to the Allied Powers, under the Peace Treaties signed with them. This included the area referred to as Palestine (now the country of Israel), as well as, the areas that would become Turkey, Armenia, Iraq, Syria, Lebanon and Saudi Arabia.

Under International Law, the Supreme Council had the power to dispose of these various territories that were formerly a part of the Ottoman Empire. It was in this capacity that the Supreme Council dealt with the claim of the Jewish people to an area referred to as Palestine (now the country of Israel). The claim was based on their historic title to the Land of Israel. The Jewish people sought to reconstitute their national home in Palestine, as an autonomous commonwealth. The Arab people also presented their claims.

The Minutes of the Meeting of the Supreme Council[72] on the matter of Palestine are most illuminating. They reflect that representatives of the United States, British Empire, France, Italy and Japan were present. The meeting also considered the matter of determining the borders of Turkey and Armenia, as well as issues related to Syria and Mesopotamia (current day Iraq).

The Supreme Council Minutes record the discussions regarding the area denominated as Palestine and it being a national home for the Jews. In this regard, it is important to appreciate that presentations were made by Jewish, as well as Arab delegations, asserting claims as to Palestine. Members of the Syrian Delegation[73] met with the Supreme Council on February 13, 1919.[74] They argued that Palestine should be a part of Syria. On February 6, 1919,

---

72 Minutes of Palestine Meeting of the Supreme Council of The Allied Powers Held in San Remo at the Villa Devachan-April 24,1920.

73 The Syrian Delegation included Chekri Ganem, an Arab Maronite Christian and Jamil Mardam Bey, an Arab Muslim, who helped organize the Arab Congress of 1913 in Paris and eventually became a Prime Minister of Syria.

74 See, *America and Palestine: the attitude of official America and of the American people toward the rebuilding of Palestine as a free and democratic Jewish commonwealth, prepared and edited by Reuben Fink, New York: American Zionist Emergency Council* (1944), at pages 445-446.

Emir Feisal, as head of the Hedjaz Delegation, is reported to have said Palestine should be left on the side, for the mutual consideration of all parties concerned.[75]

Reference was made to the new projected State in the area denominated as Palestine and its borders. Consideration was also given to the civil and religious rights of the non-Jewish communities residing in Palestine.

The Supreme Council considered the claims of the various parties, deliberated and decided title to Palestine was vested in the Jewish people.[76]

In furtherance of the foregoing, the Supreme Council determined that Palestine would be reestablished as a national home for the Jews and a mandatory would be entrusted with implementing the foregoing under Article 22 of the Covenant of the League of Nations. The terms of the mandate were to be formulated by the Principal Allied Powers, who constituted the Supreme Council, and submitted to the Council of the League of Nations for approval. This occurred and the terms of the mandate were approved, as noted below. The effect was to confirm, as a matter of International Law, the reestablishment of Palestine as a national home for the Jewish People.

The Council of the League of Nations[77] unanimously adopted the San Remo Resolution[78] on Palestine.[79] It, thereby, became an international agreement, binding on all of the member countries, which, in effect, confirmed title to Palestine (Israel) in the people of Israel, under International Law. It recited that recognition had been given to "the historical connection of the Jewish people with Palestine and to the grounds for reconstituting their national home in that country."[80]

Interestingly, Rabbi Meir Simcha of Dvinsk (known for his seminal work, *Meshech Chochma*) referenced San Remo and the League of Nations reaffirmation of San Remo in a letter,[81] citing it for the proposition that it

75 Ibid, at page 442.
76 See *Sovereignty Over the Old City of Jerusalem: A Study of the Historical, Religious, Political and Legal Aspects of the Question of the Old City*, by Jacques Paul Gauthier (2007).
77 By Resolution, dated July 24, 1922.
78 Adopted on April 25, 1920.
79 The very same resolution provided for the establishment of Syria and Mesopotamia (Iraq).
80 In the Preamble to the Resolution unanimously adopted by the Council of the League of Nations.
81 The letter is reproduced in *HaTekufah HaGedolah*, by Rav Menachem Kasher, Volume I, at page 207, et seq.

represented the legal sanction of the nations of the world to reestablish the Jewish State of Israel and vitiating any concerns under the so-called Shalosh Shavuot (Three Oaths) referenced in Ketubot.[82]

There are a number of very important legal concepts embodied in this provision of the Council resolution. It effectively confirmed the Jewish people as the recognized indigenous people of Palestine for over three thousand five hundred years and, as noted above, rejected the claims of others. This absolutely demolishes the fallacious claim that Jews are just modern day colonialists.

The Council resolution also did not purport to grant the Jewish people a newly minted right to Palestine; rather, it recorded that recognition had been given to the "grounds for" reconstituting their national home in that country. Thus, it was a pre-existing legal right that was recognized and acknowledged. Consistent with this principle, it called for "reconstituting" the Jewish people's national home in their homeland of Palestine, not building a new national home there, which had no prior existence.

The use of the term 'country' in the Council resolution is also cogent. It was no longer referred to as a geographical territory in the former Ottoman Empire; rather, Palestine was now referred to as a country. The sovereignty and legal title to the country of Palestine was vested in the Jewish people.

Article 4 of the resolution provided for a Jewish agency to be recognized as a public body and putative government to assist in the reestablishment of the Jewish national home, including taking part in the development of the country.

Article 6 of the resolution provided for settlement of Jews on the land, including State lands.

Article 11 of the resolution provided for the Jewish Agency to be able to construct or operate public works, services and utilities and develop any of the natural resources of the country.

The Council entrusted a Mandate to Britain to implement the resolution of the League of Nations. Of course, the civil and religious rights of existing non-Jewish communities in the country were not to be prejudiced, and the granting instrument so provided.

Thus, Article 2 of the resolution provided for the Mandatory to place the country under such 'political', administrative and economic conditions as shall

82 BT *Ketubot* 111a.

enable the reestablishment of the Jewish National Home and the development of self-governing institutions. Political rights were reserved only to the Jewish people. As to all the inhabitants of Israel, their civil and religious rights were to be safeguarded, but only the Jewish people were granted political rights.

Article 7 of the resolution expressly provided for the administration of Palestine to be responsible for enacting a nationality law, which shall include provisions framed so as to facilitate the acquisition of Palestinian citizenship by Jews who take up their permanent residence in Palestine. In essence, International Law expressly provided for a law of return for Jews to their native homeland of Palestine [Israel]. No similar provision was made for anyone else.

As Eugene Rostow[83] makes clear,[84]

> By protecting Arab "civil and religious rights," the mandate implicitly denies Arab claims to national political rights in the area in favor of the Jews; the mandated territory was in effect reserved to the Jewish people for their self- determination and political development, in acknowledgment of the historic connection of the Jewish people to the land. Lord Curzon, who was then the British Foreign Minister, made this reading of the mandate explicit.

Lest there be any doubt, Article 5 of the Council's resolution provided that "no Palestine territory shall be ceded or leased to, or in any way placed under the control of the Government of any foreign Power". In essence, the title to the country of Palestine granted to the Jewish people at San Remo could not be revoked or granted to another by the Mandatory authority or the League. This legally includes the UN, as the successor to the League. Palestine belonged to the Jewish people.

---

83 Eugene V. Rostow, Sterling Professor of Law and Public Affairs Emeritus, Yale University; Distinguished Research Professor of Law and Diplomacy, National Defense University; Adjunct Fellow, American Enterprise Institute, and Honorary Fellow of the Hebrew University of Jerusalem.

84 *The Future of Palestine*, by Eugene V. Rostow, McNair Paper 24, November 1993, Institute for National Strategic Studies, National Defense University, Washington, D.C.

The San Remo Resolution was also a part of the Treaty of Sevres[85] with the Ottoman Empire and, in effect[86], ratified by the Treaty of Lausanne of 1923 with Turkey.

The Resolution of the Supreme Council of Allied Powers at San Remo was also endorsed in the Anglo-American Treaty on Palestine.[87] It actually incorporated the text of the resolution of the Council of the League of Nations, referred to above. It should be noted that the Anglo-American Treaty, among other things, provides as follows:

> Whereas the Principal Allied Powers have agreed, for the purpose of giving effect to the provisions of article 22 of the Covenant of the League of Nations, to entrust to a Mandatory selected by the said Powers the administration of the territory of Palestine, which for merly belonged to the Turkish Empire, within such boundaries as may be fixed by them;
>
> Whereas recognition has thereby been given to the historical connection of the Jewish people with Palestine and to the grounds for reconstituting their national home in that country;
>
> **Article 5.** The Mandatory shall be responsible for seeing that no Palestine territory shall be ceded or leased to, or in any way placed under the control of, the Government of any foreign Power.
>
> **Article 6.** The Administration of Palestine, while ensuring that the rights and position of other sections of the population are not prejudiced, shall facilitate Jewish immigration under suitable conditions and shall encourage, in cooperation with the Jewish agency referred to in article 4, close settlement by Jews on the land, including State lands and waste lands not required for public purposes.

---

85 Article 95.

86 Article 16.

87 It was also known as the Anglo-American Convention. It was signed on December 3, 1924 and ratified by the U.S. Senate on February 20, 1925, as noted below.

> Article 7. The Administration of Palestine shall be responsible for enacting a nationality law. There shall be included in this law provisions framed so as to facilitate the acquisition of Palestinian citizenship by Jews who take up their permanent residence in Palestine.

The Treaty was concluded and signed by the respective representatives of the US and UK in London on December 3, 1924. The US Senate ratified it, under its power to advise and consent, on February 20, 1925, and President Calvin Coolidge approved it on March 2, 1925. It was formally ratified by Great Britain on March 18, 1925. The respective ratifications were exchanged and the Treaty formally proclaimed on December 5, 1925.

The Treaty, thus, formally and legally recognized the right of the Jewish people to sovereignty over all of Palestine, between the Jordan River on the East and Mediterranean Sea on the West,[88] including, of course, Jerusalem. Notwithstanding that the British Mandate over Palestine was terminated,[89] the rights granted under the Treaty to the Jewish people survive, as confirmed by the Vienna Convention on the Law of Treaties.[90] Therefore, it is respectfully submitted, it was and still is US Law that Jews have the right to settle in Judea and Samaria, including, without limitation, Jerusalem. This right was recognized by the President and is embodied in US law. In this regard, it is also submitted that the US may not promote a so-called Palestinian state that prohibits Jewish settlement in any part of the area of the original Mandate,[91] which perforce includes Jerusalem.

The United States Constitution provides that the President "shall have Power, by and with the Advice and Consent of the Senate, to make Treaties,

---

88 See Article 25 of the Treaty, which only allows some flexibility as to the areas, which are a part of the Mandate that are east of the Jordan River; not west, which is all set aside for the reestablishment of the then nascent modern State of Israel.

89 After the UNGA adopted Resolution 181, on 29 November 1947, Britain announced the termination of its Mandate for Palestine, which became effective on May 15, 1948. At midnight on May 14, 1948, the State of Israel declared its independence.

90 Article 70, Consequences of the termination of a treaty, Section 1(b), of the Vienna Convention on the Law of Treaties (1969).

91 See, Chapters I and II above, as well as, *Legal Rights and Title of Sovereignty of the Jewish People to the Land of Israel and Palestine under International Law*, by Howard Grief, at Nativ online, A Journal of Politics and the Arts, Vol. 2 of 2004 (acpr.org.il).

provided two-thirds of the Senators present concur."[92] Treaties are binding agreements between nations and become part of international law. Treaties to which the United States is a party that are approved by the Senate also become the 'supreme Law of the Land' under the Constitution,[93] and those that are self-executing automatically have the force of federal legislation.[94]

In ratifying the Treaty, the US legally recognized the terms of the Palestine Mandate, pursuant to the San Remo Resolution, and the historical connection of the Jewish people with Palestine, as well as, the reconstitution of their national home there. In this sense, this was the first US law that recognized the Jewish people's right to Jerusalem.[95]

Interestingly, when the British illegally adopted the White Paper in 1939, restricting immigration by Jews to then Mandatory Palestine, a bipartisan group of fifteen[96] (out of the twenty-five) members of the House Foreign Affairs Committee urged the State Department to protest the British White Paper[97] and advise the British Government that it would be regarded as a violation of the 1924 Anglo-American Treaty. The group declared that the British plan to limit Jewish immigration to the Holy Land and attempt to fix the Jews as a

92 US Constitution, Article II, Section 2.

93 US Constitution, Article VI, Section 2.

94 See, *United State Senate-About Treaties, at senate.gov. and Treaties and Other International Agreements: The Role of the United States Senate, A Study Prepared for the Committee On Foreign Relations, United States Senate*, by the Congressional Research Service, Library of Congress, January 2001. Self-executing treaties are those that do not require implementing legislation. They automatically become effective as domestic law immediately upon entry into force. Other treaties do not become effective as domestic law until implementing legislation is enacted and then technically it is the legislation, not the treaty unless incorporated into the legislation, which is the law of the land.

95 The Jewish People never gave up their title to the Land of Israel, including, of course, Jerusalem. There is no recorded treaty of surrender or abandonment of the Land of Israel by the Jewish People. Not only did the Jewish People never renounce their claim to Jerusalem, the references to Jerusalem in the Jewish prayer rituals are, in effect, a continuing protest that disputes the occupation of the Land of Israel by others. See, *Zionism, Palestinian Nationalism and the Law 1938-1948*, by Steven E. Zipperstein (Routledge-2021). It should also be noted that the Arabs living in Judea and Samaria, who now call themselves Palestinians, did in fact renounce any claims to sovereignty over the areas of Judea and Samaria, including Jerusalem, which were illegally annexed by Jordan, as more fully discussed below, in this book.

96 Seven Republican and Eight Democrat Congressmen, including Sol Bloom, New York; Luther A. Johnson, Texas; John Kee, West Virginia; James P. Richards, South Carolina; James A. Shanley, Connecticut; Ed. V. Izac, California; Robert G. Allen, Pennsylvania; W. 0. Burgin, North Carolina; Hamilton Fish, New York; George Holden Tinkham, Massachusetts; Edith Nourse Rogers, Massachusetts; Bruce Barton, New York; Robert J. Corbett, Pennsylvania; John M. Vorys, Ohio; and Andrew C. Schifler, West Virginia.

97 See, Congressional Record, May 25, 1939, at page 6167 and 15 of House Foreign Affairs Body Hold White Paper Breaks Anglo-American Pact, at JTA, dated 5/28/1939.

permanent minority was a clear repudiation of the Treaty. They also said it was the duty of the American Government to see to it that the treaty was carried out in good faith.

President Franklin D. Roosevelt also later noted[98] that the US had never given its approval to the White Paper and reaffirmed support for the recreation of the Jewish commonwealth in Israel.

This was consistent with US policy as expressed by Presidents Wilson, Harding, Coolidge and Hoover before him.[99] President Teddy Roosevelt, when he was a private citizen, wrote in 1918,[100]: "it seems to me that it is entirely proper to start a Zionist state around Jerusalem". He also wrote a letter[101] outlining how he believed it was critical that the Jews be given control of Mandatory Palestine.[102]

The UN did not and could not change the legal status of the Land of Israel as unanimously confirmed by the League of Nations, as noted above. The UN Charter[103] expressly provides that it has no authority to do so.[104] The invasion by Jordan of the State of Israel in 1948 and its occupation of portions of Judea and Samaria, including the Old City of Jerusalem, containing the Temple Mount and Western Wall, was contrary to International law and clearly illegal. This state of affairs continued until June of 1967, when, during the Six Day War, Jordan attacked Israel. In this defensive war with Jordan, Israel re-captured the eastern portion of Jerusalem and the other areas west of the Jordan River,

---

98 See, *Roosevelt Receives Zionist Leaders; Says U.S. Never Approved White Paper*, in JTA, dated 3/10/1944.

99 See, *America and Palestine: the attitude of official America and of the American people toward the rebuilding of Palestine as a free and democratic Jewish commonwealth*, prepared and edited by Reuben Fink, New York: American Zionist Emergency Council (1944), at pages 87-88. See also, Letter by Congressman Dingell (Michigan) to Secretary of State Hull, dated 5/20/1939, reproduced on page 283.

100 Cited by Michael Oren, in his book, Power, Faith, and Fantasy: America in the Middle East 1776-the Present (W.W. Norton-2007), at page 359.

101 Letter from Theodore Roosevelt to Lioubomir Michailovitch, the Serbian Minister, dated July 11, 1918, which can be found in the Theodore Roosevelt Center.org, digital library.

102 Jerusalem was an integral part of Mandatory Palestine and it is, therefore, fully a part of the Land of Israel. There was no carve-out for Jerusalem in any of the foregoing sources of International Law confirming title to the country of Palestine in the Jewish people. To be clear, there were provisions made regarding respecting the rights of worship at the Holy Places. These, though, are indicative of sovereignty over Jerusalem, like the rest of Mandatory Palestine, being fully vested in the Jewish People. Otherwise, why speak of respecting only certain rights? Indeed, the fact remains, it is only under Jewish sovereignty and control that these rights were and continue to be respected.

103 Article 80.

104 The famous UN General Assembly Resolution 181 (Partition Plan for Palestine) was really nothing more than a recommendation.

which had been unlawfully occupied by Jordan since 1948.

Thereafter, the Knesset of Israel adopted Laws[105] enabling the application of Israeli law and administration to Jerusalem and other areas recaptured and the extension of municipal boundaries, consistent with the foregoing. The Knesset later adopted a Basic Law: Jerusalem,[106] which declared that the complete and united Jerusalem was the capital of Israel. This was also recognized under US law in the Jerusalem Embassy Act of 1995.[107]

The US State Department, under Secretary of State Mike Pompeo, in the Trump administration,[108] correctly dropped the reference to occupied territories regarding Judea and Samaria. Secretary Pompeo declared[109] that Israeli communities in Judea and Samaria were not per se illegal under International law. In line with the foregoing, efforts were initiated by Secretary Pompeo and US Ambassador David Friedman to eliminate territorial restrictions for bilateral agreements.[110] Thus, for example, Ambassador Friedman signed a new protocol that eliminated the broad restrictions on funding of scientific projects in certain areas beyond the so-called Green Line.[111] Secretary Pompeo also initiated new guidelines[112] that all producers within areas where Israel exercises the relevant authorities-most notably Area C under the Oslo Accords – would be marked as 'Israel', 'Product of Israel' or 'Made in Israel', when exporting to the US.

There have been a number of cases before the Supreme Court of Israel that have dealt with the legal status of Jerusalem and other areas recaptured from Jordan, in 1967. One example is the case of Temple Mount Faithful, et al vs.

---

105 Volumes 1-2 of Laws, 1947-1974, Part IV. Jerusalem and the Holy Places, Section 13. Law-1967 and Administration Ordinance (Amendment 11) Law-1967, which were adopted on June 27, 1967. Also adopted, was Municipalities Ordinance (Amendment 6) Law-1967, which added after Section 8, new subsections 8a-b, which, among other things, enabled enlargement of the area of the municipality.

106 On July 30, 1980, published in Sefer Ha-Chukkim No. 980 (1980)

107 Public Law 104-45, dated November 8, 1995 and known as the Jerusalem Embassy Act of 1995.

108 See, for example, *State Dept. drops 'occupied' reference to Palestinian territories*, in a report by Michael Wilner, in the Jerusalem Post, dated 4/22/2018 and Judea/Samaria not 'occupied', in Heritage Florida Jewish News, by World Israel News, dated 5/4/2018.

109 On November 18, 2019. See, for example, Full text of Pompeo statement on settlements, by TOI Staff, in the Times of Israel, dated 11/19/2019 and Pompeo is right, the settlements are not illegal, by Yigal Dilmoni, in the Jerusalem Post, dated 11/25/2019.

110 See, *US to extend bilateral agreements with Israel into Judea and Samaria, Golan*, at JNS, dated 10/27/2020.

111 See, PM fetes 'important victory' as US okays funding science projects in settlements, by Raphael Ahren, at the Times of Israel, dated 10/28/2020.

112 Statement of Secretary Pompeo, dated November 19, 2020-Markings of Country of Origin.

Attorney General, et al.[113] In that case, the Supreme Court of Israel, in a well-reasoned opinion, issued in 1993, held that Jerusalem, including the area of the Temple Mount, was a part of the State of Israel. It also held that the laws, jurisdiction and administration of the State of Israel applied to Jerusalem.[114]

The legal status of Jerusalem was also considered by the French Court of Appeals of Versailles, in the case of PLO et ano vs. Societe Alstom Transport SA, et al.[115] Mahmoud Abbas appeared for the PLO, as President of the Executive Committee. The decision the Court issued, in 2013, once again confirmed that the State of Israel was vested with sovereignty and title to Jerusalem, under International Law. The defendant was involved with the tramway in Jerusalem. The PLO alleged the State of Israel was occupying so-called Palestinian territory illegally and was continuing with illegal settlement through the building of the Jerusalem tramway. It claimed a breach of Article 49 of the Fourth Geneva Convention, which provides that an Occupying Power shall not forcibly transfer parts of its own civilian population into the territory it occupies. It also claimed a violation of Article 53, which prohibits an Occupying Power destroying real or personal property belonging to individuals, the state or other public authorities, except when rendered necessary by military operations. It was claimed that work done on the public road for the construction of the light rail violated this provision.

The French Court of Appeals rejected these as well as the other claims of the Palestinian plaintiffs. The Court held the Palestinians had no legal right to Jerusalem protected by International Law and Israel was legally entitled to

---

113 Temple Mount Faithful-Amutah, et al vs. Attorney General, Inspector General of the Police, Mayor of Jerusalem, Minister of Education and Culture Director of the Antiquities Division, Muslim WAQF (H.C. 4195/90). The Supreme Court, sitting as the High Court of Justice (highest court of the State of Israel) on this case, was comprised of Justices Menachem Elon, Aharon Barak and Gavriel Bach. Their decision was dated September 23, 1993. An English translation of the decision was published in 45 Cath. U. L. Rev. 866 (1996).

114 Lest anyone incorrectly presume that the Supreme Court of Israel is biased in favor of Jews and against Arabs, here's another example, which demonstrates, in no uncertain terms, the impartial and unbiased character of the Israeli Supreme Court. In the case of Hamad vs. Minister of Defense, et al, the Supreme Court of Israel, sitting as the High Court of Justice, found that homes illegally constructed in Amona, on private land owned by Arab residents in the adjacent town of Silwad, had to be demolished and vacated (decided on December 12, 2014-HCJ 9949/08). The Israeli Supreme Court also counts among its number Justice Khaled Kabub, of the Muslim faith, as well as, previous Arab jurists, who happened to be of the Christian faith.

115 France-Palestine Solidarite, et ano vs. Societe Alstom Transport SA, Cour D'Appel De Versaille, Code nac: 59a (R.G. No. 11/05331), decided March 22, 2013.

build the light rail in the area.[116]

The Court also challenged the baseless assumptions asserted by the PLO. It held that the PLO's individual assessment as to a political or social situation is not determinative for purposes of legally establishing the purpose or lawfulness of a party's actions. While these kinds of vocal assertions may make for good propaganda on the lecture circuit, they do not constitute legal arguments.

The Court was interested in law and real facts, established by probative evidence, not speculations or mere assertions. Thus, it would not ascribe a nefarious political motive to the actions of the State of Israel, just because the plaintiffs said so. Lest there be any misunderstanding about what the Court meant, it also caustically noted that Article 53 is about bombing and Jerusalem was not being bombed by building a tramway.

The Court concluded that the State of Israel had a legal right to build the light rail. Indeed, in point of fact, it was constructed for the good purpose of bettering Jerusalem, which it lawfully governed.

It should also be noted the unfounded assertion that Section 49 somehow applies to Israel and Jerusalem is a particularly cruel and ironic canard. This provision was intended[117] to prevent a recurrence of such abhorrent actions as Nazi Germany's forcible: a) expulsion from Germany of its Jewish citizens and resettlement in concentration and death camps in occupied Poland; and b) impress of citizens of the countries it conquered as slave laborers in Nazi Germany. Thus, Section 49 expressly requires a "forcible" transfer of an Occupying Power's civilian population to a territory that it occupies.

It is just specious to suggest that the citizens of Israel, who moved to the united city of Jerusalem and other parts of Judea and Samaria, did so because the State of Israel forcibly expelled them and transferred them there. Moreover, Judea and Samaria (including Jerusalem) are not an occupied territory nor is

---

116 The French Court of Appeals also held that the PLO and Palestinian Authority were not states nor were they contracting parties to the Geneva Convention. Therefore, the provisions of the Geneva Convention cited by them did not apply.

117 See Eugene V. Rostow Letter to the Editor, in the American Journal of International Law, Volume 84, pages 717-719 (1990), as well as, his letter to the New York Times, published April 1, 1992. He was Dean of Yale Law School and served as Under Secretary of State for Political Affairs under President Lyndon B. Johnson. See also International Committee of the Red Cross (ICRC) Commentary to the Fourth Geneva Convention of August 12, 1949 (edited by Jean S. Pictet), at pages 278-279 (1958), as well as, International humanitarian law, ICRC and Israel's status in the Territories, by Alan Baker, International Review of the Red Cross, Volume 94, Number 888 (2012).

Israel an Occupying Power. It was Jordan, which had unlawfully taken and occupied the eastern portion of Jerusalem, including the Old City, and other areas of Judea and Samaria. Israel fought a lawful defensive war against Jordan and recaptured territory which had originally been vested in the Jewish People of Israel, as detailed above.[118]

Despite all the pious sounding pronouncements accusing Israel of violating International Law or being in illegal occupation of Judea (including Jerusalem) and Samaria, this is just not the case. Indeed, as summarized above, courts of competent jurisdiction have ruled in favor of Israel denying the validity of these baseless accusations and validating Israel's right to sovereignty over Jerusalem and other parts of Judea and Samaria.

Having no law or probative factual evidence to support a legitimate claim, the propaganda mills of Hamas, the PA and their sponsors, allies and useful dupes loudly proclaim all sorts of baseless and dubious assertions. The noise is often deafening; but it must not be allowed to distract from the central immutable conclusion that the Jewish People are vested with paramount legal title to the Land of Israel.

As the Torah[119] declares, those who bless Israel will be blessed. Psalms[120] also provides that those who pray for the wellbeing of and love Jerusalem, as the Jewish people do, will enjoy repose and security.

---

118 See, *Historical Approach to the Issue of Legality of Jewish Settlement Activity*, by Eugene W. Rostow, in New Republic, on April 23, 1990.

119 *Numbers* 24:9.

120 *Psalms* 122:6.

InsightsInto Shema Yisrael

STEVEN OPPENHEIMER, DMD

THE *SHEMA YISRAEL* PRAYER EXPRESSES THE VERY ESSENCE OF A JEW'S belief. A host of ideas and values are transmitted in the first six words of this ancient prayer – *Shema Yisrael Hashem Elokeinu, Hashem Echad.* How should it be recited and what meanings does it convey?

A. Elongating Echad

The Gemara (*Berachot* 13b) instructs us:

> All who prolong the word *echad* will have their days and years prolonged. Rabbi Acha bar Yaakov taught: one should prolong [the last letter in the word,] the *dalet*. Rabbi Assi added: provided that he does not slur over [the middle letter,] the *chet*.

What is the significance of the word *echad* and why emphasize the letters *chet* and *dalet*?

Steven Oppenheimer, DMD is a retired endodontist in Boca Raton, Florida.

The word *echad* emphasizes G-d's oneness. There is no other god in heaven and on earth and the *dalet ruchot ha-olam*, the four directions of the world.

The letter *dalet* has the numerical value of four, and we emphasize this letter to proclaim that G-d's dominion encompasses all four directions of the world as well as heaven and earth.

The letter *chet* has the numerical value of eight. The *shivah reki'im*, the seven levels of heaven, combined with the earth represent the number eight. Additionally, the number eight signifies the combination of the temporal – the days of the week- and the super-temporal – that which transcends time.

While G-d is one, He also is not confined by space or time.

How is one supposed to pronounce the word *echad*?

The *Shulchan Aruch* writes:

> It is necessary to extend [the pronunciation of] the [letter] *chet* of [the word] *echad* (one) in order to make the Holy One, blessed be He, sovereign in the Heavens and the Earth [i.e. seven heavens + Earth = *chet* (8)], in that this hints at the humps in the middle of the roof of the *chet* One should also extend [the pronunciation of] the letter *dalet* of [the word] *echad* (one) the amount [of time] to think that the Holy One, blessed be He, is unique in His world and rules in the four directions of the world, but he should not extend more than this amount.

Mishnah Berurah (61:18) explains that one should draw out the letter *chet* for a third of the time and the letter *dalet* for two thirds of the time. *Mishna Berurah* brings a second opinion that one should not draw out the letter *chet* at all, but should have in mind its significance as mentioned earlier, while one pronounces the letter *dalet*. This is also the opinion of the Gr"a.

Should one draw out the word *echad* and pronounce it eh-chaaa-duh, or is it preferable to pronounce the word normally and then concentrate on the deeper meanings?

Yosef Omets cautions that one should pronounce the word *echad* normally without any elongation or distortion. Afterwards, one should silently contemplate the associated, lofty thoughts (*siman 23*).

Rav Yosef Shalom Elyashiv explained that one should begin to concentrate on the many meanings as one pronounces the *dalet* normally and continue silently afterwards. Rav Elyashiv, citing *Shulchan Aruch HaRav* (61:7), explained that when the *Shulchan Aruch* instructed us to prolong the *dalet*, it meant to instruct us to pronounce it normally and then to thoughtfully concentrate on G-d's majesty, represented by the letters of *echad* (*Peninei Tefilah*, page 24).

Rav Moshe Feinstein observed that there are some things mentioned by *Chazal* that are not possible to do in reality. One of them is in connection with elongating the *dalet* in the word *echad*. It is forbidden to elongate the letter *chet*, and it is not possible to elongate the letter *dalet* without distorting it. It is improper to say eh-chaa-duh. *Chayei Adam* writes (*chelek aleph, klal* 21 *se-if aleph*) that the *dalet* should be pronounced normally, but one should elongate his breath. Rav Feinstein says he doesn't understand how this is possible (*Mesorat Moshe*, volume 1, page 152).

From the above *poskim*, we see that it is proper to pronounce the word *echad* normally and then to silently concentrate on the deeper meanings.

B. Dalet not Reish

Shulchan Aruch (61:7) instructs us: *yadgish bedalet shelo tehei ka-reish*

One should make sure to pronounce the *dalet* so it doesn't sound like a *reish*. Why is this so important and to what is it alluding?

In *Parashat Ki Tisa* (32:7), we learn of the sin of the "golden calf." Moshe *Rabbeinu* is on Mount Sinai getting the Torah. *Hashem* tells Moshe, *lech raid (רד) ki shichait amchah*, Go! Descend because your nation is messing up. I would suggest that if one is on top of a mountain, one can't go up or go sideways, one can only go down. *Hashem* should just have told Moshe to go (לך); why the extra word רד (raid)? Elsewhere (*Ki Tisa* 34:14), we are cautioned, *lo tishtachaveh le-el acher* (אחר), you shall not bow before any other god. The word *acher* (אחר) is spelled with a large letter *raish* (ר). In *Parashat Va-etchanan* (6:4) the Torah tells us, *Shema Yisrael Hashem Elokeinu Hashem Echad* (אחד). Here the word *echad* is spelled with a large letter *dalet* (אחד). *Hashem*, by adding the extra word רד, was telling Moshe that the people are mixing up the letters *raish* and *dalet*. They are confusing *echad* and *acher*. *Hashem* said to Moshe, you are their teacher, go down (רד) and give them better instruction – there is no other god besides Me. When we recite *Shema*, we affirm that there is no other god and that G-d is one.

C. *Hashem Elokeinu*

Why do we refer to G-d as *Hashem* and *Elokim*? *Hashem* alludes to the merciful aspect of G-d and *Elokim* alludes to the strict justice nature of G-d. Does G-d really relate to us sometimes as a merciful G-d and sometimes as the G-d of Judgment?

Yosef *Hatzaddik*, after being sold by his brothers, was separated from his father, Yaakov *Avinu* for 22years. When Yaakov finally comes down to Egypt, Yosef rushes to greet him. Yosef hugs his father and bursts into tears. Rashi tells us (*Parashat Vayigash* 46:29) that Yaakov didn't hug and kiss Yosef and didn't burst into tears. What did Yaakov do? Rashi writes that Yaakov recited *Kri'at Shema*. Really? You haven't seen your son for 22 years; you thought he was dead. You finally see him after all these years and the first thing you do, instead of hugging him, is to recite *Shema*! Was it *sof zeman Kri'at Shema*, the last opportunity to recite *Shema*? What is going on here?

Sefer Metzuveh Ve-Oseh (page 201) explains that a person may experience things in his life that he considers to be bad. In the long run, however, as history unfolds, he may come to understand that actually the perceived bad events were actually for the good. What he thought was punishment was actually merciful.

Yaakov always thought that G-d related to Man in two ways, Hashem, *midat harachamim* (mercy) and *Elokim*, *midat hadin* (strict judgement). Yaakov suffered many hardships in his life, and he readily accepted that this was *midat hadin*. Thus, when we recite *Shema Yisrael Hashem Elokeinu*, we accept that sometimes G-d relates to our behavior with *rachamim* (*Hashem*) and sometimes with *din* (*Elokim*). When Yaakov was reunited with Yosef after so many years and realized that Yosef was indeed alive, Yaakov had an epiphany. He had always thought that Yosef was killed and the years Yaakov suffered were Divine justice. Yaakov, however, was now struck with the sudden realization that everything G-d does is merciful. Yosef was not just alive but was the Viceroy of Egypt. Yaakov didn't come down to Egypt as a downtrodden refugee, he was welcomed by Paroh. Yaakov realized that *everything* G-d does is merciful,

Hashem Echad! There is only one, merciful G-d. There is not *Hashem* and *Elokim*, there is only *Hashem*, the Merciful. We may think that there is a G-d of justice and a G-d of mercy. No! G-d always relates to us with mercy; we just don't always realize this. Yaakov recited the *Shema* prayer because he now declared to his children *Hashem Echad*; G-d is always merciful. This is a comforting lesson that should help us accept that which we understand and that which we don't. In the long run, everything happens according to G-d's plan and it is always merciful.

D. Covering Our Eyes

Shulchan Aruch (61:5) informs us that there is a custom to cover our eyes when we recite *Shema*.

> There is a custom to place the hands on their faces during the recitation of the first verse (of *Shema*) in order that one will not look at another thing that will interfere with his concentration.

Sha'aray Teshuva (61:6) explains that the *Shulchan Aruch* means that one should cover one's eyes with his right hand.

Rabbi Lord Jonathan Sacks[1] elucidates the meaning behind covering our eyes when we recite *Shema*. There were two ancient civilizations that shaped the culture of the West; ancient Greece and ancient Israel. The Greeks were the champions of the visual arts: art, sculpture, architecture and the theatre.

Jews, pointedly, were not. G-d transcends nature and is invisible. He reveals Himself only in speech. In Judaism, the ultimate expression of faith is to listen. While ancient Greece was a culture of the visual, ancient Israel was a culture of the aural (ear). The Greeks worshiped what they saw and, in contrast, the Jews worship what they hear. When Eliyahu *Hanavi* perceived G-d, he heard only a *kol demamah dakah*, a still small voice. As Rabbi Sacks says, "G-d is not something we see, but a voice we hear."

There are many examples of this tradition. The Gemara utilizes the terms *ta shema*, come and hear, *shema minah*, deduce from it, *shemaata*, a tradition or *halachah*, *shamati*, I received a transmitted *halachah*. Shlomo *Hamelech* (*Mishle*, 1:8) instructs us: *shema beni mussar avicha*, listen my son to the

1 https://rabbisacks.org/covenant-conversation-5770-vaetchanan-the-meanings-of-shema/

tradition(s) of your father. At the *Pesach Seder*, the children ask the questions about our traditions and the parent verbally transmits the answers. The *Shema* prayer relates that our traditions are verbally transmitted to our children – *veshinantam levanecha vedibarta bahm*.

There is a tension between ancient Greek and Jewish philosophy. Some people in today's world have adopted the Greek philosophy which is encapsulated by the aphorism, "seeing is believing." The Jews, however, are guided by "Hear O' Israel."

When we recite the *Shema* prayer where we accept *ohl malchut shmayim*, the yoke of Heaven, G-d the Eternal and Merciful, and His Oneness , we cover our eyes to show that we reject the Greek philosophical tradition. A listening culture is not a seeing culture. As Rabbi Sacks says, "In Judaism faith is a form of listening."

In Emulation of G-d

Rabbi Eliyahu Touger

Rambam categorizes the charge,[1] "Walk in His paths," as one of the 613 *mitzvos*. He writes in his *Sefer HaMitzvos*,[2] "[With this *mitzvah*, G-d] commanded us to emulate Him... to [the fullest extent of our] potential."

There are two conceptual difficulties related to this categorization. One is reflected in a question posed to Rambam's son, Rav Avraham, who was asked why his father counted this charge as one of the *mitzvos*. In his preface to *Sefer HaMitzvos*,[3] Rambam states a general principle: Divine commands of a general nature – e.g., "Observe all that I told you"[4] – should not be counted as individual *mitzvos*, because they are all-encompassing and do not involve a charge to carry out a specific act. Seemingly, "walk in His paths" should fall into this category. Why then does Rambam count it as one of the *mitzvos?*

---

1 *Devarim* 28:9.
2 *Sefer HaMitzvos,* positive *mitzvah* 8.
3 Ibid., general principle 4.
4 *Shemos* 23:13.

Rabbi Eliyahu Touger is a prolific author and translator of Jewish texts.

Rav Avraham replied[5] that the command, "Walk in His paths" refers to a specific area of conduct, "matters dependent on the emotive attributes and character traits, as the received tradition explains, 'Just as He is described as gracious, so you should also be gracious'."[6]

Rav Avraham's answer is somewhat problematic since, seemingly, there is nothing novel about this command. Conducting oneself in a manner that reflects mercy, graciousness, and other positive character traits is included in the *mitzvah*,[7] "Love your fellow man as yourself." Indeed, Rambam himself writes,[8] "We were commanded to show pity, mercy, charity and kindness as [implied by] the verse, 'Love your fellow man as yourself'." Thus, "walk[ing] in His paths," i.e., emulating the emotive attributes and character traits that G-d expresses does not appear to be a unique *mitzvah* of its own, but rather it is part of the *mitzvah* of loving one's fellow man. Accordingly, the original question – Why is "walk[ing] in His paths" considered to be an independent *mitzvah*? – remains.

Measuring Our Conduct

There is another conceptual difficulty. In the beginning of *Hilchos Deos*, when describing an applicable explanation of the *mitzvah* to "walk in His paths," Rambam speaks of an intermediate path of conduct, one that does not tend to either extreme:

> For example, he should not be wrathful, easily angered; nor be like the dead, without feeling, rather he should [adopt] an intermediate course; [that is to say,] he should display anger only when the matter is serious enough to warrant it, in order to prevent the matter from recurring.... He should not be overly stingy nor spread his money about, but he should give charity according to his capacity and lend to the needy as is fitting. He should not be overly elated and laugh [excessively,] nor be sad

---

5   The Frieman edition of Rav Avraham's responsa, responsum 63, quoted in the Schlesinger edition of Rambam's *Mishneh Torah, Hashlamos*, sec. 3.

6   *Sifri, Devarim* 11:22.

7   *Vayikra* 19:18.

8   *Sefer HaMitzvos*, General Principle 9; see also negative commandment 302.

and depressed in spirit. Rather, he should be calmly happy at all times, with a friendly countenance.[9]

Shortly afterwards, Rambam states:[10]

> We are commanded to walk in these intermediate paths – and they are good and straight paths – as it is written, "And you shall walk in His ways." [Our Sages] taught [the following] explanation of this *mitzvah*: "Just as He is described as gracious, so you should be gracious; just as He is described as merciful, so you should be merciful; just as He is described as holy, so you should be holy."

Rambam appears to be including two different and seemingly unrelated points in his explanation of the commandment to "walk in His paths": a) cultivating "the intermediate quality in each of the character traits," and b) following "the good and straight paths..." in which "a person is obligated to conduct himself..."; i.e., conducting himself in line with "the adjectives," (for example, gracious and merciful, "with which the Prophets described the Almighty."[11]

The commentaries ask: What does following an intermediate course of behavior have to do with "walk[ing] in [G-d's] ways" (by emulating His attributes)? The intermediate course of behavior is one described at length in ethical texts based on mortal logic. How can it be equated with the *mitzvah* to emulate the Creator?

To Be Like G-d

Both of these difficulties can be resolved by focusing on Rambam's words, "to emulate Him to [the fullest extent of] our potential." In other words, to "walk in His paths" does not mean merely carrying out actions that reflect mercy, graciousness, and the like. Instead, it is a command to model ourselves after Him, expressing our emotions and character traits in a manner that resembles the way He expresses these qualities and traits. G-d's attributes are

9   *Rambam, Hilchos Deos* 1:4.
10 Ibid. 1:5-6.
11 Ibid. 1:6.

expressed "without emotional arousal or change...."[12] When He expresses love or anger, it is not because He feels these emotions, it is because He deems that their expression will lead humanity to a desired state.

We should express our emotions in a similar way. Our minds should rule our hearts.[13] We should exercise our emotions mindfully, expressing our feelings with an awareness of the effect that expression will produce and in a manner that will bring greater good to others.

This does not mean that we should be cold and unfeeling, employing only our minds. Instead, our hearts should be alive and aware, pulsating with feeling. However, we should be in control of those feelings and exercise them thoughtfully, expressing them when it is appropriate, in a manner that will bring the greatest benefit to all involved.[14]

Exercising our emotions in such a manner is a specific command, a charge of a unique nature that is not implied by other *mitzvos*. Therefore, it is counted as a *mitzvah* in its own right.

---

12 *Moreh Nevuchim*, Vol. I, the conclusion of ch. 54. There are two objectives in Rambam's statements:

a) A theological construct: Man's emotions involve arousal. His feelings ebb and flow because he is influenced by his environment. It is inappropriate to speak of such a state of flux regarding the Almighty for, by definition, G-d cannot change.

b) A behavioral construct: Just as G-d's attributes are expressed at will and by choice, without being subject to emotional whims, so too, we should control our feelings rather than respond to them.

13 See *Tanya*, ch. 12.

14 This provides us with a novel interpretation of what is meant by "the intermediate quality of every attribute." The intent is not a quantitative measure, simply to moderate one's conduct. Instead, the intent is to thoughtfully control the expressions of one's emotions and to make a decision on how to conduct oneself without being swayed in any given direction. This interpretation is reflected in Rambam's wording (*Hilchos Deos* 1:4) that man must "constantly evaluate his traits, to calculate them and to direct them," i.e., mindfully judge his conduct at all times.

סיכום:

מחדש רב יהודה אמר רב דהבודק צריך שיברך.

1. הר"ן והריטב"א ביארו שאע"פ שביעור חמץ הוה עיקר המצוה, קמ"ל שמברכין על הבדיקה.
2. הרא"ש ביאור שביעור חמץ לפני הזמן הוה רק מניעת איסור ולאו מצות תשביתו, ואין מסתבר לברך על מצות בדיקה ובעור כלל, קמ"ל שמברכין, מפני שחז"ל מתקן תקנה דרבנן של בדיקת חמץ שביסודו הוה איסור ב"י וב"י.

חקירת המנחת חינוך לבאר שיטת הרא"ש שמצות תשביתו הוה בשב ואל תעשה אחר זמן האיסור והריטב"א והר"ן סוברים שמצות תשביתו הוה בקום ועשה במעשה ביעור חמץ לפני זמן האיסור אף אם אינו מקיים המצוה של תשביתו עד אחר חצות, ונ"מ בין דרכים אלו:

א. מנהג הנחת פתיתים לפני הבדיקה (מרדכי), לפי הרא"ש תקנת חז"ל הוה לבדוק ואין ברכה לבטלה אם לא מצא, ולפי הר"ן שעיקר המצוה הוה הביעור, צריך לתת. ובאור הצל"ח שחידושו של רב יהודה הוה שמברכין אף בספק דרבנן, וטוב לצאת מספק בהנחת פתיתים.

ב. אם שכח לברך לפני הבדיקה, אם מברכין לפני הביעור (מחלקת ט"ז ומ"א שמברכין, וב"ח שאין מברכין). לפי הרא"ש, אפשר שחז"ל מתקן הברכה רק על הבדיקה, ולפי הר"ן, עיקר המצוה הוה הביעור ופשוט שמברכין.
וביאור נוסף של הצל"ח ברב יהודה אמר רב על פי הרמב"ם, שביעור הוה עדיין תוך זמן המצוה ומברכין.

ג. מתי מברכין על הבדיקה אם יוצא לשיירא ובודק לפני י"ד. לפי הרא"ש אפשר לברך כל זמן אם חז"ל מתקן תקנה כזה, בתוך שלושים (ריטב"א) וגם לפני שלושים (רא"ה). לפי הר"ן, בדיקה הוה היכא תמצא לביעור ואין ביעור לפני י"ד.

ד. שיטת הרמב"ם שאין מברכין על בדיקת חמץ אחר המועד.
לפי הרא"ש מסתבר שהוה תקנה אחת לבדוק לפני המועד ואחר המועד, ואפשר שאין מברכין אחר המועד רק מפני שאין מברכין על מניעת איסור. ולפי הר"ן הבדיקה לאחר המועד אינו שייך לבדיקה לפני המועד שלפני המועד הוה תולה במצות ביעור ולא רק במניעת איסור.

בדק בתוך הפסח יבדוק לאחר הפסח".

וע' רמב"ם (הל' חמץ ג: ו) אם בדק לאחר הרגל אינו מברך.

וע' כ"מ (שם) שהובא תירוץ המ"מ שמתרץ, מאי שנא דבתוך הרגל דמברכין ואין מברכין אחר הרגל כיון דתרוויהו זמן איסורה? ותירץ המ"מ, שבתוך הרגל כיון שהוא מצוה שלא יראה, וודאי יש לו לברך, אבל לאחר הרגל, הבדיקה רק כדי להבדיל בין חמץ שעבר עליו הפסח לחמץ אחר, והיאך יברך על ביעור חמץ. וכ"מ כתב שלא נהירא דהא שייך לברך על ביעור חמץ זה שהוא מבער.

וע' בחק יעקב (ס' תלה, ס"ק ה') שהביא דעת הפרי חדש שחולק על הרמב"ם, שמברך על הבדיקה גם אחר הפסח.

לפי הרא"ש שמצות בדיקה הוה תקנה מיוחדת, אע"פ שאפשר לבסוף שאינו מבער כלל, אין מסתבר שהבדיקה לפני החג שונה מהבדיקה לאחר החג. וכן משמע לשון המשנה "אם לא בדק בי"ד... יבדוק לאחר המועד", שתקנת הבדיקה הוה שוה בכל עת ובכל זמן, מפני שהוא תקנה עצמאי, אף אם אין מצות ביעור שייך עכשיו. ולפי הרא"ש, מסתבר דלא כהרמב"ם, ושייך לברך אף על בדיקה זו לאחר המועד כהפרי חדש.

וגם אפשר לפרש שיטת הרא"ש כהרמב"ם, שלפי הרא"ש בדיקת חמץ הוה תקנה נפרדת וצריך לבדוק גם אחר הפסח כמו לפני פסח. אבל אחר הפסח, אינו מקיים שום עשה, ותקנה הוה אך ורק מפני שיש איסור שצריך להתרחק מהאיסור (לפני פסח איסורי ב"י וב"י, ואחר הפסח חמץ שעבר עליו הפסח), ואין מברכין על מניעת איסור לבד כמו שכתב הרא"ש, אע"פ שיש חיוב בדיקה.

וכמו זה מפרש רבינו מנוח שיטת הרמב"ם שאין מברכין על בדיקה אחר המועד (שם ברמב"ם) לפי שאין מברכין מפני קנס או מצוה הבא בעבירה. שבעצם החיוב לבדוק שוה, אבל יש טעם אחר למה אין מברכין.

וע' בקובץ שיעורים (אות מג) שמפרש שיטת רש"י שם על המשנה "דלאחר המועד" הוה אחר זמן האיסור בי"ד, כשיטת הרמב"ם שהבודק אחר המועד אינו מברך, שמלשון המשנה משמע שמצות בדיקה לאחר המועד כמו בתוך המועד.

אבל לפי הר"ן והריטב"א שעיקר המצוה הוה ביעור חמץ והבדיקה רק תיקון והכשר לביעור, אחר החג כשאין מבערין חמץ שעבר עליו הפסח, והבדיקה רק מפני שאפשר בתוך ביתו הוה חמץ שעבר עליו הפסח, בדיקה זו הוה רק מניעת איסור כמו בדיקץ תולעים, ואין שייך לברך על בדיקה זו, דלא כמו הבדיקה לפני המועד.

בשעת המשך המצוה, פשוט שאם שכח ולא בירך לפני הבדיקה, מברכין לפני הביעור, שוודאי הוה בתוך זמן המצוה, ושייך לברוכי.

3. וגם אפשר שיש נ"מ למי שיוצא בדרך לפני הפסח, שקיימא לן שצריך לבדוק ביתו, אם מברכין על בדיקתו?

א. הריטב"א מביא הרא"ה שמברכין על הבדיקה כל זמן שיצא מביתו.

ב. הריטב"א עצמו מברך רק אם יצא בתוך שלושים יום לפני המועד.

ג. ובב"י (תלו: א) מביא בשם הכל בו, וכן כתב הרמ"א להלכה, שהיוצא לדרך לפני המועד אין מברכין כלל על הבדיקה לפני י"ד.

אם מתקן הברכה על מעשה הבדיקה כשיטת הרא"ש, שייך לברך כל זמן שבודק כהרא"ה וכהריטב"א, והמחלוקת בין הרא"ה והריטב"א הוה רק אם אפשר לומר שאם יצא לפני שלושים יום, שייך הבדיקה למועד. אבל פשוט שבתוך שלושים שייך הבדיקה למועד.

ואם כהר"ן והריטב"א דבדיקה רק הכשר לביעור, ועיקר מצוה הוה ביעור חמץ, אין מברכין בבדיקה לפני י"ד כשיטת הכל בו, שמה שמצא בבדיקה לפני י"ד, אינו חייב לבער.

וכן ביאור הגר"א (ד"ה ולא יברך) שמה שתיקנו לברך "על ביעור חמץ", לפי שבי"ד הוא מבטל ומצניע חמץ הידוע לו עד שעה ה' ואז מבערו, משא"כ ביוצא לפני י"ד אינו מבטל, ועדיין משמש בחמץ, ורק מפנהו ביתו שלא עבר בב"י, ואיך שייך לברך על ביעור חמץ. הגר"א משמע כדעת הר"ן דעיקר המצוה הוה הביעור, ולפני י"ד, אינו קשר בין הבדיקה והביעור.

וע' בשו"ע הרב, שמבאר שמה שלא ברך לפני י"ד היה כי אין זמן מצות בדיקה לפני י"ד, ולפיכך אין מברך לפני זמן זה. ומה שמפרש והיוצא בשיירא לפני המועד צריך לבדוק, רק כדי שלא יעבור בב"י וב"י, אבל אין זה תקנת חכמים של בדיקה, והוה רק מניעת איסור ככל איסורים שצריך להפריש מאיסורין.

לפי הסבר שו"ע הרב, טעם שאין מברכין לפני י"ד הוה מפני שאין זה זמן בדיקה כמו שמתקן חז"ל, אבל לאו מפני שאין זה זמן ביעור כמו שכתב הגר"א. ולפי הסבר זה, אפשר לומר גם לפי שיטת הרא"ש, שאין מברכין לפני י"ד.

4. וגם אפשר שיש נ"מ לאידך גיסא, למי שבדק אחר המועד.

ע' בשו"ע ס' תל"ה (על פי המשנה י. כפירוש התוס' שם) שאם "לא

שספק דבריהם לא בעו ברוכו, וקמ"ל דמברכין על ספק דבריהם (ושאני דמאי, דרוב עמי הארץ מעשרין, ושם אינו נקרא אפילו ספק).

לפי הצל"ח בדרך שני, חידושו של רב יהודה הוה שכל תקנת בדיקה הוה על ספק דרבנן, ומברכין על ספיקה דרבנן, אבל אם אפשר לסדר שאינו במקום ספק, וידוע שיש חמץ בביתו מפני שהנשים מזמינות פתיתות, מה טוב ומה נעים, שיצא לנו מספק, ויוצא לוודאי, וכל שכן שמברכין.

2. ועוד יש נ"מ בין ביאורים אלו, אם שכח לברך לפני הבדיקה, אם מברכין לפני הביעור לפני חצות. ע' מ"ב שו"ע ס' תלב ס"ק (ד) שהובא מחלקת בין הט"ז ומ"א שמברכין בשעת הביעור, והב"ח שנתקנה הברכה רק בעת הבדיקה.

לפי הרא"ש, מחדש רב יהודה אמר רב שאע"פ שמצות תשביתו הוה אחר זמן האיסור ומקיים המצוה בשב ואל תעשה, חז"ל מתקן תקנה נפרדת של בדיקת חמץ ונתקן הברכה על הבדיקה, ואם אין מברכין לפני הבדיקה, אפשר שאין מברכין על מעשה ביעור בלבד. (ובאמת מלשון הרא"ש לא משמע כן, שכתב "ועל עסק זה נגררה הברכה של בדיקה שהיא תחלת הביעור ונגמר בשעה חמישית." משמע שהבדיקה וביעור הוה שני חלקי המצוה ושייך לברך באמצע המצוה אם לא ברך כבר לפני הבדיקה).

לפי הר"ן, עיקר המצוה של בדיקה הוה הביעור, והביעור הוה מעשה מצוה, וחז"ל מתקן שמברכין בהתחלת המצוה לפני הבדיקה, אבל פשוט שאם אין מברכין לפני הבדיקה, מברכין לפני הביעור, שביעור חמץ הוה עיקר המצוה.

עוד פירוש הצל"ח חידושו של רבי יהודה אמר רב באופן אחר לפי דברי הרמב"ם וז"ל: "ועוד נלע"ד שהוצרך לומר שמכך שהרמב"ם בפי"ב מברכות הל' ט"ו כתב שלכך מברך "על ביעור" ואינו מברך "לבער" משום שתיכף שגמר בלבו לבדוק ולבער, כבר בטל בלבו כבר נעשית מצות הביעור קודם שיבדוק יעויין שם. ומעתה היה מקום לומר כיון דלא משכחת כאן הברכה עובר לעשייתן, לא תיקנו חכמים בזה ברכה, קמ"ל ר"י, דאפ"ה מברך. ומידי דהוה מצוה שיש לה משך זמן, שאף שלא בירך קודם מברך עוד, הכי נמי אף שנתבטל מ"מ הרי הבדיקה עדיין לפניו."

לפי דברי הרמב"ם, ה"א שאין מברכין לפני שאינו עובר לעשייתן, קמ"ל שבתוך זמן המצוה מברכין, ולפיכך משנה מטבע ברכת בדיקה ל"**על ביעור** חמץ" ולא "לבער" שמשמע להבא.

ולפי ביאור זה, שמברכין אע"פ שמקיים מצות דאורייתא, לפי שמברכין

תשביתו, ומחדש רב יהודה אמר רב כמו שמפרש הר"ן, שאעפ"כ מברכין בהתחלת המצוה, בזמן הבדיקה, ולא בשעת עיקר מעשה מצוה של ביעור.

ולפי ביאורים הנ"ל בדעת הרא"ש והר"ן בדברי רב יהודה אמר רב שהבודק צריך לברך, אפשר להעלות כמה נפקא מינות לדינא:

1. הראשונים הביאו מנהג קדמון להניח פתיתים של חמץ לפני בדיקת חמץ.

המרדכי ס' תקל"ו בשם ספר הפרדס, וגם השלטי גבורים בשמו, מביא יש אומרים שמברך רק כשמצא ככר הראשון בבדיקתו, ומדחה שיטה זו וכתב "...שראוי לברך מעת שמתחיל להתעסק בדבר, בין ימצא בין לא ימצא, וכן היה מנהג מז"ה, וכן כתב רבינו משה (הל' חמץ ומצה ג: ו)"

ומפני שיטת היש אומרים שמברך רק כשמצא ככר הראשון בבדיקתו, המהר"ם חלאווה כתב שהילכך נשים נוהגות להזמין חמץ בשעת בדיקה כדי שלא תהא ברכה לבטלה, ודחה המהר"ם חלאווה מנהג זו "דאין הברכה אלא על החפוס והבדיקה בין מצא ובין לא מצה. ויבדוק בתוך המועד הויה תיובתיהו".

לפי הרא"ש, מעשה בדיקה וביעור הוה היכי תמצא לקיים מצות עשה של תשביתו אחר התחלת זמן האיסור בשב ואל תעשה, ואם אינו מצא חמץ, ואינו מבער, אינו חסר כלום, מפני שבשעת האיסור בחצות היום, מקיים העשה של תשביתו. ותקנת חז"ל לבדוק ולבער, הוה תקנה נפרדת, ואינו נתקן על הספק, ואם אינו מצא חמץ, אין זה ברכה לבטלה, שתקנת חז"ל הוה רק על מעשה "החיפוס והבדיקה בין מצא בין לא מצא" כמו שכתב המהר"ם חלאווה.

אבל לפי הר"ן שיש מעשה מצוה של ביעור קודם, ומעשה זה הוה הקום ועשה של מצות תשביתו, אע"פ שבאמת, קיום המצוה הוה אחר כך בשעת האיסור, צריך לתת פתיתים כדי לעשות מצוה בפועל, ואם אינו מצא חמץ, אולי חסר המעשה מצוה, וברכתו הוה ברכה לבטלה.

הצל"ח מפרש חידושו של רב יהודה אמר רב באופן אחר וז"ל: "ואולי קא משמע לן דלא תימא כיון שבדיקה הוא על הספק שמא יש חמץ הרי זה דומה לדמאי דקאמר אביי התם הטעם דספק דבריהם לא בעי ברוכי וקא משמע לן רב יהודה דהבודק צריך שיברך" וצל"ח מפרש קמ"ל של רב יהודה (בדרך שני שם) דקמ"ל דקיימא לן כרבא דחולק על הנחת אביי

ולפיכך, רב יהודה אמר רב מחדש, שאפ"כ חייב לברך על הבדיקה, אע"פ שהבדיקה רק היכי תמצא לקיים מצות תשביתו בשב ואל תעשה.

ולפי הרא"ש שמצות תשביתו מקיים בשו"ת אחר חצות, צריך לברר, למה אין מברכין אחר חצות כשמקיים מצות תשביתו דאורייתא בשב ואל תעשה? וצריך לומר, או מפני שמיד אחר חצות מקיים המצוה, ואין מברכין אחר עשייתן, או מפני שצריך לברך על מעשה מצוה, ולא על הקיום של המצוה בשב ואל תעשה. וכיון שחז"ל מתקן מצות בדיקת חמץ, שצריך מעשה בדיקה וגם מעשה ביעור, יש שעת כושר לברך לפני קיום של המצוה.

ובין לברך על הבדיקה או על הביעור, לכאורה טוב יותר לברך בהתחלת המצוה לפני הבדיקה, ולא לפני הביעור בשעה שקרוב יותר לקיום מצות תשביתו, אע"פ שבדרך כלל אומרים תיכף למצוה ברכה.

והרא"ש עצמו כתב טעם לזה (בהמשכת דבריו, בסימן י') "ומן הראוי שיברך קודם בדיקה "על בדיקת חמץ" ותקנו לומר "על ביעור חמץ" לפי שלאחר הבדיקה מיד הוא מבטל והיינו ביעור לחמץ שאינו ידוע לו, ומצניע את הידוע לו ואוכל ממנו עד שעה חמישית ואז מבערו מן הבית, ועל עסק זה נגררה הברכה של בדיקה שהיא תחילת הביעור ונגמר בשעה חמישית." שחז"ל קובע הברכה על הבדיקה ולאו על הביעור, דהבדיקה הוה התחלת הביעור, וראוי לברך אז.

(וע' במהר"ם חלאווה (ז. ד"ה אמר) שמתרץ לשון "על ביעור חמץ" לפני הבדיקה, וז"ל "ומאי דמברך בלשון ביעור, לאו לשון שריפה הוא, דהא לא שריף ליה, אלא לשון בדיקה הוא בלשון בערתי הקודש מן הבית" (דברים (כו: יג)); וע' גם ברש"י ז: ד"ה מעיקרא וז"ל "ביעור היינו נמי בדיקה").

והמנחת חינוך מציין להרא"ש בסוגיתינו, דבקום ועשה אין מוטלת המצוה קודם זמנו. וע' לעיל במנחת חינוך מצוה ב', מצות מילה, (אות כב) שמדמה מצות תשביתו לפי הרא"ש לערלה תוך שמונה שאין חיוב כלל לפני זמן המצוה, ואם שרף חמץ לפני חצות או מחתך ערלה לפני יום ח', אינו מבטל מצות עשה כלל.

ב. והר"ן והריטב"א סוברים, שמצות תשביתו מקוים בקום ועשה. ולפי דבריהם, פשוט שמצות ביעור חמץ הוה מעשה מצוה של מצות

ואפשר לברר החידוש של רב יהודה לפי הרא"ש:

1. שלמעשה מברכין אף על מניעת לא תעשה, וצ"ב אם יש עוד דוגמאות כזה (ברכה על שחיטה?).
2. או שהבדיקה התחלת מצות עשה של תשביתו, כמו הריטב"א והר"ן, ומדברי הרא"ש מבואר שאינו כן.
3. או מפני שמתקן חז"ל תקנה לבדוק ולבער, וזה מצוה מדבריהם, וצריך לברך. ומצות לא תעשה שביסוד הגדר והסייג (היינו ב"י וב"י ביסודו של מצות בדיקה וביעור) אינו שייך, שמ"מ, מברכין על כל מצות דרבנן. (כגון עירוב חצרות דרבנן, שביסודו איסור לאו של הוצאה בשבת).

ואפשר לבאר יסוד המחלוקת בין הרא"ש, והר"ן והריטב"א בפירוש **הבודק צריך שיברך**, על פי חקירה הידוע במנחת חינוך (ריש מצוה ט', אות [א]) אם מצות תשביתו מקיים בקום ועשה או גם בשב ואל תעשה.

וז"ל המנחת חינוך:

> "והנה לכאורה יש ספק אם המ"ע הוא שיהא החמץ מושבת ואם יש לו חמץ חוץ מה שעובר על ל"ת דב"י וב"י עובר עוד על העשה ואם אין לו חמץ א"ע בלאו וגם המ"ע מקיים בשוא"ת, כמו בשבת ויום טוב איכא עשה דשבתון בעשיית מלאכה, ואם עבר ועשה מלאכה, עובר בעשה ולא תעשה. ואם לא עשה מלאכה, חוץ מה שלא עבר על הלאו, קיים גם כן מ"ע דשבתון. וה"נ עיקר המצוה כאן שלא יהיה החמץ ברשותו והוא מושבת מרשותו כמו המ"ע דשבתון... א"ד דמצוה עליו בקו"ע דישבות החמץ, ואם אין לו חמץ לא קיים העשה. כמו מי שא"ל ד' כנפות, נהי דא"ע, מכל מקום לא קיים המצוה, ה"נ ג"כ כמו התם, דמצוה עליו לקנות טלית וכדי לקיים מצות השי"ת, ה"נ מצוה לחזור שיהיה לו חמץ קודם פסח ויבער אותו בי"ד כדי לקיים מ"ע בקו"ע..."

א. שהרא"ש סובר שמצות תשביתו מקיים רק בשב ואל תעשה אחר חצות בערב פסח, אחר זמן האיסור. ולפני חצות, הבדיקה וביעור הוה 1) כדי שלא יעבור באיסור ב"י וב"י אחר חצות, וגם 2) כדי כשמגיע לזמן האיסור, יכול לקיים מצות עשה של תשביתו בשב ואל תעשה. וכתב הרא"ש "שאינה כל כך מצוה" מפני שאין מחויב לבדוק ולבער אם אינו חמץ ברשותו כדי לקיים מצות תשביתו.

כל כך מצוה," וכתב "וזה אינו מצות עשה מן התורה." שכיון שהבדיקה עצמה אינה מצוה מן התורה, ה"א שאין מברכין עליה. (ואפשר כוונתו למה שכתב רבינו דוד, שה"א שאינן מברכין על מצות דרבנן, ודוחק לומר זה כמו שכתבנו בדחיית הצל"ח לעיל).

ונראה מהמשכת דברי הרא"ש, שהה"א הוה, שמניעת לא תעשה (היינו בל יראה ובל ימצא) אינה מצוה, ולכך אינו מברך.

וז"ל הרא"ש:

> "ומה שאין מברכין על ביעור בשעה חמישית בשעה שהוא מוציא חמץ מן הבית והוא מצוה מן התורה כדכתיב ביום הראשון תשביתו שאור **מבתיכם ודרשינן לעיל דביום הראשון היינו בי"ד. אומר אני דהוצאת חמץ מן הבית קודם זמן איסוריה לא נפיק מתשביתו, דהא אמר רבי עקיבא לעיל (פסחים דף ה:) תשביתו היינו שריפה. ולא צותה תורה לשורפו אלא אחר שכבר נאסר. מידי דהוה אנותר לקמן (פסחים דף כז:), אבל בעוד שהוא מותר באכילה, לא ישרפנו. ומה שמוציאין אותו מן הבית, היינו שלא יעבור עליו בבל יראה, ואין מפורש בו מצות עשה מן התורה שיהא מצוה לברך עליו..."**

לפי הרא"ש, יש שתי מצות בנוגע לבדיקה ובעור חמץ: מצות עשה דתשביתו, ומצות לא תעשה של ב"י וב"י. וביאור הרא"ש, שמצות תשביתו היה רק אחר חצות בי"ד, אחר זמן האיסור, ופשוט שאין מברכין על הביעור לפני זמן האיסור, שתשביתו אינו שייך אלא לאחר התחלת זמן האיסור, ואז כבר עבר זמן הבדיקה. אבל חידוש של רב יהודה הוה, דעדיין צריך לבדוק ולבער כדי שלא לעבור על לא תעשה של ב"י וב"י, וה"א שאינו מברכין עליו (כמו מצות עשה), שאין מברכין על מניעת ל"ת, כמו שאין מברכין על מניעת אכילת בשר בחלב או מניעת גזל וכו'. קמ"ל בבדיקת חמץ שמברכין. ואפשר שזה הוה כוונת הקרבן נתנאל על דברי הרא"ש "שאינה כל כך מצוה" דכתב "וזה אינו מצות **עשה** מן התורה", שהמצות עשה הוה תשביתו, ושייך רק אחר זמן התחלת האיסור. ומצות ב"י וב"י הוה רק לא תעשה, ואין מברכין כלל, לא על הבדיקה ולא על הביעור, וקמ"ל רב יהודה שמברכין.

וצ"ב לפי מסקנת הרא"ש, אם בדרך כלל אין מברכין על מניעת ל"ת, למה מחדש רב יהודה שמברכין במצות בדיקת חמץ, אם זה רק מניעת לא תעשה?

יברך אלא בשעת הביעור, קמ"ל."

לפי הריטב"א הספק הוה, אם בירך בשעת הבדיקה או בשעת הביעור? ומחדש רב יהודה אמר רב שה"א שמברכין רק על הביעור שבביעור הוה עיקר מצוה של תשביתו, והבדיקה רק הכשר והיכי תמצא לבער חמץ, קמ"ל רב יהודה שמברכין על הבדיקה ולא על הביעור. והדגשה של אמירת רב יהודה הוה על הבודק צריך שיברך, בניגוד לביעור. וצריך לבאר לפי שיטת הריטב"א, למה למעשה מברכין על הבדיקה אם עיקר המצוה הוה רק אחר זמן הבדיקה למחר כשמבער החמץ?

והר"ן (בדפי הרי"ף (ג:) ד"ה הבודק) כתב כעין שיטת הריטב"א וז"ל:

> "ואם תאמר פשיטא, ולמה לא יברך כשם שהוא מברך על המצות כולן, י"ל דהא קמ"ל דאע"ג דביעור חמץ עיקר המצוה, אפילו הכי, משעה שהוא מתחיל בה דהיינו בשעת בדיקה, מברך עליה. ומיהו, אין מברכין לבדוק אלא לבער, שעיקר כוונת הבדיקה הוא הביעור."

פי' הר"ן, שאע"פ שעיקר המצוה הוה בשעת הביעור, התחלת המצוה הוה בשעת הבדיקה, ולפיכך מברכין על התחלת המצוה, ולא בסוף המצוה. ולמעשה מברך בנוסח "על ביעור חמץ" שעיקר המצוה הוה הביעור אע"פ שהבדיקה הוה חלק ראשון של המצוה, וזמן הברכה הוה בחלק ראשון של המצוה בשעת הבדיקה.

(ולפי שיטת הר"ן בריש מסכתין דהבדיקה היא מדאורייתא, שפיר, מפני שהבדיקה ובעור שוין שהם שני חלקי מצות תשביתו, ומברכין עובר לעשייתן לפני התחלת המצוה, אע"פ שנוסח הברכה מתקן בלשון להראות עיקר תוצאה של המצוה, דהיינו לבער החמץ שבביתו).

ג. אולם הרא"ש (סימן י') ביאור חידושו של רב יהודה אמר רב באופן אחר וז"ל:

> "דלא תימא אינה כל כך מצוה, כיון דאינה אלא לבער את החמץ מן הבית."

שהוה אמינא, שמפני שהבדיקה "אינה כל כך מצוה," אינו מברכין כלל, קמ"ל שמברכין. והדגשה של אמירת רב יהודה הוה על **צריך שיברך**. וצ"ב בכוונתו.

הקרבן נתנאל (שם אות ח', ד"ה "דאינה") מפרש דברי הרא"ש "דאינה

בסוגיא הבודק צריך שיברך

אברהם זלמן ווארגאן

איתא בגמ' פסחים (דף ז.) אמר רב יהודה אמר רב "הבודק צריך שיברך", ותמהו העולם, מאי קמ"ל רב יהודה אמר רב שמברכין על מצות בדיקת חמץ? ויש הרבה ביאורים בראשונים ואחרונים בביאור ההוא אמינא ומסקנא של חידוש של רב יהודה אמר רב, ויוצא מזה הרבה נפקא מינות לדינא.

א. חידושי רבינו דוד (בתירוץ השני) כתב שיש מחלוקת בין חכמים אם מברכין על מצות דרבנן או לא, וקמ"ל רב יהודה שמברכין על מצות דרבנן. ודחה הצל"ח (ד"ה אמר רב יהודה) פירושו, שרב יהודה עצמו סובר בגמ' שבת (כג:) שמברכין על נרות חנוכה שהיא מצוה דרבנן, ולמה צריך לחדש עוד בבדיקת חמץ דרבנן שמברכין?

ב. הריטב"א (ז: ד"ה אמר) מבאר רב יהודה אמר רב, וז"ל:

> "משום דעיקר המצוה היינו ביעור, ואין הבדיקה אלא בתיקון והכשר. ואף על גב דוודאי בדיקה מן התורה וישנה בכלל השבתה דלא סגי בלאו הכי, מכל מקום קסלקא דעתך שלא

Avi (Michael) Wargon, JD, LLM, is an estate planning and tax attorney with the law firm Day Pitney LLP in Boca Raton.

עמ' ק"כ-קכ"א) וז"ל, "בראש וראשונה, עליו להשתדל להתחזק להדבק
בה' יתברך, שעל ידי זה יהיה שמור מכל רע". וכבר הבאנו לעיל (הערה ב')
מה שאמרו חז"ל (סוף קידושין) "שלא עניות מן האומנות ולא עשירות מן
האומנות, אלא הכל לפי זכותו". ועוד הבאנו (לעיל שם) מהמסילת ישרים,
שאף על פי שחייב אדם לשמור את עצמו מהיזק דשכיח, אבל "השוטה
הוא שיהיה האדם רוצה להוסיף שמירות על שמירות וכו' באופן שיגיע
מזה ביטול לתורה ולעבודה".

והנה, "סוף דבר הכל נשמע, את האלקים ירא ואת מצותיו שמור, כי זה
כל האדם" (קהלת יב:יג). "רבות מחשבות בלב איש, ועצת ה' היא תקום"
(משלי יט:כא).

להסתיר פניו בטבע העולם, וכמו שביארנו.

ועל פי דברינו יש להסביר דברי הרמב"ן (איוב לו:ז) שכתב בזה"ל, "החסיד הגמור הדבק באלקיו תמיד וכו' יהיה נשמר תמיד מכל מקרי הזמן, אפילו ההוים בטבע, וישתמר מהם בנס יעשה לו תמיד... וכפי קרבתו להדבק באלוקיו, ישתמר שמירה מעולה. והרחוק מן הא-ל במחשבתו ובמעשיו, ואפילו לא יתחייב מיתה בחטאו אשר חטא, יהיה משולח ונעזב למקרים... ומפני שרוב העולם מן הכת הזאת האמצעית, צותה התורה החלץ הנלחמים וכו', וכל תיקון המערכות אשר בתורה... כי ראויים הם להתנהג בדרך הטבע והמקרה." והנה לפום ריהטא, דבריו כאן סותרים את דבריו הנזכרים לעיל (ענף א') ש"כל דברינו ומקרינו כולם נסים, אין בהם טבע ומנהגו של עולם". אבל הדבר מובן על פי מה שביארנו, שבאמת הקב"ה משגיח על כל פרט ופרט בעניני העולם, אלא שחלק מהנהגתו יתברך הוא בדרך "השגחה כללית" – שהוא מסתיר את עצמו ומנהיג את העולם "בדרך הטבע והמקרה".

והוסיף לי מורי ורבי הג"ר משה סתיו שליט"א, שכיון שהקב"ה יודע בדיוק מה יקרה על פי 'טבע', אין סתירה כלל בין טבע והשגחה כלפיו. שבעומק הענין, **גם הטבע הולך בהשגחה מדוייקת, שהרי כלפי הקב"ה היודע כל פרטי 'המקרים' קודם שיקרו, אין שום 'מקרה', אלא הכל בהשגחה מדוייקת לגמרי**. ואכן דינו של הקב"ה הוא כל כך מדויק עד שבאמת אין לאדם שום טענה על הרשע על שנתייסר מחמתו על ידי השגחה כללית. ואפילו כשאדם נתייסר מחמת חבירו בדרך ישרה ממש, אין לו טענה על חבירו כלל, וכמו שהסביר בספר החינוך הנ"ל (סוף ענף ג'). שאף על פי שיתכן שהצדיק לא היה נתייסר בכהאי גוונא אם לא משום חטאי חבירו, והצדיק קיבל את העונש כחלק מהשגחה כללית וכמו שביארנו, אף על פי כן, הדין דין אמת, ולכאורה הצדיק היה מקבל יסורין על כל פנים באופן אחר. ולכן, אין לאדם שום טענה על חבירו אלא על עצמו בלבד, וכמו שאמרו חז"ל (ברכות ה., הנ"ל ענף ג'), "אם רואה אדם שיסורין באין עליו, יפשפש במעשיו" – 'במעשיו' דייקא.

ו. עיקר ההשתדלות – בעבודת ה'

נמצא מכל האמור, **דעיקר השתדלות האדם ראוי להיות בתורה ובעבודת ה' ולא באמצעים טבעיים**. שאחר שמצינו שכל קורות העולם נעשו בהשגחת ה' יתברך, אין לאדם להשקיע יותר מהמחויב בדרכי הטבע. וכן העיר הג"ר חיים פרידלנדר זצ"ל (שפתי חיים, פרקי אמונה והשגחה,

ה. השגחה כללית

אמנם, כתבו המפרשים דלפעמים אנשים ניזוקים על פי חוקי הטבע, אף על פי שנזהרים היטב. ודבר זה צריך ביאור, איך זה מתאים עם מה שמצינו לעיל שהקב"ה משגיח על כל דבר ודבר בפרט. והנה הענין מתבאר היטב בדברי הרמ"ק (ספר שיעור קומה, עמ' 411) וז"ל, **"השגחה הכוללת תבטל הפרטית לבני אדם שאינם מיוחדים באנשי מעשה.** וזו היא 'מכת מדינה' הנאמרה בגמרא, שהרוב ידיח המעט, וכשניתן רשות למשחית לחבל אינו מבחין בין צדיק לרשע. וזה דוקא בצדיק שאינו גמור, אבל המיוחד במעשיו יתייחד השגחתו וינצל... [לדוגמה,] בספינה שבאו בה כמה בני אדם, ורובם נתחייבו הם ונכסיהם לטבוע. והיה שם צדיק אחד משלש בחינות – [הא',] או צדיק שאין בו כדאי להציל עצמו ואילו לא היה שם לא היה נטבע, ואגב רובא נתפס. הב', הצדיק שהיה כדאי להציל עצמו – וזה יש בו כמה בחינות, או ינצל הוא וממונו או הוא ולא ממונו או ינצל הוא בלא צער וכו'. הג', הצדיק שיש כל בו להנצל הוא וממונו, ושינצלו גם כן כולם בזכותו." (וע"ע שם, עמ' 311.)[ג]

למדים מדבריו, שכשאדם נתייסר בדרך הטבע, אין זה משום שהעולם כמנהגו נוהג וכאילו הוא נתייסר על ידי חוקי הטבע בעלמא. אלא ודאי ה' יתברך משגיח בדרך ישרה על כל פרטי העולם, ובידו החזקה העניש אלו שיתחייבו עונש. והא **דהצדיק נתייסר אף על פי שלא היה ראוי כל כך לעונש, אין זה משום שנתקל ב'טבע', אלא הוא נתייסר על פי כללי השגחת ה' ממש – "השגחה הכוללת"** (ונקרא "השגחה כללית" בלשון מפרשים אחרים, ע' בספר שפתי חיים, פרקי אמונה והשגחה, עמ' ט' ואילך). וזהו חלק מדרכי ה' כדי להסתיר את השגחתו בדרכי הטבע – שגם אנשים שאינם חייבים כליה לפעמים נתקלים ב'טבע'. ויש להוסיף עוד, דלפי כללי הטבע, יש גם מספר אסונות שצריכים לקרות בכל שנה ומספר אנשים שצריכים להתייסר על ידיהם (רחמנא ליצלן). **והכל לפי חשבון מדויק כדי**

ובאמת, גם בעניני סכנה יש כללים, ואין לאדם להפריז על המידה ולהשתדל יותר מן הראוי. הנה ע' המשך דברי המסילת ישרים הנ"ל (פרק ט') שכתב וז"ל, "השמירה הזאת וכו' המיוסדת על הנהגת החכמה והשכל היא הראויה... אך היראה השוטה הוא שיהיה האדם רוצה להוסיף שמירות על שמירות וכו' באופן שיגיע מזה ביטול לתורה ולעבודה. והכלל להבחין בין שתי היראות הוא מה שחלקו חז"ל באמרם היכא דשכיח היזקא שאני... אך מקום שאין ההיזק נודע אין לירא."

[ג] מבואר בדבריו שההשגחה נתחלקה לפי מדריגת האדם, ודרגות דרגות יש. וכן מבואר ברמב"ן (איוב לו:ז, הובאו דבריו לקמן בסמוך) וז"ל, "כפי קרבתו להדבק באלוקיו, ישתמר שמירה מעולה". וכן כתב הרמב"ם (מורה הנבוכים, סוף ג:יז) וז"ל, "כפי מה שישיגהו מן השכל, ישיגהו מן ההשגחה."

שירצה שלא ינהג עצמו בדרך החכמה ויפקיר עצמו לסכנות, הנה אין זה בטחון אלא הוללות. והנה הוא חוטא במה שהוא עושה נגד רצון הבורא יתברך שמו שרוצה שישמור האדם את עצמו. **ונמצא שמלבד הסכנה המוטבעת בדבר אשר הוא עלול אליה מפני חסרון שמירתו, הנה עוד הוא מתחייב בנפשו בקום עשה בחטא אשר הוא חוטא.** ונמצא החטא עצמו מביאו ליענש." הרי מבואר שרצון הבורא יתברך שינהגו בני אדם "בדרך החכמה", ומי שאינו נוהג על פי שכל וכללי הטבע הוא חוטא נגד רצון ה'.

נמצא שאין סתירה כלל בין הנהגת הקב"ה בדרך הטבע והשגחתו התמידית על כל מקרי בני אדם. שהרי אף על פי שהקב"ה משגיח על כל דבר ודבר, הוא גם צוה לנו להתנהג בתוך כללי הטבע ולנהל את עצמנו בדרך החכמה – לשמור את עצמנו מכל נזק, ולהשתדל כשיעור הראוי. **ומי שפושע בזה ועבר על החיוב להתנהג בדרך החכמה, הרי עונשו בצדו, ויענש לפי כללי הטבע.** וכן מבואר בחז"ל (כתובות ל.), "הכל בידי שמים (פרש"י – אם באים פורעניות על האדם, גזירת המלך הוא), חוץ מצינים ופחים (פרש"י – שפעמים שבאין בפשיעה)". הרי מבואר שהכל נגזר על ידי השגחת ה' יתברך, חוץ מדברים שבאים על האדם מחמת פשיעה, שהאדם נענש מהם משום הפשיעה עצמה, ולאו דוקא משום גזירה מחמת חטא אחר.

וכן נראה מספר החינוך בביאור מצות מעקה (מצוה תקמ"ו) וז"ל, "לפי שעם היות ה' ברוך הוא משגיח בפרטי בני אדם ויודע כל מעשיהם, וכל אשר יקרה להם טוב או רע בגזירתו ובמצותו לפי זכותן או חיובן, כענין שאמרו ז"ל (חולין ז:) 'אין אדם נוקף אצבעו מלמטה אלא אם כן מכריזין עליו מלמעלה', אף על פי כן צריך האדם לשמור עצמו מן המקרים הנהוגים בעולם. כי הא-ל ברא עולמו ובנאו על יסודות עמודי הטבע וכו'. והוא ברוך הוא חנן גופות בני אדם, ויפח בהם נשמת חיים בעלת דעת לשמור הגוף מכל פגע... ואחר שהא-ל שיעבד גוף האדם לטבע, כי כן חייבה חכמתו וכו', ציוהו לשמור מן המקרה, כי הטבע שהוא מסור בידו יעשה פעולתו עליו אם לא ישמר ממנו."[ב]

[ב] ואף על פי שהבאנו לעיל (ענף ב') מהמכתב מאליהו דאין צורך להשתדל הרבה בשביל פרנסה, נראה שכל דבר יש לו כללים המיוחדים שלו, ואינו דומה חובת ההשתדלות בעניני פרנסה לחובת התרחקות מסכנות. דהנה הורו חז"ל גבי פרנסה בזה"ל (קידושין פב.), "לעולם ילמד אדם את בנו אומנות נקיה וקלה, ויתפלל למי שהעושר והנכסים שלו... שלא עניות מן האומנות ולא עשירות מן האומנות, אלא הכל לפי זכותו." מה שאין כן גבי שמירה מהיזק, שהחמירה התורה ביותר, וכמו שאמרו רז"ל (חולין י.) "חמירא סכנתא מאיסורא", ועוד כיוצא בו.

ולכן, כשבאים איזה שהוא יסורים על האדם (ואפילו יסורים קטנים, כמבואר בערכין סוף טז:), אין לאדם לתלות הדבר כמקרה בעלמא, אלא צריך לזכור תמיד שהקב"ה משגיח על כל פרטי העולם, וצריך לעשות כהמבואר בגמרא (ברכות ה.): "**אם רואה אדם שיסורין באין עליו, יפשפש במעשיו** וכו'", ע"ש.

וכן פסק הרמב"ם להלכה בהלכות תעניות, שאסור לראות כל דבר כטבע בעלמא, אלא יש לאדם להתנהג על פי הוראות השגחת ה' יתברך, ולחיות כל יום בתשובה. כך לשון הרמב"ם (ריש הלכות תעניות), "מצות עשה מן התורה לזעוק ולהריע בחצוצרות על כל צרה שתבא על הציבור... ודבר זה מדרכי התשובה הוא. שבזמן שתבוא צרה ויזעקו עליה ויריעו, ידעו הכל שבגלל מעשיהם הרעים הורע להן... וזה הוא שיגרום להם להסיר הצרה מעליהם... אבל **אם לא יזעקו ולא יריעו, אלא יאמרו דבר זה ממנהג העולם אירע לנו וצרה זו נקרה נקרית, הרי זו דרך אכזריות**, וגורמת להם להדבק במעשיהם הרעים, ותוסיף הצרה צרות אחרות. הוא שכתוב בתורה (ע' ויקרא כו:כג) 'והלכתם עמי בקרי, והלכתי עמכם בחמת קרי'. כלומר, כשאביא עליכם צרה כדי שתשובו, אם תאמרו שהוא קרי, אוסיף לכם חמת אותו קרי."

ועל פי יסוד הזה כתב בספר ההחינוך (מצוה רמ"א) הוראה למעשה בענין איסור נקמה, וז"ל, "משרשי המצוה שידע האדם ויתן אל לבו כי **כל אשר יקרהו מטוב ועד רע הוא סיבה שתבוא עליו מאת ה' ברוך הוא.** ומיד האדם מיד אחיו לא יהיה דבר בלתי רצון ה' ברוך הוא. על כן, כשיצערהו או יכאיבהו אדם, ידע בנפשו כי עוונותיו גרמו, וה' יתברך גזר עליו בכך. ולא ישית מחשבותיו לנקום ממנו, כי הוא אינו סיבת רעתו, כי העון הוא המסבב."

ד. חיוב להתרחק מסכנות

על כל פנים, כיון שהקב"ה מנהיג את העולם בדרך הטבע, חייבין בני אדם לנהל את עצמם גם כן על פי כללי הטבע, וכמו שהזכרנו לעיל (ענף ב') מדברי המכתב מאליהו. וכן כתב הרמח"ל בענין הרחקה מנזק, וז"ל (מסילת ישרים, פרק ט'), "מצינו שחייבו חכמים בכל מקום שישמור האדם את עצמו שמירה מעולה, ולא ישים עצמו בסכנה אפילו הוא צדיק ובעל מעשים... ומקרא כתוב (דברים ד:טו) 'ונשמרתם מאד לנפשתיכם'... **האדון ברוך הוא עשה את האדם בעל שכל נכון וסברא נכוחה לשינהג עצמו על דרך טוב וישמר מן הדברים המזיקים**, אשר נבראו לענוש את הרשעים. ומי

ב. חובת ההשתדלות

על פי היסוד הנזכר לעיל, כתב המכתב מאליהו הערה חשובה בענין השתדלותנו בעניני העולם, וז"ל (חלק א', עמ' 181), "באמת היה ראוי כי מי שלא יאכל לחם יחיה. ואשר יאכל לחם ימות, שהרי השתמש בסיבה טבעית והיא מחרבת ולא בונה. ורק מאשר בעולם הזה צריך שיהיה מקום לטעות למען תהיה הבחירה ביד האדם, על כן, האדם האוכל לחם מכל מקום חי, ואשר לא יאכלנו ימות, אם לא הגיע למדריגה רוחנית השמימית שהגיע לה משה רבינו ע"ה 'לחם לא אכלתי וכו" (דברים ט:ט, ט:יח), או לשאר בחינות מבחינות הנסים הגלויים."

ולמעשה, מסר לנו המכתב מאליהו יסוד גדול (חלק א', עמ' 187-188) וז"ל, "כמה הוא הפחות שבהשתדלות אשר הוכרחנו לעשותו? כך אמר רבינו זונדל מסאלאנט זצ"ל, 'הלא צריכים לעסוק בהשתדלות רק מפני שאין אנו ראויים לנסים גלויים. ועל כן, **אנו מחוייבים לעשות באופן אשר ההשפעה היורדת אלינו יהיה אפשר לתלותה באיזה סיבה, והרוצה לטעות שהוא דרך הטבע יבא ויטעה.** אם כן, בזה נגמר השיעור – אם על ידי ההשתדלות אף היותר קטנה יהיה מקום לטועה לתלות בסיבה טבעית.' ועל עצמו אמר, 'אני קונה שטר הגרלה, ובזה אני יוצא ידי חובת ההשתדלות, כי הרי אם אזכה בגורל אפשר לתלותו בדרך הטבע'."

ג. קבלת יסורין

והנה אחר שיסדנו שהקב"ה מנהיג כל עניני העולם, מובן היטב הא דמבואר בכמה דוכתי **שכל יסורין הנופלים על אדם יש בהם לימוד או עונש על פי השגחת ה' יתברך.** הרי אמרו רז"ל (חולין ז:), "אין אדם נוקף אצבעו מלמטה אלא אם כן מכריזין (פרש"י – גזרו עליו) מלמעלה". וכן כתב הרמב"ם במורה הנבוכים (ג:יז, ד"ה והדעת ה') וז"ל, "מכלל פינות (יסודות) תורת משה רבינו ע"ה וכו', שכל מה שיבא לאדם מן הרעות והמכות או ישיגם מן הטובות, לאיש אחד או לקהל, הכל הוא על צד הדין, והיותו ראוי במשפט הישר אשר אין עול בו כלל. ואפילו אם נכנס קוץ ביד אדם והוציאו מיד, לא היה רק על צד העונש לו. ואילו השיג למעט הנאה, היה גמול לו. וכל זה בדין, והוא אמרו עליו יתעלה (דברים לב:ד) 'כי כל דרכיו משפט'. אלא שאנחנו נסכל (אינם יודעים) אופני הדין ההוא." וכן ע' המשך דברי הרמב"ן הנ"ל (סוף פרשת בא) וז"ל, "כל דברינו ומקרינו וכו' אין בהם טבע... אלא אם יעשה המצוות יצליחנו שכרו, ואם יעבור עליהם יכריתנו ענשו. הכל בגזירת עליון."

אם גם בכזה יראה אך את רצון ה׳ לבד או יחשוב כי מסר ה׳ יתברך כוחות לטבע... ולפי זה, הטבע איננה במציאות כלל, אלא היא רק כאחיזת עינים לאדם שיהיה לו מקום לטעות וגם לבחור באמת.״ ואכן כתב רבינו בחיי (ריש פרשת מסעי) דנסיון זה נרמז בעצם מילת ׳טבע׳, וז״ל, ״כי **לכך נקרא ה׳טבע׳ בשם הזה, כי יטבע האדם ביון מצולתו, ויירד לבאר שחת אם לא יזהר בו.** כמי שבא במצולות ים ולא ידע לשוט וטובע, כן האדם קרוב שיסתפק מתוך חכמת הטבע באותות ומופתים וכו׳, ולא יאמין רק הדברים הטבעיים המוחשים לעין.״

ויסוד ענין זה כבר ידוע מדברי הרמב״ן (סוף פרשת בא) וז״ל, ״**אין לאדם חלק בתורת משה רבינו עד שנאמין בכל דברינו ומקרינו שכולם נסים. אין בהם טבע ומנהגו של עולם**, בין ברבים בין ביחיד.״ ונראה שענין זה מוסכם לכולי לעלמא, וכמו שכתב הרמב״ן על פי כמה דוכתי בתנ״ך ובחז״ל. ולכאורה מוכח כן גם מסברא, שהרי הקב״ה הוא כל יכול, והוא מנהיג את העולם בכחו בכל עת, וכמו שכתב הרמב״ם (ריש הלכות יסודי התורה) וז״ל, ״שכל הנמצאים צריכים לו... והוא המנהיג הגלגל בכוח שאין לו קץ ותכלית, בכוח שאין לו הפסק. שהגלגל סובב תמיד, ואי אפשר שיסוב בלא מסבב.״ וכן אמרינן כל בוקר בברכות קריאת שמע, שהקב״ה ״מחדש בטובו בכל יום תמיד מעשה בראשית״. וכיוצא בו אומרים בכל יום בשמונה עשרה בברכת מודים, ״**על נסיך שבכל יום עמנו, ועל נפלאותיך וטובותיך שבכל עת, ערב ובוקר וצהרים**״.[א]

א וכן כתב הרמב״ם בסדר התפלות (נדפס בסוף ספר אהבה) וז״ל, ״מחדש בכל יום תמיד מעשה בראשית... על נסיך ונפלאותיך שבכל עת ועת, ערב ובוקר וצהרים.״ וכן מעיד הרמב״ן שגם הרמב״ם מודה ליסוד דבריו, וז״ל (כתבי הרמב״ן, חלק א׳, דרשת תורת ה׳ תמימה, עמ׳ קנ״ד), ״כולם מופתים עומדים וקיימים הם, והוא [הרמב״ם] עצמו ז״ל הודה בזה״. וכן ע׳ ברמב״ן בפירושׁו על איוב (לו:ז, סוף דבריו) שמבואר שהוא הסכים לשיטת הרמב״ם בעניני השגחה, וז״ל, ״הענין הזה (עניני השגחה) ביארו הרב זצ״ל (הרמב״ם) ביאור יפה בספר מורה הנבוכים (ג:יז-יח, נא)״. אלא שהרמב״ן תמה על הרמב״ם בפרט אחד, שאף על פי שהרמב״ם מודה שהקב״ה עושה נסים בכל עת, אף על פי כן, סבירא ליה להרמב״ם שהקב״ה אינו משנה הטבע אלא במקרים נדירים. ועל זה הקשה הרמב״ן בזה״ל (כתבי הרמב״ן, שם, עמ׳ קנ״ג-קנ״ד), ״רוב בני אדם סבורים שאין הא-ל פועל תמיד בנסים, אלא עולם כמנהגו נוהג. וכן סבורים רבים מן החכמים בעלי העיון, והרב [הרמב״ם] מכללם... על כן נתמה מן הרמב״ם ז״ל שהוא מגרע הנסים ומגביר הטבע ואומר שאין הנסים עומדים אלא לפי שעה הם.״ ונראה שיסוד מחלוקת הרמב״ן והרמב״ם הוא כמה יש לנו לצפות שהקב״ה יעשה רצונו על ידי נסים גלויים בניגוד לנסים נסתרים הרגילים. אבל בעיקרי הדברים, אין בהם מחלוקת.

השגחה וטבע

הכל בידי שמים חוץ מצינים ופחים (כתובות ל.)

הרב רפאל ראובן סטוהל

ידוע שהקב"ה מסתיר הנהגותיו בכחות הטבע. ויש לחקור בענין זה: אדם שעשה ההשתדלות הרגילה להגן על עצמו מסכנות לפי טבע העולם, ואף על פי כן נתקל באיזה דבר טבעי וניזוק, האם רואים דבר זה כגזירה פרטית מהקב"ה שהוא ימות, או האם זה נכלל במה שהקב"ה נותן לטבע לפעול לפי כללים מסויימים, ואין בזה גזירה על שום אדם בפרט? וכן יש לעיין איך ראוי לאדם להתנהג כשקורה לו איזה שהוא דבר – האם יש לו לראות הדבר כסימן משמים, או האם יש לו לתלות הדבר בטבע ולא להתרגש מזה?

א. יסוד הטבע

נקדים בהערה בענין מהות הטבע. הנה ביאר המכתב מאליהו (חלק א', עמ' 178) שטבע אינו אלא כעין אחיזת עינים, ובאמת הכל נעשה על ידי השגחה מדוייקת מאת ה' יתברך, וז"ל, **"האמת היא כי אין בין נס והטבע כלום, הכל נס הוא... וזה שאנו קוראים 'טבע' הוא אשר רצונו יתברך שיתמיד אופן אחד אשר נהיה מורגלים בו ויהיה מקום לנסות את האדם –**

Rabbi Raphael Stohl is a Rebbe and the Director of the Masmidim Program at the Katz Yeshiva High School, and is the Mashgiach of the Yeshiva of South Florida.

אחת אלא דצריך לשמח עם כל אחד ואחד בפנ"ע, הרי מבואר דיכול לדחות השמחה עד לאחר זמן. וא"כ מדוע אין נושאין נשים בחוה"מ הרי יכול לדחות השמחה עד לאחר המועד? ותרץ הגרי"ז דרק אפשר לדחות ה"שמחה" דתקנת שקדו אבל עיקר ימי המשתה חלין מיד לאחר הנשואין וא"א לדחותם לאחר זמן.[ג]

אבל יש להעיר עוד בלשון הרמב"ם, דבהלכה י"ג כתב דאפי' אם נושא נשים רבות בבת אחת צריך לשמוח עם כל אחת בפנ"ע "ואין מערבין שמחה בשמחה". אבל בהלכה י"ד כשפסק דאין נושאין נשים בחולו של מועד כתב הרמב"ם "ואפי' בחולו של מועד אין נושאין נשים כמו שביארנו לפי שאין מערבין שמחה בשמחה שנאמר מלא שבעו זאת ונתנה לך גם את זאת", וק"ק מדוע רק הביא המקור לדין אין מערבין שמחה בשמחה בהלכה י"ד אע"פ שכבר כתב דין זה בהלכה י"ג לגבי הא דצריך לשמוח עם כל אחת ואחת בפנ"ע, וצ"ע. ואולי אפשר לפרש על פי יסוד הנ"ל דתקנת שמחה לדעת הרמב"ם אינו שייך לעיקר דין ימי שמחה אלא דתקנו חז"ל לשמוח עמה ג' ימים לבעולה וז' לבתולה והוא משום ליתא דידה כלשון הר"ן כדי לפתותה וכנ"ל. וא"כ אפשר דליכא דין אין מערבין שמחה בשמחה ממש באותה שמחה, דאינו חלות דין שמחה בעצם אלא חייב הוא לשמחה וליטבל ממלאכה וכו'. אלא דכוונת הרמב"ם לומר דלמעשה א"א לשמח עם ב' נשים כאחת כדמצינו בעלמא דאין מערבין שמחה בשמחה. ורק בהלכה י"ד דאיירי בנושאין נשים במועד או בתוך ימי משתה של הראשון הרי בזה איכא דין דאין מערבין שמחה בשמחה מדינא, וצ"ע בזה.

ג ויש להעיר דלפי מש"כ הג"ר שמואל דאיכא דין אין מערבין שמחה בשמחה בנושא אשה במועד משום דמעשה הנשואין עצמה נחשב כדבר של שמחה ואסור לעשותו במועד, פשוט דאפי' אם נדחה ימי המשתה עד לאחר המועד מ"מ אסור לישא אשה במועד.

שאסור במלאכה ואינו יוצא לשוק דחתן בימי חתונתו דומה למלך וכו׳, ודין זה אינו תלוי בתקנת שקדו שהיא משום לתא דידה, ולכן אינה יכולה למחול על עיקר ימי המשתה ומשו״ה רק בידה למחול על תקנת שקדו שנתקן לדידה וכנ״ל. [וא״א לומר כן בדעת הרמב״ם דבכלל תקנת שקדו כתב דאסרו אותו בעשיית מלאכה ויציאה לשוק, וכתב דבחור שנשא אלמנה אין לה אלא ג׳ ימים לשמחה, ונמצא דאין ביטול מלאכה תלוי בדין ימי המשתה אלא בדין שמחה. ובדעת הרמב״ם צ״ע קצת מה היא הנ״מ למעשה לימי המשתה, ולפי מה שביארנו נ״מ להא דנחשב כרגל דידיה לענין דחיית אבלות, וגם דמברכין לו ברכת חתנים, אבל אינו מבואר בדברי הרמב״ם אם יש נהוגים ודינים השייכים לימי המשתה וצ״ע בזה.] ושו״מ בח׳ הג״ר שמואל (שם) שהביא כמה מהראיות שהבאנו לחלוק הנ״ל בדעת הרמב״ם וכמה מהנ״מ הנ״ל.

אין מערבין שמחה בשמחה – ועוד יש לעיין בזה ע״פ מש״כ הרמב״ם בהלכות אישות (י:יג-יד) בענין נשיאת כמה נשים ביום אחד ודין אין מערבין שמחה בשמחה. שהרי כתב הרמב״ם שם ״יש לו לאדם לישא נשים רבות כאחת ביום אחד ומברך ברכת חתנים לכולן כאחת. אבל לשמחה צריך לשמוח עם כל אחת ואחת שמחה הראויה לה. אם בתולה שבעה ואם בעולה שלשה. ואין מערבין שמחה בשמחה וכו׳ ואפי׳ בחולו של מועד אין נושאין נשים כמו שביארנו לפי שאין מערבין שמחה בשמחה שנאמר מלא שבוע זאת ונתנה לך גם את זאת״. ויש להעיר דלפי מה שביארנו דאיכא דין ימי משתה חוץ מתקנת שמחה, מדוע כתב הרמב״ם בהלכה יג׳ דרק איכא דין אין מערבין שמחה בשמחה משום תקנת שקדו (דצריך לשמוח עם כל אחת בפנ״ע) ולא ממה דאיכא ז׳ ימי משתה לכל אחת ואחת? ותירץ הג״ר שמואל רוזובסקי (ח׳ רבי שמואל כתובות סימן ח׳) ״יש לו לאדם לישא נשים רבות כאחת משום דכלפי החלות רגל דחתן ליכא שום נפקותא אם נושא אשה אחת או נשים רבות דחלות דין רגל דחתן אחד הוא וממילא לגבי דין זה אין כאן משום עירוב שמחה בשמחה דדין רגל אחד הוא״. ולפ״ז לכא׳ צריך לומר דהא דלאומרים דין אין מערבין שמחה בשמחה מדכתיב מלא שבועה זאת (כדמבואר ברמב״ם) אינו משום חלות הימי משתה בתוך ימי משתה של ראשון, אלא דמעשה הנשואין אסור לעשות בתוך ימי המשתה, עיי״ש שתירץ כן.

ועוד תירץ הגרי״ז קושית המקנה (קו״א הלכות קידושין סב:ב) ע״פ יסוד הנ״ל בדעת הרמב״ם דיש לחלק בין ימי משתה וימי שמחה. שהרי הקשה המקנה שם דמכיון שכתב הרמב״ם שיכול לישא נשים רבות בבת

חל האבלות, דהוי כמת לו מת בתוך הרגל, אע"פ דליכא דין שמחה משום שקדו (וכלשון הרמב"ם הלכות ברכות שם דנחשב כימי המשתה אע"פ שליכא דין שמחה). ובאלמון שנשא אלמנה דיום אחד לברכה וג' לשמחה, רק אם מת לו מת ביום ראשון נחשב כמת לו מת ברגל אבל אם מת לו מת ביום ב' אע"פ שיש עליו דין שמחה מ"מ לכא' אינו דוחה האבלות כלל דאע"פ שמחוייב לבטל ממלאכתו ולהיות שמח עמה ג' ימים הרי אין על ימים אלו דין ימי משתה ורגל (ואינם בכלל ימי החתנות) ולכן חל האבלות עליו.[ב] ועיין במאירי בדף ד. שכתב בפירוש דאלמון שנשא אלמנה דוקא אם מת לו מת ביום ראשון דוחה האבלות עיי"ש.

ולפ"ז אולי אפשר לפרש דברי הרמ"א שהבאנו לעיל (אה"ע סד:א-ב) דחתן אסור במלאכה וביציאה לשוק ואין האשה יכולה למחול על זה, וכתב הגר"א שם דהיינו כדמבואר בפרקי דר' אליעזר דחתן דומה למלך וכו', אבל על דין שמחה דידה הרי כתב הרמ"א בשם רבינו ירוחם דאפשר לה למחול. וכבר הערנו לעיל דבשלמא לדע הרשב"א דכל זמן שמברך ברכת חתנים הרי יש עליו שם חתן ואיכא דין שמחה וביטול מלאכה מובן דאסור במלאכה כדמבואר בפרקי דר' אליעזר, אבל הרמ"א קאי בדעת הראשונים דבחור שנשא אלמנה ז' לברכה וג' לשמחה וא"כ לכא' ליכא דין ביטול מלאכה הנובע ממה דיש עליו שם חתן ולכן רק אסור במלאכה ג' ימים. ואולי אפשר לבאר דברי הרמ"א כמו שביארנו בדעת הרמב"ם, דאפי' בלי תקנת שקדו הרי איכא דין ימי המשתה שנמשך כל זמן שמברכין ברכת חתנים, וסובר הרמ"א דנ"מ לדין ימי המשתה וימי החתנות היינו מה

ב אבל אפשר לומר דבאלמון שנשא אלמנה אע"פ דאיכא ברכה יום א', אין בזה דין "ימי המשתה", וכלשון הרמב"ם דמת לו מת בתוך שבעת ימי המשתה הוי כרגל דידיה. ואפשר דהיינו משום דרק איכא דין ז' ימי משתה ומה שמברכין לאלמון שנשא אלמנה יום אחד אין זה מדין ימי המשתה אלא דכך תקנו נמי שיש לה ברכה יום אחד, ולכן אפי' אם מת לו מת ביום א' אפשר דלא דוחה האבלות כלל וצ"ע. ועיין בירושלמי כתובות (א:א, דף ב' ע"ב) שהבאנו לעיל דמשה התקין שבעת ימי המשתה ולא התקין לאלמנה כלום "אע"ג דתימר לא התקין לאלמנה כלום טעונה ברכה מבועז", וביאר הקרבן העדה שם "היינו שלא יהא לה ימי משתה אבל ברכה בעיא אפי' אלמנה דילפי' מבעז" ולכא' הינו כנ"ל דליכא ימי משתה באלמנה כלל אלא דמבעז למדנו דאפ"ה תקנו לה ברכה יום אחד, אבל אין זה בגדר ימי משתה כלל וצ"ע. ואולי אפשר להביא ראיה לזה מהא דנח' הפוסקים בהא דאמרי' דלאלמון ואלמנה יום אחד לברכה אם היינו סעודה ראשונה או כל יום ראשון- ועיין בחלקת מחוקק אה"ע סב:ו ובב"ש ופתחי תשובה שם שהביאו מח' הראשונים בזה. ואם אמרי' דרק בסעודה הראשונה מברכים, ואפי' אם אכלו כמה סעודת באותו היום מברכין רק בסעודה ראשונה [וכן להיפך אם החופה היתה ביום ולא אכלו הסעודה אלא בלילה], לכא' מבואר דאין יום ראשון נחשב כ"ימי המשתה" אלא דאיכא דין אחר דבסעודה ראשונה מברכים ברכת חתנים וכנ"ל. אבל עיין ברש"י דף ה. (ד"ה למחר) שכתב "שאין משתה אלמון באלמנה אלא יום אחד" ומשמע דלא רק שמברכין יום אחד אלא דנחשב כימי משתה נמי.

שמחה וימי משתה לדעת הרמב"ם שו"מ בח' הג"ר שמואל (כתובות סימן ח') בשם הגרי"ז.

ואפשר לפי זה לתרץ מה שנראה כסתירה בדברי הרמב"ם, שהרי בהלכות אישות (שם) כתב "וכן תקנו חכמים שכל הנושא בתולה יהיה שמח עמה שבעת ימים", אבל הלכות אבל (א:א) כתב "ומשה רבינו תקן להם לישראל שבעת ימי אבילות ושבעת ימי המשתה"- ולכא' צ"ע אם היתה תקנת חכמים או תקנת משה רבינו. ולפי הנ"ל ליכא סתירה כלל, שהרי הן ב' תקנות נפרדות, דדין שבעת ימי המשתה משה רבינו תקן להם לישראל, אבל אח"כ תקנו נמי תקנת שקדו שיהא שמח עמה וליבטל ממלאכתו ואין זה מעיקר דין ימי המשתה וכנ"ל. ואולי אפשר לבאר כן בדברי הירושלמי כתובות (א:א, דף ב' ע"ב) דאיתא בגמ' שם "משה התקין שבעת ימי המשתה ושבעת ימי האבל ולא התקין לאלמנה כלום, אף על גב דתימר לא התקין לאלמנה כלום טעונה ברכה מבועז וכו'". ועיין בקרבן העדה שם שביאר דלא תקן משה רבינו ימי משתה לאלמנה כלל, ואע"פ דמבואר בגמ' כתובות דף ה' ע"א דתקנו ג' ימי שמחה - ולכא' מבואר דתקנת שקדו (לכל הפחות באלמנה) ותקנת שבעת ימי המשתה הם ב' דינים נפרדים וכנ"ל.

ולפי זה היה נראה לומר דבמקום שמת לו מת בתוך ימי המשתה, הא דרגל דידיה דוחה האבלות אינו תלוי בתקנת שקדו כלל אלא בדין ימי המשתה ורגל דידיה, ולדעת הר"ן ביארנו לעיל דדין ימי משתה נובע ממה שתקנו לשמוח עם אשתו וכנ"ל. אבל לדעת הרמב"ם אין הדין "משתה" תלוי כלל בתקנת שקדו אלא בעיקר דין ימי משתה, וא"כ לכא' רק דוחה האבלות כל זמן שמברך ברכת חתנים שהוא סימן לדבר שעדיין עומד בתוך ימי המשתה. ולכא' כן מבואר מלשון הרמב"ם הלכות אבל (יא:ז) שכתב "שבעת ימי החתנות הרי הן כרגל ומי שמת לו מת בתוך ימי המשתה אפילו אביו ואמו משלים שבעת ימי השמחה ואחר כך נוהג שבעת ימי אבילות", ולכא' היינו כנ"ל דדין "ימי המשתה" הוא המדחה האבלות ולא הדין שמחה דתקנו לשמח עמה לבתולה ז' ולבעולה ג'. [ואפשר לבאר דגדר דין זה של ימי המשתה היינו שנמשך "ימי החתנות" לאחר החופה עצמה וכולן בכלל ימי המשתה והחתונה כלשון הרמב"ם, ומשו"ה טעונין ברכת חתנים, וגם דדינם כרגל לדחות אבלות כשמת לו מת בתוך ימים אלו.] וא"כ היה אפשר לומר בדעת הרמב"ם להיפך ממה שביארנו לדעת הר"ן, דלפי הרמב"ם בחור שנשא אלמנה דמברכין ברכת חתנים כל ז' ואין לה שמחה אלא ג' ימים, אם מת לו מת ביום ד' הרי עדיין נחשב כתוך ימי המשתה ולא

ומת לו מת ביום ב', לכא' לא חל האבלות שהרי אע"פ שאין מברכים ברכת חתנים מ"מ איכא דין שמחה ג' ימים ונמצא שיש לכל ג' ימים דין רגל לדחות את האבלות. וכן עיין בהגהות הגרע"א על שו"ע (יו"ד סימן שמב') שכתב דבמקום שמת לו מת בתוך ימי המשתה שימי המשתה דוחין האבלות, תלוי בימי שמחה ולא בימי הברכה, וז"ל "ובלאמון שנשא אלמנה נראה דנוהג ימי משתה ואח"כ ימי אבלות ע' אה"ע (סימן ס"ד סעיף ב') [וכוונתו לומר דנוהג ג' ימי המשתה כנ"ל], ובחור שנשא אלמנה תליא במח' הפוסקים אם נוהג שמחה ג' או ז'", והיינו כנ"ל דהכל תלוי בימי השמחה, וכמו שביארנו לדעת הר"ן. [ולדעת הרשב"א דבחור שנשא אלמנה נוהג ז' ימי שמחה פשוט דדוחה את האבלות כדברי הגרע"א הנ"ל.]

אבל אולי אפשר לומר בדעת הרמב"ם דדין ימי משתה וחלות דין רגל דידיה אינה תלויה בתקנת שקדו והחיוב לשמח עמה משום לתא דידה, אלא דאיכא דין ז' ימי משתה אפי' בלא תקנת שקדו, דכל שמברכין עליו ברכת חתנים הוי סימן לימי החתנות וימי משתה אע"פ שליכא חיוב שמחה לשמוח עמה משום התקנה דאיסור מלאכה שתקנו לבתולה ולאלמנה. שהרי, כתב הרמב"ם הלכות אישות (י:יב) "וכן תקנו חכמים שכל הנושא בתולה יהיה שמח עמה שבעת ימים. אינו עוסק במלאכתו ולא נושא ונותן בשוק אלא אוכל ושותה ושמח. בין שהיה בחור בין שהיה אלמון. ואם היתה בעולה אין פחות משלשה ימים. שתקנת חכמים היא לבנות ישראל שיהיה שמחה עם הבעולה שלשה ימים בין בחור בין אלמון". והיינו דתקנו חכמים דין שמחה, להיות "שמח עמה", לבתולה ז' ימים ולבעולה ג' ימים. אבל עיין ברמב"ם הלכות ברכות (ב:ט) שכתב "בבית חתנים מברכין ברכת חתנים אחר ד' ברכות אלו בכל סעודה וסעודה שאוכלים שם וכו' עד כמה מברכין ברכה זו, אם היה אלמון שנשא אלמנה מברכין אותה ביום ראשון בלבד. ואם בחור שנשא אלמנה או אלמון שנשא בתולה מברכין אותה כל שבעת ימי המשתה". ולכא' מבואר מדבריו דכל זמן שמברכין ברכת חתנים נחשב כ"ימי המשתה" אפי' אם ליכא דין שמחה דשקדו, שהרי כתב דבבחור שנשא אלמנה מברכין ברכה זו "כל שבעת ימי המשתה", אע"פ שפסק בהלכות אישות (שם) דבחור שנשא אלמנה אין לה אלא ג' לשמחה. ונמצא דדין ימי המשתה אינו תלוי בתקנת שקדו ודין ביטול מלאכה, דדין שמחה המובא בהלכות אישות נתקן כדי לשמחה ולפתותה וכלשון הר"ן וכלשון הרמב"ם דתקנו להיות שמח עמה דוקא. אבל עיקר דין ימי המשתה חל אפי' בלי תקנה זו. כל זמן שמברכין עליו ברכת חתנים לכא' סימן הוא דעדיין נחשב כבתוך "ימי המשתה" ובעיקר החלוק בין

ובדעת רש"י, לכא' לא מפורש בסוגיין אם סובר כדברי הרמב"ן או הרשב"א בזה. אבל עיין לעיל בדף ה' ע"א (ד"ה למחר) שכתב לגבי הא דתקנו ג' ימי שמחה לאלמנה (וגם דיש לה לינשא ביום ה') משום דבלא"ה היה משכים לאומנתו וז"ל "למחר משכים לאומנתו והולך שאין משתה אלמון באלמנה אלא יום אחד כדלקמן בפירקין (דף ז' ע"א)". ויש להעיר דנקט דוקא אלמון שנשא אלמנה, ומשמע דתקנת ג' לשמחה אינה אלא באלמון שנשא אלמנה, והיינו כדברי הרשב"א דב' הלשונות פליגי אהדדי ופסקי' דבחור שנשא אלמנה יש לה ז' לשמחה. ועוד מבואר מלשון רש"י שסובר כדברי הרשב"א, שהרי כתב דכיון דאין משתה אלמון באלמנה אלא יום א' למחר היה משכים לאומנתו, והיינו דליכא דין שמחה משום דאין לה ימי משתה אלא יום אחד (דהיינו דאחד לברכה), ומשמע דאם היתה לה ימי ברכה כל ז' לא היה משכים לאומנתו - והיינו כדברי הרשב"א הנ"ל דכל זמן שמברכין ברכת חתנים איכא דין שמחה וביטול מלאכה. (וכן שמעתי מהג"ר אשר אריאלי לדייק כן בלשון רש"י.)

גדר דין שמחה וז' ימי המשתה – בתוך דבריו, הביא הר"ן ראיה דאלמון שנשא בתולה יש לה ז' לשמחה מהא דבחור שנשא בתולה בודאי יש לה ז' לשמחה וז"ל "דאי בבחור אמרו שיש לה ז' לשמחה כדתניא לעיל בברייתא (דף ד' ע"א) דנוהג ז' ימי המשתה, כ"ש באלמון שצריך לשמח אותה יותר". והיינו, דלעיל בדף ד' ע"א מבואר דאם מת אביו של חתן או אמה של כלה במקום הפסד, מכניסין את המת לחדר ואת החתן והכלה לחופה ובועל בעילת מצוה ופורש, ונוהג ז' ימי משתה ואח"כ ז' ימי אבלות - ומהא דנוהג ז' ימי המשתה תחלה ומדחה את האבלות מבואר דאיכא דין שמחה כל ז'. ולכא' מבואר מדבריו דהא דאיכא דין שמחה וימי משתה ודין רגל דידה נובע מתקנת שקדו, דהיינו מה שתקנו להיות שמח עמה משום לתא דידה, ולא משום שמחת לבו של חתן וימי הברכה. הרי אם ימי ברכה נמי יש להם דין ימי משתה הרי א"א להביא ראיה מדברי הגמ' הנ"ל דיש לבחור שנשא בתולה ז' ימי שמחה, שהרי אפשר דמה שמדחה האבלות ונוהג ימי המשתה תחילה היינו משום שמחת לבו של חתן כמו שמברכין לו כל ז'. אלא דלכא' סובר הר"ן כמו שביארנו, דדין משתה נובע ממה שתקנו ימי שמחה וביטול מלאכה משום תקנתה. [וכן הוא לשון הב"ח אה"ע סימן סד' דדין "ימי משתה" נובע מתקנת שקדו עיי"ש.]

ולפ"ז בבחור שנשא אלמנה, דלדעת הר"ן איכא ז' לברכה וג' לשמחה, לכא' אם מת לו מת ביום ד', לכא' חל האבלות שהרי אע"פ שמברכין לו ברכת חתנים הרי ליכא דין שמחה וימי משתה. וכן באלמון שנשא אלמנה,

משום תקנת שקדו הרי מחוייב לשמח אותה משום לתא דידה. [וכן מבואר ברמב"ם הלכות אישות (י:יב) דתקנו דין שמחה לבתולה, אבל לדעת הרשב"א לכא' לא תקנו כלל דין שמחה לגבי בתולה שהרי לעולם נוהג ב' ז' ימי ברכה וז' ימי שמחה וכנ"ל.]

ולכא' עוד נ"מ בין ב' הדעות בראשונים במקום שהאשה מוחלת על תקנתה, דאם הדין שמחה נובע רק משום לתא דידה הרי לכא' יכולה למחול, אבל הדין שמחה וביטול מלאכה נובע ממה שיש עליו שם חתן לכא' פשוט שאין האשה יכולה למחול עליה. ועיין בדרכי משה אה"ע סימן סד' וברמ"א שם (סעיף ב') שהביא בשם רבינו ירוחם שיכולה האשה למחול על שמחתה, וכתב הגר"א שם (אות ה') דהיינו משום דדין שמחה "תקנתא דידה היא", וכן ביארו הבית שמואל והחלקת מחוקק שם. אבל לכא' לדעת הרשב"א דאיסור מלאכה כשנשא בתולה נובע ממה שיש עליו שם חתן, לכא' א"א לה למחול על זה.

ועיין שם עוד בסעיף א' שכתב המחבר דנושא בתולה צריך לשמוח עמה ז' ימים ולא יעשה מלאכה ולא ישא ויתן בשוק וכו' והוסיף הרמ"א שם "וחתן אסור בעשיית מלאכה ואסור לצאת יחידי בשוק", ולכא' ק"ק בכוונת הרמ"א שהרי כבר כתב המחבר שם דחתן אסור בעשיית מלאכה במקום שנשא בתולה. וכתב הבית שמואל שם (ס"ק ב') "הרב רמ"א חידש בזה דלא מהני מחילה שלה וזאת לא נשמע מדברי המחבר", והוסיף החלקת מחוקק דכוונת הרמ"א לומר דאפי' אם אמרי' דיכולה למחול על שמחתה, מ"מ החתן בעצמו אסור בעשיית מלאכה ולצאת לשוק, וכן נראה מדברי הגר"א שם (אות א') דמשום שיש עליו שם חתן דאמרי' בפרקי דר' אליעזר חתן דומה למלך וכו' דאסור בעשיית מלאכה ויציאה לשוק ולא מהני מחילתה על זה, עיי"ש. ויש להעיר דלדעת הרשב"א מובן דחל עליו איסור מלאכה משום שיש עליו שם חתן, אבל לדעת שאר הראשונים דאפי' בחור שנשא אלמנה שיש לו ז' לברכה מ"מ תקנו רק ג' לשמחה, לכא' ליכא דין ביטול מלאכה הנובע ממה שיש עליו דין חתן ומדוע אינה יכולה למחול. ואפשר לומר לדעת הרמ"א דאפי' בלא תקנת שקדו אסור בעשיית מלאכה משום שחל עליו שם חתן וכדברי הגר"א שציין ללשון פרקי דר' אליעזר דחתן דומה למלך, אלא דשקדו חכמים על תקנתה ותקנו נמי שיהא שמח עמה ואוכל ושותה עמה ג' ימים, ועל זה יכולה למחול. [ולכא' הוא שלא כדברי הר"ן שסובר דרק איכא ביטול מלאכה משום לתא דידה הנובע מתקנת שקדו ולא ממה שיש עליו דין חתן ומברכין עליו ברכת חתנים. ועיין לקמן שנדון בזה.]

לשמחה) כ"ש דאלמון שנשא בתולה יש לה ז' לשמחה דכ"ש "שצריך לשמחה אותה יותר".

אבל הביא הרמב"ן "ואיכא מאן דאמר לישני פליגי", ולפי הלישנא קמא דוקא אלמון שנשא אלמנה איכא אחד לברכה וג' לשמחה, אבל בחור שנשא אלמנה דאיכא ז' לברכה איכא נמי ז' לשמחה. ועיין ברשב"א שביאר דלפי זה:

> ימי שמחה לא בצירי מימי ברכה וכו' ונראין הדברים דהאיך איפשר משכים למלאכתו וחבילתו על כתיפו ומברכין לו ברכת חתנים, והא אין חתן יוצא מחדרו, זכר לדבר "יצא חתן מחדרו" (יואל ב:טז) וכו'. אבל כל שקורין לו חתן ומברכין לו ברכת חתנים אסור בעשיית מלאכה ולצאת מפתח ביתו יחידי, וכדאמרי' בפרקי ר' אליעזר (פרק טז') החתן דומה למלך מה המלך אינו יוצא לשוק לבדו אף החתן אינו יוצא לשוק לבדו, מה המלך שמחה ומשתה לפניו כך החתן שמחה ומשתה לפניו כל שבעת ימי המשתה. ואע"פ שאתה יכול לפרשה בנושא את הבתולה ממנה אתה דן לכל שהוא חתן.

ולפי דברי הרשב"א לכא' איכא ב' דיני שמחה, דאיכא דין שמחה שנתקן משום שמחה דידה וכדברי הר"ן הנ"ל, אבל איכא עוד דין שמחה הנובע ממה שיש על החתן "שם חתן", ולכן כל זמן שמברכין עליו ברכת חתנים יש עליו שם חתן וממילא אסור בעשיית מלאכה ויש עליו דיני שמחה וכנ"ל.

ולפ"ז, באלמון שנשא בתולה דמבואר בגמ' דף ז' ע"ב דמברכים ברכת חתנים כל ז', פשוט דאיכא דין שמחה כל ז'. ולכא' זהו כוונת הרמב"ן שבתחילת דבריו כתב דב' הלשונות לא פליגי אהדדי, ונמצא שדין אלמון שנשא בתולה אינו מפורש בגמ' אלא מסברא יש לומר דיש לה ז' לשמחה וכסברת הר"ן הנ"ל דכ"ש שחייב לשמח אותה כל ז'. אבל אח"כ הביא דעת הראשונים דב' הלשונות פליגי אהדדי ופסקי' דכל זמן שמברכין עליו ברכת חתנים יש עליו שם חתן ואיכא דיני שמחה ובטול מלאכה, ונמצא דכן מפורש בגמ' דאלמון שנשא בתולה יש לה ז' לשמחה שהרי מפורש בגמ' דיש לה ז' לברכה. ועוד מבואר מדברי הרשב"א דבאלמון שנשא בתולה הרי גדר השמחה היא מחמת השם חתן שעליו, ולעולם לא תקנו כלל עוד דין שמחה בבתולה דכיון דלעולם מברכים לה כל ז' איכא דין שמחה נמי כל ז', משא"כ לדעת הר"ן גדר הדין שמחה באלמון שנשא בתולה היינו

ותרווייהו איתנהו, דליכא אלמנה[א] דבצירא ולא דיתירה מג' לשמחה, ובריית אסתמא קתני שקדו לג' בכל אלמנה". וכן דעת הרמב"ם, שהרי בהלכות אישות (י:יב) כתב דתקנו לאלמנה ג' ימי שמחה בין בבחור בין באלמון, ובהלכות ברכות (ב:ט) פסק דבחור שנשא אלמנה מברך ברכת חתנים כל ז' ימים- והיינו כדברי הרמב"ן דלא נח' ב' הלשונות ולעולם לאלמנה איכא ג' ימי שמחה, ובבחור שנשא אלמנה איכא ז' ימי ברכה.

ועיין בר"ן שם (דף ב' ע"א בדפי הרי"ף) שכתב דאין להקשות:

> מ"ש בחור שנשא אלמנה דנפישי ימי ברכה מימי שמחה, ואלמון שנשא אלמנה דנפישי ימי שמחה מימי ברכה, "שהכל לפי ענינו, משום דברכה באה על שמחת לבו של חתן, הלכך בחור שלא נשא עדיין דאית ליה שמחה טפי מברכין לעולם כל ז' אפי' נשא אלמנה. אבל שמחה דהיינו בטול מלאכה דהוי משום תקנתא דידה כיון דאלמנה היא אינה צריכה פתוי כ"כ ובג' ימי שמחה סגי לה. אבל באלמון שנשא אלמנה כיון שכבר נשא ועכשיו אינו נושא בתולה אלא אלמנה אינו שמח כל כך הלכך ביום א' סגי, ואפ"ה בעינן ג' לשמחה דימי שמחה לתקנתא דידה נתקנו כדאמרי' שקדו חכמים על תקנת בנות ישראל ואי אפי' כשנשאת לבחור אמרו דאית לה ג' ימי שמחה כ"ש לאלמון שנשאה שצריך לשמחה שלשה.

ולפ"ז מבואר דדין ברכה ודין שמחה ובטול מלאכה חלוקים ביסודם, דדין ברכה נתקן על שמחת לבו של חתן, ודין שמחה תקנו על שמחת אשתו (כדי לפתותה).

לגבי אלמון שנשא בתולה, דמבואר בגמ' דף ז' ע"ב דיש לה ז' לברכה, כתב הרמב"ן ד"לא אשכחן לשמחה כמה", והביא בשם הר"י מגש דמסברא יש לה שבעה לשמחה. והוסיף הר"ן דאם תקנו לבחור שנשא בתולה יש לה ז' לשמחה (ועיין לקמן בראית הר"ן דבחור שנשא בתולה יש לה ז'

א ובדין אלמה, כבר כתבו התוס' כתובות דף ז' ע"ב דכוונת הגמ' לומר דתלוי במה שהיא בעולה, וכן כתב הרמב"ם הלכות אישות (י:יב) דתקנו לבעולה דין שמחה ג' ימים. ועיין בבית שמואל אה"ע סימן סד' (ס"ק ג') שכתב בשם הב"ח דכן אם היתה אלמנה ועדיין היא בתולה, דינה כבתולה וחייב לשמח עמה ז' ימים. אבל העיר לי א' מתלמידי הישיבה דבתוס' דף ז' ע"ב משמע שלא כדברי הב"ח, שהרי כתבו "אלא כיון דבעולה היא כאלמנה חשיב לה", ומשמע דודאי אלמנה אין לה אלא יום אחד לברכה (כשנשא אלמון) אלא דבעולה נמי דינה כאלמנה לענין זה. ולגבי "אלמון", עיין בפתחי תשובה אה"ע סימן סב' (ס"ק ט') שנח' הפוסקים אם תלוי במה שלא נשא אשה או דמה שלא בעל אשה מימיו.

בענין ז׳ ימי משתה ודין שמחה

הרב יצחק רוזנפלד

איתא בגמ׳ כתובות דף ז׳ ע״ב:

אמר רבי חלבו אמר רב הונא א״ר אבא בר זבדא אמר רב
אחת בתולה ואחת אלמנה טעונה ברכה. ומי אמר רב הונא
הכי והאמר רב הונא אלמנה אינה טעונה ברכה וכו׳ מאי אינה
טעונה ברכה דאמר רב הונא אינה טעונה ברכה כל ז׳ אבל
יום אחד טעונה ברכה. אלא הא דתניא שקדו חכמים על
תקנת בנות ישראל שיהא שמח עמה ג׳ ימים במאי אי בבחור
האמרת שבעה אי באלמון האמרת יום אחד, איבעית אימא
באלמון יום אחד לברכה ושלשה לשמחה ואיבעית אימא
בבחור שבעה לברכה ושלשה לשמחה.

שיטות הראשונים – ונח׳ הראשונים אם ב׳ לשונות הגמ׳ חולקים, ועיין
בח׳ הרמב״ן שם שכתב ״נראים הדברים דהני תרי לישני לא פליגי אהדדי

Rabbi Yitzchak Rosenfeld is Rosh Kollel of Yeshiva of South Florida.

על השכל בשביל הפלפול...ומפני כך תלמוד בבלי שלנו הוא עיקר ביותר מפני שנתברר הפלפול בתכלית הבירור עכ"ל. כלומר, דמה שמחבלים זה לזה היינו המעלה שלהם, ובדבר שכלי אין מעלה להיות מנעימין זה לזה, אלא צ"ל דרך פלפול וחבלה, כמו שמבואר בגמ' קידושין (ל:) שאפ' האב ובנו ורב ותלמידו בשעה שעוסקין בתורה נעשים אויבים זה לזה. ולפ"ז נראה לפרש דאה"נ שיש מעלה של ארץ ישראל דאוירא דא"י מחכים, אבל יש ג"כ מעלה של תורת בבל, דעצם הלימוד יצא ממלחמתה של תורה, ויש בזה מעלה יותר גדולה מהתלמוד בבלי.

ולסיומא דמילתא מצאתי פירש נחמד של הנצי"ב (הקדמה להעמק שאלה, אות ט) על החילוק בין חכמי א"י וחכמי בבל, וז"ל, וכשבאו לבבל היו נצרכים עוד יותר להיזהר באזהרת יאשיה המלך שלא להורות כי אם ע"פ חקירה והכרעה ולעמוד על עומק הדין מהלכה המקובלת לשאינו מקובל כמו שהורה שלמה המלך. והטעם משום דבא"י היה עדיין זכות א"י גורם לעמוד על אור ההוראה במעט עיון, משא"כ בבל, וכדתניא באדר"נ פכ"ח רנ"א אין לך אהבה כאהבה של תורה, ואין לך חכמה כחכמה של א"י...ובסנהדרין (כ"ד.) במחשכים הושיבני כמתי עולם אמר ר' ירמיה זה תלמודה של בבל, ולא שגינו ח"ו תלמוד בבלי, אלא ה"ק באשר בבל הוא מצולה חשיכה שאין בה אור תורה בעצם כלל, רק ע"י אבוקה גדולה של הפלפול דש"ס בבלי יהיה מאור גם במחשכים להוציא אור ההוראה, ומש"ה אי' שם עוד מאי בבל אר"י בלולה במקרא בלולה במשנה בלולה בגמרא, אלא שהוצרכו להעמיק כ"כ ולהתהפך על כל חלקי התורה עד שיצא המכוון, אבל ממילא זכו להגדיל תורה ולעשות אבוקה גדולה מאור התורה...חכמי א"י אור הזכות היה מהלך לפניהם, ע"כ לא נצרכו כ"כ להתייגע, משא"כ חכמי בבל, ולא מצאו אור ההוראה עד שנתייגעו הרבה, וגם נכשלו בהוראות כ"פ כמורגל בש"ס בבלי דברים שאמרתי לפניכם טעות הן בידי, ודרשו בגיטין (מ"ג.) והמכשלה הזאת תחת ידיך אין אדם עומד על ד"ת אא"כ נכשל בה, אבל כשיצאו לאור ההוראה ע"פ רוב התבוננות היו באור גדול. וע"ז כתיב בישעיה כ"ט, ושמעו ביום ההוא החרשים דברי ספר, ומאופל ומחושך עיני עורים תראינה, רצונה, דווקא מאופל מחושך יחזו אור השכל האמיתי, בעמקת חכמת התורה יותר מאשר אינם יושבים בחושך כ"כ עכ"ל. ויוצא לפי דבריו, דעצם המעלה של חכמי א"י דאוירא דא"י מחכים והיה להם זכות האור גרם של עמלו כ"כ כמו חכמי בבלי שעמדו בחשך, ולכן ע"פ רוב התבוננות שלהם היו באור גדול יותר מחכמי א"י.

וכעין זה נראה דהוי כוונת הרמב"ם (הקדמה למשנה תורה) שכותב, וז"ל, אבל כל הדברים שבגמרא הבבלי חייבין כל ישראל ללכת בהם וכופין כל עיר ועיר וכל מדינה ומדינה לנהוג בכל המנהגות שנהגו חכמי הגמרא ולגזור גזירותם וללכת בתקנותם. הואיל וכל אותם הדברים שבגמרא הסכימו עליהם כל ישראל עכ"ל. ומש"כ דהסכימו עליהם כל ישראל, היינו דתלמוד בבלי היה מפורסם והיה הלימוד של כלל ישראל, ולכן אע"ג דאמרינן דאוירא דא"י מחכים, כלל ישראל קבלו עליהם התלמוד בבלי ולא הירושלמי. [וכ"כ בספר הקבלה של הראב"ד, וז"ל, הדור הששי רב אשי, ומימות רבינו הקדוש עד רב אשי לא מצאו תורה וחסידות וענוה וגדולה במקום אחד וכו' הדור השביעי מרימר ומר בר רב אשי וחביריהם הם סיימו את התלמוד הבבלי וכו' ונתפשט בכל ישראל וקבלו אותו עליהם ולמדו אותו ברבים חכמים כל דור ודור והסכימו עליו כל ישראל ועליו אין להוסיף וממנו אין לגרוע עכ"ל.]

ג. ואקח לי שני מקלות לאחד קראתי נועם ולאחד קראתי חובלים

עד כאן פירשנו למה קיי"ל כתלמוד בבלי נגד הירושלמי מדין צדדי – הלכה כבתראי (הרי"ף), עוסקים בו תמיד (האור זרוע), או דהסכימו עליה כל ישראל (רמב"ם) – אכן אפשר לפרש דאע"ג דיש ענין של אוירא דא"י מחכים יש ג"כ מעלה לחכמי בבל שצ"ל הלכה כמותם.

ע' הגמ' סנהדרין (כד.), וז"ל, א"ר אושעיא מאי דכתיב (זכריה יא, ז) ואקח לי שני מקלות לאחד קראתי נועם ולאחד קראתי חובלים נועם אלו ת"ח שבארץ ישראל שמנעימין זה לזה בהלכה חובלים אלו ת"ח שבבבל שמחבלים זה לזה בהלכה. (זכריה יא, יג) ויאמר (אלי) אלה [שני] בני היצהר העומדים וגו' ושנים זיתים עליה יצהר אמר רבי יצחק אלו ת"ח שבא"י שנוחין זה לזה בהלכה כשמן זית ושנים זיתים עליה אלו ת"ח שבבבל שמרורין זה לזה בהלכה כזית עכ"ל. ולכאו' נראה דמה שתלמידי א"י מנעימין זה לזה היינו מעלה, וכך פרש"י (שם) שכיון דמעיינין יחד מתקנין אחד את דברי חבירו, ויוצא הדבר יותר זך.

אכן המהר"ל (נתיב התורה, פרק יג) פירש הגמ' בע"א שמה שתלמידי בבלי מחבלים זה לזה היינו דבר שכלי ומעלה שלהם. וז"ל המהר"ל, ואל תחשוב כי דבר זה הוא חסרון מעלה לתלמוד בבלי אדרבא הוא מעלה על כל המעלות, כי הפלפול הוא השכל והוא ממדריגה עליונה על כל. רק כי קודם שנתברר הלכה הוא השכל הם חובלים זה לזה ואינם נוחים...ומ"מ החכמים שבבבל היו מתגברים בחכמתם בקושיות ובתירוצים והיו עומדים

הארצות שאין האדם מוכן לקבל כל כך ולא הארץ ראויה לשישפיע בה השי"ת על יושביה מה שראוי. מצד היותה נמסרת לשרים ולמזלות. וזהו אמרם (שם) דומה כמי שאין לו אלוה עכ"ל.

ב. הלכה כתלמוד בבלי נגד הירושלמי

סוף כל סוף, בין לדברי רבינו בחיי ורד"ק בין לדברי המבי"ט, יוצא שצ"ל הלכה כתורת ארץ ישראל נגד תורת חוץ לארץ. וא"כ לכאו' קשה למה אנן קיי"ל כתלמוד הבבלי נגד הירושלמי[ג], שהתלמוד בבלי הוא הבסיס של כל הלכה. ויש לנו לזה כמה תירוצים.

הרי"ף בעירובין (לה: בדפיו) כותב דקיי"ל כבבלי כיון דהוי בתראי, וידוע הכלל דהלכה כבתראי. וה"פ, דכיון דתלמידי הבבלי ראו מה שכתוב בירושלמי ולא הביא דברים אלו, ודאי שאין הלכה כשיטה זו שלא הביאו. וכ"כ להדיא בשטמ"ק בבבא מציעא (יב:) בשם הר"ר יהונתן, וז"ל, ואין אנו חוששין לגמרא דירושלמי דאותן רבנן בתראי שסדרו לנו התלמוד הבבלי הביאו בו אותן סברות שהן כהלכה הנאמרות בתלמוד הירושלמי, ורוב התלמוד הבבלי מהן כגון דברי רבי יוחנן וריש לקיש וכל הנקראים בשם רבי, ומה שראו שהוא שלא כהלכה הניחו אותו בתלמוד ירושלמי עכ"ל.[ד]

האור זרוע (ח"א ריש סי' תשנ"ד) פירש דקיי"ל כתלמוד בבלי כיון דהיו עוסקים בו תמיד, וז"ל, והנה התלמוד שלנו שאנו עסוקים בו תמיד כמה גירסות משונות יש בו, כ"ש ברייתות וירושלמי שאין אנו עסוקין בו ואפ' תוספתא דר' חייא וספרא וספרי אנו רואין שבכמה מקומות מביאן בתלמוד ומשנה גירסתו ומחסר בהן ומייתר בהן, לפיכך אין לסמוך על שום ברייתא או על שום ירושלמי אם הן כנגד התלמוד שלנו כי התלמוד נכתב להוראה כדאמרי' (ב"מ פו.) רבינא ורב אשי סוף הוראה עכ"ל.

ג ויש להעיר שיש תשו' מהרי"ק (שורש ק) שהעיר שהרמב"ם כמה פעמים פוסק כתלמוד ירושלמי אפ' נגד הבבלי אבל אין זה דרך הפוסקים. וז"ל המהרי"ק, והוא דבר ידוע שרבנו משה רגיל לפסוק ע"פ הירושלמי יותר מכל הפוסקים הידועים אצלינו ואפ' במקום שאין תלמודינו מוכיח כדברי הירושלמי לפעמים יפסוק כמותן היכא שתלמודינו מעמיד משנה או ברייתא בשינוי דחיקא והירושלמי מפרשא בפשטא תופס לו שיטת הירושלמי עכ"ל.

ד וע"ע המרגליות הים בסנהדרין (ל. ד"ה בי דינא) ,וז"ל, ומן שמיא הסיבו שבסידור המשנה בזמן רבי ובסידור תלמודא דידן השתתפו גדולי שני המרכזים יחד שהיה בזה השגחה מיוחדת שבמפעלו של רבינו הקדוש בעריכת המשנה יקח חלק ר' נתן הבבלי, ובחתימת התלמוד בבבל ע"י רב אשי ישתתף רבינא הארץ-ישראלי, הוא שהביא כל השמועות וההכרעות של בני מערבא להכרעה אחרונה במתיבתא דרב אשי וכו' וזהו יפוי כח משנתו של רבי ביחס לשאר סדרי משנה ויפוי כח של התלמוד בבלי על תלמודא דמערבא וכו' ובכן הוקבעה ההלכה כהתלמוד בבלי עכ"ל.

ההכנות יצטרך שיהיה אויר הארץ זך וטוב כי יועיל הרבה בלמוד, וטוב
ההכנות והאויר הטוב אשר בארץ, על כן יאמר: החכמים שבה לא יאכלו
במסכנות לחמה של תורה כי יהיה לבם כפתחו של אולם לטוב ההכנות
ורחבה מיני ים לטוב האויר, וכמו שדרשו רז"ל: (בר"ר טז, ד) (בראשית
ב, יב) "וזהב הארץ ההיא טוב", אין תורה כתורת ארץ ישראל ואין חכמה
כחכמת ארץ ישראל ואמרו: (ב"ב קנח:) אוירא דארץ ישראל מחכים, מה
שאין כן בחכמים שבחוצה לארץ שהם חסרי ההכנות והאויר הטוב והם
בודאי אוכלי לחם העצבים עכ"ל. ונראה מדבריו שעצם האויר של ארץ
ישראל הוא יותר טוב מהאויר של חוץ לארץ, זה דברי גשמי.[א]

וכך פירש הרד"ק על הקרא בתהלים (מח, ג) יְפֵה נוֹף מְשׂוֹשׂ כָּל הָאָרֶץ
הַר צִיּוֹן יַרְכְּתֵי צָפוֹן קִרְיַת מֶלֶךְ רָב, וז"ל, ואדוני אבי ז"ל פירש, נוף - חלק
משבעת חלקי העולם, כי ידוע הוא כי הישוב נחלק לשבעה חלקים, והוא
שאמרו שבע ארצות. והחלקים האלה נקראו בלשון הקודש: נפות, ובלשון
ערבית: איקלימים. ואמר כי כל אדם שיצא מנוף אחד לנוף אחר יחלה
בהשתנות האויר, ואויר ארץ ישראל כל שכן אויר ירושלים היה יפה נוף
והיה משוש כל הארץ, כי אפילו היו באים שם חולים היו מתרפאים, כי
אוירה ממוזג וטוב, וכן נאמר עליה (ישעיה לג, כד): ובל יאמר שכן חליתי,
כלומר, השוכן בירושלים לא יאמר חליתי עכ"ל.[ב]

אכן בבית אלוקים של המבי"ט (שער התפילה, פרק ה) ביאר שאין זה
דבר גשמי אלא דבר רוחני. וכך הוא פירש, וז"ל, ומעלתה בדברים השכליים
הוא, כעין מה שאמרו (בבא בתרא דף קנ"ח) אוירא דארעא ישראל מחכים.
והוא מצד היות האדם נברא מחומר מבחר א"י והוא ממקום המזבח,
כאמרם (בר"ר פרשה י"ד) עפר מן האדמה ונאמר להלן מזבח אדמה
תעשה לי. הוא מוכן יותר לקבל השפע האלקי מאתו ית' המשפיע בא"י
בכבודו ובעצמו בלי שום אמצעי. כאמרם (ספרי פרשת האזינו) א"י אין שר
ומזל מושל בה. (כתובות ק"י) הדר בא"י דומה כמי שיש לו אלוה כדכתיב
לתת לכם את ארץ כנען להיות לכם לאלקים. כי סבת נתינת הארץ הוא
להיות לנו לאלקים ביחוד, שנהיה ראויים לקבל השפעתו. משא"כ בשאר

<hr />

[א] וע' הספורנו (בראשית יא, לא) שפירש הטעם דאוירא דא"י מחכים הוא משום דשאר הארצות
נפגמו בגשם המבול, אבל לא האויר של ארץ ישראל, ולכן הוא יותר טהור ונקי, עיי"ש.

[ב] וע"ע דבריו בתהלים (קטז, ט), וז"ל, ונקראת ארץ ישראל חיים כמו שנקראת ארץ צבי (יחזקאל
כה, ט), ארץ חפץ (מלאכי ג, יב), כי היא חמדת הארצות והיושבים בה הם חיים ובריאים. חיים ענין
בריאות, כמו (יהושע ה, ח): עד חיותם, כי ארץ ישראל אוירה טוב מכל הארצות (ב"ב קנח:), כמו
שפירשנו בפסוק (מזמור מח, ג) יפה נוף משוש כל הארץ עכ"ל.

אוירא דא"י מחכים
אבל הלכה כבבלי נגד הירושלמי

הרב יהושע אפרים גריובר

א. אוירא דא"י מחכים

במס' בבא בתרא (קנח:) יש מחלוקת בין ר' אילא ור' זירא בדיני ירושה, אבל ר' זירא אמר כשסליק מבבל לארץ ישראל קם בשיטתיה דר' אילא. ואמר ר' זירא ע"ז, שמע מינה דאוירא דארץ ישראל מחכים. דהיינו, כמו שפירש הרשב"ם (שם), דכשעלה לארץ ישראל – ונהנה מאוירא דארץ ישראל – עמד על אמיתת הדברים של ר' אילא וחזר מדבריו הראשונים. וזה א"ש עם הגמ' בבבא מציעא (פה.) שרבי זירא כי סליק לארעא דישראל יתיב מאה תעניתא דלשתכח גמרא בבלאה מיניה, כי היכי דלא נטרדיה. ולכאו' יש לעיין מה ההסבר של הענין ד"אוירא דארץ ישראל מחכים."

בספר דברים (ח, ט) כתיב, אֶרֶץ אֲשֶׁר לֹא בְמִסְכֵּנֻת תֹּאכַל בָּהּ לֶחֶם לֹא תֶחְסַר כֹּל בָּהּ אֶרֶץ אֲשֶׁר אֲבָנֶיהָ בַרְזֶל וּמֵהֲרָרֶיהָ תַּחְצֹב נְחֹשֶׁת. ופירש רבינו בחיי (שם), וז"ל, ואפשר שיכלול עוד "ארץ אשר לא במסכנות תאכל בה לחם" שלענין התורה והחכמה דבר הכתוב, שכן נמשלת ללחם, שנאמר: (משלי ט, ה) "לכו לחמו בלחמי", ולפי שהתורה והחכמה אי אפשר לאדם להשיגם על השלמות אלא עם ההכנות הראויות הצריכות לו, ומלבד

Rabbi Josh Grajower is the Menahel of Ohr HaTorah Yeshiva High School in South Florida.

המקוה והמלון. בשו"ת נודע ביהודה (תנינא, אורח חיים ס' כו) כתב דלענין מקוה יש להקל מטעם שהוא דבר מצוה, וגם משום שצריך הבלן לשלם עבור העצים. ומצינו במחבר (שכג:ד) דמותר לומר לחנוני תן לי ד' ביצים ובלבד שלא יזכיר לו שם דמים. ואמאי אין בזה משום שכר שבת? אלא משום שהחנוני צריך לשלם עבור הביצים ואין איסור, ולכן שכרו של החנוני מובלע בתשלום ההוצאות עבור הביצים. כמו כן, שכר המקוה מובלע בתשלום ההוצאות עבור העצים. וכן כתב השמירת שבת כהלכתה (כח:ע-עא) לגבי המלון, שאם יש הוצאות ניקוי החדר, כיבוס המצעים וכדו', יש להקל ליטול שכר, ששכר המלון מובלע בהוצאות אלו.

והנה, כבר הבאנו דברי הגמ׳ לגבי מורד ומורדת שמבואר שם שכשהיא מורדת פוחתין לה לכל יום כולל שבת. ואילו כשהוא מורד, אין מוסיפין לה עבור שבת משום דמיחזי כשכר שבת. והקשה על זה הר״ן, לכאורה, כל השכר הוא בהבלעה, ולמה חיישינן לשכר שבת? ותירץ ״דלא הוי הבלעה שאין מוסיפין לכל שבת אלא מה שעולה לכל יום ויום, שאם יתפייס היום או למחר באמצע השבוע, אין מצטרפין כל שבעת ימי השבוע זה עם זה״. ועיין בבית יוסף (ס׳ שו) שהביא בשם השבלי לקט סברא כעיו זו. והעיר על זה הב״י דאינו נראה כן מדברי הפוסקים. ולהלכה, המחבר לא הביא את חידוש הר״ן, והרמ״א (או״ח שו:ד) הביאו.

ועיין במג״א (שם ס״ק ז׳) שהחמיר כדברי הר״ן וכתב דלפי זה המלווים בריבית ומקבלים שכר לפי הימים, הרי זה מקרי שכר שבת, דאילו פרע בערב שבת לא היה מקבל שכר שבת. ובאגרות משה (או״ח ד:נט) דן בבאנק שנותן ריבית לפי הימים, וכתב שאם מחשבין יומיהם מחצות הלילה עד חצות הלילה, הרי הריבית של יום ששי מובלעת בחול וגם הריבית של יום שביעי. אמנם, היכא שיש יו״ט הסמוך לשבת, אין כאן הבלעה. ולכן יש להשאיר שכר זה בבאנק או ליתן לצדקה שלא בטובת הנאה. [וממה שהיקל האג״מ להפקיד מעות בבאנק כזה ולסמוך על הא דאינו מקבלו לבסוף, מבואר דס״ל דהאיסור הוא קבלת השכר, וכמו שבארנו לעיל.]

והנה, כל הנידון לגבי ריבית הוא דוקא לשיטת התוס׳ שיש שכר שבת אפי׳ על כלים, ולכן ה״ה בשכירות ממונו. אמנם לשיטת הרי״ף דשכר שבת אינו אלא כשעושה דבר בגופו, לכאורה, אין איסור בקבלת ריבית בכה״ג.

מסקנת הפוסקים

ולהלכה, כתב המחבר (רמו:א) שמותר להשכיר כליו לאינו יהודי בשבת, ובלבד שיעשה כן בהבלעה. וכתב על המ״ב (ס״ק ג) שאם משכיר שלא בהבלעה אסור אפי׳ כלי שאין עושים בו מלאכה. הרי משמע דקיי״ל כדעת התוס׳ שיש איסור שכר שבת אפי׳ אם משכיר כליו, ואינו עושה שום מלאכה בגופו. אמנם, עיין בשו״ת מהרש״ג (או״ח ב:ס) שדן אם מותר להשכיר מקומו בבית הכנסת לר״ה ויוה״כ וחידש דשמא לא אסרו שכר שבת אלא כשעושה מעשה בגופו. וציין למחלוקת בין הרי״ף והתוס׳. והמהרש״ג העיר שהמנהג להקל להשכיר כליו, והביא ב׳ הוכחות לזה. הא׳, מה שנהגו לשלם עבור טבילה במקוה בשבת. הב׳, מה שנהגו שאכסנאי שבא דקות ספורות קודם שבת משלם שכר לינה לשבת.

ובאמת מצינו בפוסקים סברות אחרות כדי להתיר שכר שבת עבור

(רמה:יט) שכתב דאם אפו נכרים בתנור אסור ליהנות ממנו. משמע שהאיסור אינו לקבל את השכר אלא ההנאה ממנו. ולכאורה, שאלה זו תלויה בב׳ הבנות בשכר שבת. לדעת התוס׳, לכאורה, האיסור הוא לקבל שכר על מה שעשה בשבת, וכל זמן שלא קבל את השכר, אין כאן איסור (ועיין בדברי האג״מ להלן גבי ריבית שלכאורה הבין כן). משא״כ לפי הגר״ח בדעת הרי״ף, המלאכה היא האיסור, ולא השכר, ואין נפק״מ אם מקבל את השכר אם לאו, בכל גוונא עבר על איסור. ואם באנו לאסור הנאה מהשכר, הרי זה דומיא דהנאה ממעשה שבת.

עוד נפק״מ במי שעוסק בפיקוח נפש בשבת אם מותר לקבל שכר. עיין בריטב״א (עבודה זרה כו.) שכתב שאין למילדת לקבל שכר אם הולידה בשבת. אמנם, המ״ב (שו:כד) כתב שמילדת בודאי מותרת ליקח שכר שבת. ועיין בשער הציון (שם) שציין לדברי האליה רבה בשם הכנה״ג. והמעיין בא״ר יראה דהטעם הוא משום דבכה״ג סמכינן על הראשונים הסוברים דמותר לקבל שכר מצוה. אמנם, לכאורה, עצם הענין תלוי בהנ״ל. אם האיסור הוא לקבל שכר במה שעשה בשבת, א״כ אין פיקוח נפש מתיר קבלת שכר שהרי קבלת השכר אינו בכלל הצלת נפשות (אא״כ יש חשש שאם לא נתיר לקבל שכר אתי לאימנועי), ואין להתיר אלא מטעם שכר מצוה. אמנם, אם האיסור אינו לקבל שכר שבת אלא לעשות מלאכה שמקבל שכר עליו, א״כ, אם עושה מלאכה של פיקוח נפש, הרי מלאכתו דחויה מפני פיקוח נפש.

הבלעה

כבר נתבאר שלפי הברייתא אם היה שכיר שבת, שכיר חדש וכו׳, הרי זה נקרא שכר בהבלעה ומותר לקבל שכר. ולכאורה, ההסבר להתיר שכר בהבלעה הוא כמו שכתב רש״י (ב״מ שם ד״ה נותנין) והר״ן (נדרים לז: ד״ה נותן) שכיון שלא הזכיר בפירוש לשמור את התינוק בשבת, אין איסור. והסבר זה עולה לשיטת התוס׳ ושאר ראשונים, שהאיסור הוא בקבלת השכר (או קיצוב השכר). ולכן, אם **השכר** מובלע בשכר של ימות החול, הרי זה מותר. משא״כ לדעת הרי״ף, האיסור הוא על המלאכה, ויתכן שצריך שתהיה **המלאכה** מובלעת במלאכת חול. למשל, מי שמושכר ע״י בית כנסת לז׳ ימי השבוע, ובימות החול תפקידו להיות מנהל חשבונות, ובשבת תפקידו הוא שמש בית הכנסת, לפי התוס׳, יש סברא לומר דכיון שזו משרה אחת, ומקבל שכר הכל ביחד, הרי זה מותר מטעם הבלעה. אמנם להרי״ף, כיון שהם שתי מלאכות נפרדות, אין זו הבלעה.

לדעת הרי"ף, איך נעשה שומר חנם כשנכנס שבת? הרי האיסור הוא במה שעושה פעולה בשבת שעל ידו מקבל שכר, ואם ממילא אינו מרוויח היכא שעושה פעולתו בשבת, היאך עובר על איסור שכר שבת?

וצריך לומר דהברייתא מיירי בששניהם יודעים את הדין, והתנו בשעת השכירות לעשות מה שנדרש ע"פ הלכה. לכן, מן הסתם, אם לא בא בעל הפרה כשנכנס, הרי נגמרה שכירות השומר, וממילא נעשה שומר חנם. אמנם, אם לא התנו כן והשוכר המשיך בעבודתו, הרי עבר על איסור שכר שבת וגם חייב באחריות.

והנה, בכתבות (סד.) איתא לגבי מורד ומורדת שמוסיפין או פוחתין מכתובתה "מאי שנא איהו דיהבינן ליה דשבת ומאי שנא איהי דלא יהבינן לה דשבת איהי דמיפחת קא פחית לא מיחזי כשכר שבת איהו דאוסופי קא מוספא מיחזי כשכר שבת". ובשש"כ (פכ"ח הע' קי) הביא מהגרשז"א שהעיר שאין להקשות על הגר"ח מהגמ' הנ"ל, דאע"ג דאין האשה עושה דבר בגופה ואעפ"כ חיישינן לשכר שבת, דשאני התם דבגמ' מבואר רק דמחזי כשכר שבת, ואין זה שכר שבת ממש.

ולכאורה יש להוסיף על זה, דלדעת הגר"ח אם אינו עושה דבר בגופו, הרי אינו עובר אפי' על מחזי כשכר שבת, שהרי כל דברי הגר"ח באים להסביר למה הרי"ף נטה מדברי התוס' שכתבו דבשכירות כלים מיחזי כנוטל שכר שבת. ולכן צריך לומר שיש חילוק בין שכירות כלים להוספת כתובתה שהרי כתב הרמב"ם (הל' אישות יד:טו) "המורד על אשתו ואמר הריני זן ומפרנס אותה אבל איני בא עליה מפני ששנאתיה, מוסיפין לה על כתובתה משקל שש ושלשים שעורות של כסף בכל שבת ושבת. וישב ולא ישמש כל זמן שתרצה היא לישב". ועיין במגיד משנה (שם) שכתב שמש"כ הרמב"ם "כל זמן שתרצה היא לישב" היינו לומר שאם היא רוצה לשבת תחתיו ולקבל תוספת על כתובתה הרשות בידה, ואם אינו רוצה, כופין אותו לגרש מיד. ומבואר מדבריו שהישיבה תחתיו היא היא הגורם לתוספת על כתובתה. לכן אף אם אינה עושה מלאכה או עבודה בגופה, מ"מ כדי לקבל את התוספת צריכה לישב תחתיו, ומכיון שישיבתה נעשה בגופה, הרי זו מחזי כשכר שבת. משא"כ בכלים, שאין השכר תלוי כלל בגוף הבעלים, אין כאן חשש מחזי כשכר שבת.

והנה, פסק המחבר (רמה:ו) דאם אפו בתנורו של ישראל בשבת על כרחו ונתנו לו פת אסור ליהנות ממנו. וכתב על זה המ"ב (שם ס"ק כד) דלאו דוקא פת דה"ה אם נתנו לו מעות דאסור לקבלם. ומשמע מדבריו דאיסור שכר שבת הוא **לקבל** את השכר. מיהו, עיין בשלחן ערוך הרב

כשכר שבת).

חידושו של הגר"ח

אמנם הרי"ף והרמב"ם לא הביאו דברי הברייתא לגבי שכירות כלים. והרז"ה (ז. בדפי הרי"ף) הציע שהרי"ף השמיט ברייתא זו משום דס"ל דברייתא זו אליבא דב"ש דהאיסור הוא משום שביתת כלים, ואנן לא קיי"ל כב"ש. אמנם, אם הרי"ף סובר שברייתא זו היא אליבא דב"ש, אמאי מותר להשכיר בד' וה'. ותירץ הגר"ח (חידושי הגר"ח על הש"ס, שבת יט.) "דגדר איסור שכר שבת אינו דאסור להרויח ביום השבת אלא אם עושה מלאכה אף דהיא מלאכה המותרת כמו בשומר את הפרה. מ"מ היכא דמשתכר בזה אסור לשמור משום שכר שבת והשמירה אסורה". ועל פי זה יישב את דעת הרי"ף מקושיית התוס'. לפי ב"ש, הרי כליו צריכים לשבות בשבת, ואם משכירו לעכו"ם, אין איסור בזה. אמנם אם מרויח בזה ע"י שכר שבת, הרי זה כאילו הוא עצמו משתמש בכליו ועובר בזה משום שביתת כלים.

והיוצא מדברי הגר"ח הוא שגדר איסור שכר שבת הוא שהשכר משוה את מלאכתו למלאכת איסור אפי' אם עושה דבר היתר. ולכן לפי הרי"ף אליבא דב"ה, לא שייך איסור שכר שבת אם משכיר את כליו, ורק אם משכיר את עצמו (או בהמתו שהרי אנו מצווים על שביתת בהמה) אסור. ולפי זה יוצא, דלדעת התוס', האיסור של שכר שבת הוא עצם ההרוחה, ולדעת הרי"ף, האיסור הוא המלאכה שעושה בשכר.

נפק"מ בין התוס' והרי"ף

ויש כמה נפק"מ בין שיטת התוס' ושיטת הרי"ף. הא' זמן חלות האיסור. לדעת הרי"ף, האיסור חל בשבת בזמן שעושה את מלאכתו בשכר. ואפי' אם סו"ס אינו מקבל את השכר, הרי עבר על האיסור. משא"כ, לדעת התוס' האיסור חל בשעה שמקבל את השכר (או בשעה ששוכר את הפועל).

ויש לעיין במי שמושכר (שלא בהבלעה) לשמור את הילד או את הפרה קודם שבת והגיע שבת ועדיין לא בא אביו ואמו, האם מותר לו להמשיך לשמור את הילד או את הפרה בתורת גמילות חסד (באופן שאין סכנה לילד)?

לכאורה זהו ההיכי תמצא של הברייתא שהשומר הוא שומר שכר עד השבת ומשנכנס שבת, הרי הוא נעשה שומר חנם ממילא משום שאינו מקבל שכר שבת. אמנם, לכאורה הניחא לשיטת התוס' שהאיסור הוא על קבלת שכר, אפשר לומר דממילא אינו מקבל שכר משנכנס השבת. אמנם

בענין שכר שבת

הרב יהושע פלוג

בגמ' (ב"מ נח.) מובאת ברייתא "השוכר את הפועל לשמור את הפרה לשמור את התינוק לשמור את הזרעים אין נותנין לו שכר שבת, לפיכך אין אחריות שבת עליו. היה שכיר שבת שכיר חדש שכיר שנה שכיר שבוע נותנין לו שכר שבת, לפיכך אחריות שבת עליו". וברייתא זו היא המקור למושג של שכר שבת.

והנה מצינו ברייתא אחרת (שבת יט.) "ת"ר לא ישכיר אדם כליו לנכרי בע"ש בד' ובה' מותר". ועיין בתוס' (שם ד"ה לא ישכיר) שכתבו "אין לפרש משום שביתת כלים וכב"ש דא"כ אפי' ברביעי ובחמישי נמי אלא כב"ה היא דלית להו שביתת כלים או בחלוק וטלית וכיוצא בהן איירי דלא שייך שביתת כלים ואסור לפי שנראה כנוטל שכר שבת אף על פי שמשכירו יחד חדש או שבוע דאם משכירו ליום אפילו ברביעי ובחמישי אסור כדמשמע בסוף הזהב (ב"מ דף נח.) גבי שוכר פועלים לשמור פרה או תינוק, ודוקא לשוכרו דמיחזי כנוטל שכר שבת אבל שאלה שריא". הרי שלדעת התוס' אם משכיר כליו באופן שאינו משכירו לשבוע או לחדש, הרי זה מקרי שכר שבת (ואפי' כשמשכירו לשבוע או לחדש אם משכירו בערב שבת מחזי

Rabbi Joshua Flug is the Director for Torah Publications for RIETS and Associate Editor of RIETS Press. Rabbi Flug is also the Director of Divorce Proceedings for the Beth Din of Florida.

מונע טמאים לגור שם הוא מקיים עיקר מצות ישוב ארץ ישראל. אבל לפי התשב"ץ יתכן שאין הקיום בשלימותו. כי העיקר הוא ליהודי ליישב שם, והגירוש של הגוים מא"י רק הכשר בלבד.

יוצא לפי הריב"ש שמצות ישוב ארץ ישראל היא גם מצוה על היחיד אבל בנוסף היא מצוה ותועלת לכלל ישראל. וזה דבר מיוחד במצות ישוב ארץ ישראל. מובא בגמרא במנחות (סה:) "וספרתם לכם, שתהא ספירה לכל אחד ואחד". וכתב בתוספות שיש הו"א שספירה זו היא מצוה על הכלל ולא על היחיד, תלמוד לומר "לכם" שמוטל על כל איש ואיש לספור. מבואר מזה שבדרך כלל מצוות הן או על הכלל או על היחיד, אבל לא על שניהם, משא"כ מצוה זו לגרש עובדי כוכבים היא מצוה גם על היחיד וגם על הרבים. ומצאתי יסוד בדברי הריטב"א (ראש השנה דף לב עמוד ב)... "שאני ישוב ארץ ישראל שאינה מצוה לשעתה אלא קיימת לעולם והיא תועלת לכל ישראל שלא תשתקע ארץ קדושה ביד ערלים, וכמו שחששו לזה בהרבה מקומות." וכ"כ בדברי הרמב"ן (שבת קל:).

ועכשיו יש לבאר דברי תוספות על פי הנ"ל. שיש להתיר שבות במלאכה דאורייתא אך ורק במצות ישוב א"י, שמצות ישוב א"י היא מיוחדת שהיא מוטלת על יחיד וגם על רבים. ולכן התירו שבות אפילו למלאכה דאורייתא.

> ומה שכתב המשיב ההוא ועשה ק"ו מהקונה שדה בא"י שכותבין עליו אונו ואפי' בשבת והתירו שבות דאמירה לכותי במלאכה דאורייתא משום ישוב א"י ואמר שהקונה קרקע שהוא שם דבר מצוה קלה לגבי העלייה לא דבר נכונה בזה. דאדרבה הקונה שדה מן הכותי היא מצוה גדולה מן העליה. כי העליה היא מצוה לשעת' ולעצמו לבד ולא נתיר בה שבות בין דמעשה בידי' בין דאמירה לכותי במלאכה דאורייתא. אבל ישוב א"י אינה מצוה לשעת' אלא מצוה המתקיימ' לעול' היא ומצו' ותועל' היא לכל ישראל שלא תשתקע ארץ קדוש' ביד טמאים ואין למדין ממנה לשאר מצות, וכ"כ זה להרמב"ן ז"ל. ע'כ.

מבואר מכל הנ"ל, שהתשב"ץ כתב שהעלייה לארץ חשובה יותר מקניית בית מכותי. ולמד זאת מקו"ח, משא"כ הריב"ש כתב שקניית הבית חשובה יותר מעלייה לארץ. וצ"ע מה נקודת המחלוקת ביניהם? ונראה לי שזה תלוי על הגדרת ישוב א"י שכתבתי לעיל. דהיינו **אם עיקר ישוב ארץ ישראל הוא לגרש עובדי כוכבים והישוב שבו רק טפל לזה. או יתכן להיפך, שעיקר מצוה הוא ליישב בארץ וגירוש הגוים אינו אלא הכשר לקיים הישוב.** לפי התשב"ץ מוכרח שעיקר מצוה הוא הישוב בו, ולכן אפשר לומר קל וחומר להיהודי שכבר גר בא"י. כלומר אם המצוה הוא לגרש הגוים אז יש בכל קניית בית ובית יש קיום מצוה חדש. אבל אם העיקר הוא הישוב שבו אז אין שום קיום מצוה חדש בקניית בית שני, כי הוא כבר גר יושב בארץ. לכאורה התשב"ץ סובר שעיקר המצוה הוא הישוב, לכן מסתבר הקל וחומר שאם אנו מתירים שבות כדי ליישב בארץ ישראל אפילו למי שהוא כבר שם, כל שכן שאנו מתירים שבות למי שהוא עדיין בחו"ל ולא קיים מצוה זו כלל. וכן נראה שהריב"ש סובר שהעיקר הוא לגרש העובדי כוכבים מארץ ישראל. וזו סיבת החילוק עם התשב"ץ. ומדויק בדבריו... **"ומצו' ותועל' היא לכל ישראל שלא תשתקע ארץ קדוש' ביד טמאים."** כלומר התועלת של ישוב א"י לגרש העובדי כוכבים שיש שם. וא"כ שפיר מה שכתב הריב"ש שקניית בית חשוב יותר מעלייה לארץ ואין כאן קל וחומר. לכאורה כל זה תלוי על עיקר המצוה של ישוב א"י, אם הוא לגרש עובדי כוכבים או ליישב שם במקומו.

וי"ל להלכה, יהודי שקנה בית מעכו"ם ואינו גר שם אחר כך ומשאיר הבית פנוי: לפי הריב"ש הוא מקיים ישוב א"י בשלימותו, שכל זמן שהוא

מצוות. ויש לעיין בשיטת תוספות למה ישוב ארץ ישראל מיוחד כל כך שרבנן לא גזרו על אמירה לעכו"ם במלאכה דאורייתא?

כדי להבין שיטת תוספות צריכים לעיין בישוב ארץ ישראל בכלל. מחלוקת ידוע ומפורסם בראשונים אם ישוב ארץ ישראל מצוה ועלינו לקיימו, או ירושה והבטחה מה' לעתיד לבוא ואין שום חיוב ליישב שם עכשיו. לפי הראשונים שסוברים שיש מצוה להתיישב בארץ ישראל מהי ההגדרתה של מצוה זו? רשי כתב (גיטין ח: בד"ה ישוב ארץ ישראל) "לגרש עובדי כוכבים וליישב ישראל בה." כשמדייקים בדבריו, אנו מוצאים שיש ב' חלקים במצוה זו, **א'**- לגרש עובדי כוכבים מארץ ישראל, ואדם מקיים דין זה בקניית בית או שדה מהעכו"ם והעכו"ם חייב לעזוב מיד. **ב'**- אחר קניית בית יש עוד חלק במצוה ליהודי להתיישב שם. **וצ"ע על הקשר בין פרטים אלו, האם שניהם שווים ולעיכובה או יתכן שאחד מהם העיקרון של המצוה והשני רק הכשר טפל בלבד.** והנ"מ בזה, יהודי שלקח בית או שדה ומשייר הבית פנוי ועוזב ארץ ישראל, יש לדון אם הוא מקיים ישוב א"י בזה או לא?

יש מחלוקת ראשונים בדיון אחר ולדעתי הם תלויים זה בזה. כתוב בשו"ת תשב"ץ (חלק א סימן כא)...

> "ואע"פ שכבר הוא בא"י אלא לקנות שם קרקע והיישוב עצמו אינו דוחה שבת שאם רצה לבנות לו דירה או ליטע אילנות משום יישוב א"י כדאיתא בפרק השואל (ק"א ע"ב) או לקבוע מזוזה דמשום ישוב אמרי' בפ' התכלת (מ"ד ע"א) דאפי' תוך ל' יום חייב לקבוע ודאי אינו דוחה שבת ואפ"ה שריה שבו' דאמירה בכתיבה שהיא מלאכ' דאורי' כ"ש שיש לנו להתיר משום עליה לא"י שעדיין הוא חוצה לה ורוצה לעלות אליה שהיא מצוה יותר גדול מקניית קרקע בה למי שהוא שם כי הדר בחוצה לארץ דומה כמי שאין לו אלוה... עכ"ד.

כלומר אע'פ שלא התירו רבותינו שבות לצורך שאר מצוות, אך לצורך עלייה לארץ ישראל הקילו רבנן. ולמדו זאת מקל וחומר ממה שהתירו שבות לצורך קניית בית למי שהוא כבר גר בארץ ישראל, כל שכן יש לנו להתיר שבות למי שהוא עדיין בחו"ל. אולם שו"ת הריב"ש (סימן קא) חולק על זה:

משום ישוב א"י לא גזור רבנן

שמואל בליזון

איתא בגיטין (ח:) הקונה שדה בסוריא כקונה בפרוארי ירושלים למאי
הילכתא? אמר רב ששת לומר שכותבין עליו אונו ואפילו בשבת. בשבת
ס'ד? כדאמר רבא אומר לעובד כוכבים ועושה... ואע'ג דאמירה לעובד
כוכבים שבות משום ישוב ארץ ישראל לא גזור רבנן – עד כאן דברי
הגמרא. מבואר במקום שיש צורך ישוב ארץ ישראל יש להתיר שבות
אפילו במלאכה דאורייתא. ויש לפלפל על דין זה, דהיינו האם זה היתר
מיוחד לישוב ארץ ישראל, או שמא מצוות אחרות נכללות בהיתר זה.
ובזה נחלקו תוספות והבה"ג והעיטור, כתוב בתוספות[א] שיש להתיר שבות
במלאכה דאורייתא דוקא בישוב ארץ ישראל אבל לא בשאר מצוות.
והביא דעת הבה"ג שחולק על תוספות שגם לגבי ברית מילה מותר להתיר
שבות במלאכה דאורייתא. והר"ן[ב] הביא דברי העיטור שהשווה כל המצוות
למכשירי מילה, ולפיכך יש להתיר שבות במלאכה דאורייתא גם בשאר

א   ד"ה– משום ישוב א"י.

ב   שבת קלז:.

Shmuel Belizon is a talmid at Yeshiva University.

> כשמוציא דם בכל מקום שבגופו או מאבריו היוצאין ממנו הוא חייב משום נטילת נשמה. אבל תולעים שבאשפות ... דדם הנפש של גופו האטום הוא דם הכנוס ומיפקד פקיד בגוי' ואין בו משום נטילת נשמה, אלא שאם היו יוצאין חוץ לגופו אברים בעלי עצמות היה מוכרח שימצא בו דם הנפש בלוע בגופו להריץ הדם להאברים שחוץ לגופו.

ולפי דבריו אינו חייב משום חובל אא"כ כשמוציא את דם הנפש שביצור החי דוקא. ובשרצים שבאשפות שיש להם מערכת זרימת דם פתוחה, אין הדם נמצא כנוס תוך עורקים וורידים אלא זורם באופן חופשי בין חלקי הגוף השונים, ואין זה חשוב כדם הנפש. ולפי ההגדרות של הגדול ממינסק, הדם הזה חשיב כמיפקד פקיד כיון דהוי מעורב ממש עם בשר השרץ, ולכן אין על חבלתו משום מפרק תולדה דדש.

משא"כ גבי יצורים מורכבים וגדולים יותר כגון בני אדם. ביצורים גדולים כאלו, הדם זורם אל חלקי הגוף תוך עורקים וורידים, ומערכת זו מפרידה את הדם מהבשר הנמצא סביבו. וע"פ הגדרותיו של הגדול ממינסק, דם זה חשיב כחבורי מיחבר, כיון שיש לו קיום וישות בפני עצמו. בהוצאת דם מסוג זה – שעל פי האמת אינו סוג דם בפני עצמו, אלא דם הנמצא תוך מבנה גוף כזה – יתחייב האדם הן באיסור חובל בשבת. ומסקנה זו היא הפוכה לגמרי משיטת הקול גדול.

ולפ"ז צריך להבין אמאי תיארה הגמ' שבת את הדם היוצא על ידי מציצה במילה כחבורי מיחבר, שהרי לפי מה שנראה לעינים הוא שהדם היוצא הוא מהחתך עצמו, דהיינו הדם שנמצא ממש כרוך תוך הבשר עצמו ויוצא על ידי החתך. אלא שכבר הסביר הרמב"ם (פ"ב הל' מילה הל' ב) שלאחר החתיכה, "ואחר כך מוצץ את המילה עד שיצא הדם ממקומות רחוקים." דהיינו שמטרת המציצה היא לא להוציא את הדם שנמצא ממש סביב החתך, שהוא באמת עתיד לצאת לבדו, אלא שמטרת המציצה היא דוקא למשוך דם הנמצא יותר עמוק וחדור בבשר. ולפי מהלכו של האור גדול, אפשר לומר שכוונת הרמב"ם דוקא לדם הנמצא תוך הוורידים הסמוכים למקום המילה. (ובכדי להבין איך המציצה עלולה למנוע סכנה, וכדברי הגמ' והרמב"ם, אולי אפשר לומר שהכוונה היא לגרום לזרם דם יותר חזק מהרגיל בכדי שהזרם יוציא איתו חתיכות מזעריות של לכלוך וכן חיידקים שאולי נכנסו דרך החתך וחדרו אל הגוף, ועל ידי כך למנוע זיהום.)

(גבי טהרת מי פירות), אך אין כוונת שניהם שווה:

> דההיא דמפקד פקיד דכתובות אין פירושו כההיא דפסחים, דההיא דספחים היינו שמופקד בגוף האוכל במה שהוא עתה אוכל ממש מופקד אצלו בכח שיוכל להתהוות מאתו משקה, והוא עוד יותר ממבלע בליעי וכנ"ל, דהוא גוף אוכל ממש ומבלע היינו דבלוע באוכל. משא"כ בהא דכתובות דהפי' דמפקד פקיד היינו דמפקד בפנים כדם בתוך הכלי ... ואין לתמוה דהלשון שוה והפי' משתנה, דמצינו כזה כמה פעמים למורגל בסוגית הש"ס.

אלא, דאולי ניתן לפרש את שאר הסוגיות על פי עקרונו של האור גדול מבלי לחלק ולומר שכוונת אותם המונחים שונים בב' המקומות, ויצא מזה נפקא מינה להלכה.

לפי שיטת יתרון האור קצת קשה אמאי הגמ' (שבת קלג ע"ב) נקטה בפשיטות דמעשה המציצה בסוף המילה היתה צריכה ליאסר משום חובל לולי הסכנה שבמניעתה רק למ"ד דדם חבורי מיחבר. דהרי לפי הבנתו, חבורי מיחבר משמעו שהמקשה חשוב כגוף בפני עצמו אף שהוא עוד כנוס תוך הדבר המוצק, וא"כ אמאי יתחייב משום מפרק ע"י מציצה דבפשטות הוי מעשה הפרדה גרידא.

ואולי יש לפרש ע"פ סברת בעל התכלת (עין התכלת' מאמר ראשון, אות כג) דחילק בין מערכת זרימת דם פתוחה (open circulation) המצויה בשרצים ודגים שונים, לבין מערכת זרימת דם סגורה (closed circulation) המצויה בבהמות, חיות, ובני אדם. דחידש הר"ן (חידושים, שבת קז ע"א):

> דשאני חלזון שהוא גוף אטום כחלזונות הללו שבאשפות ואינו בעל אברים ועד שיהרגנו ממש אינו חייב משום נטילת נשמה שהרי אין לו אברים שיתחייב משום נטילת אותו אבר

ופירש בזה האדמו"ר מראדזין:

> וביאור תירוצו דהנה הא דחייב על חבלה שמוציא בה דם משום נטילת נשמה הוא משום שהדם הוא הנפש וזה דוקא בשרץ שהוא בעל עצמות הוא מוכרח שימצא דם הנפש בלוע בכל גופו, וכן כשאברים בבעלי עמצות יוצאין ממנו הוא מוכרח שימצא בו הזלת דם הנפש בכל איבריו. ושפיר

ובזה באמת שונה דם האדם (וכן שאר יצורים גדולים) באופן משמעותי, ממשקים אחרים. שהרי הדם הזורם תוך הגוף עובר דרך עורקים וורידים, ובעודו שם הרי הוא נפרד מבשר הגוף ואינו ספוג תוכו - וע"פ הבנת היתרון האור, חשיב כחבורי מיחבר. אלא שאחרי שהעורקים מתמעטים כל כך, הדם יוצא מנימי הדם הקטנטנים וחודר ממש לתוך בשר הגוף וספוג סביב לתאים עצמם. ועל פי הבנת הגדול ממינסק, עכשיו הוא חשוב כמיפקד פקיד, ודינו כבשר האדם ממש. ולמרות שמדובר ב'אותו דם' שפשוט זורם בין כל הנ"ל, הרי מעמדו ההלכתית משתנה לפי מצבו. ואם כן, בשני המצבים - הן בזמן שהוא זורם תוך הוורידים והעורקים והן בזמן שהוא ספוג סביב התאים עצמם - יש בו צד לומר שהוא גוף שונה מבשר האדם ויש בו צד לומר שבאמת הוא גוף אחד עם בשר האדם. ולכן יש לומר שדין דם האדם שונה משאר משקים.

ואולי יש לומר שמדין חבלה, אינו חייב אלא אם כן מוציא דם שהוא נצרך לצורך המשך חיותו של האדם. ובאמת, כמש"כ לעיל, אותו הדם שכעת נמצא תוך הנימים הקטנטנים שבתוך קצה אצבעו של האדם לפני רגעים היה נמצא תוך עורקים גדולים, מ"מ מבחינת החבלה עצמה יש הבדל משמעותי הנראה על פי הנסיון. שהרי חתך קטן שבסוף אצבעו של האדם גורם לדימום קל שנעצר על ידי מערכת הקרישה תוך זמן מצומצם. וברוב רובם של המקרים, אין ביציאת דם בצורה כזו שום משמעות לבריאות האדם. משא"כ גבי נזק פנימי יותר, הגורם לדימום מהעורקים או הוורידים היותר רחבים וגדולים, שבאמת יכול להביא לידי סכנת נפשות. ולמרות שעל פי האמת ההבדל הוא בכמות וקצב הזרימה (flow rate) של הדם היוצא, זהו פועל יוצא ישירות מהמצב שבו הדם נמצא – תוך עורקים וורידים לעומת תוך נימים קטנים.

ואם כן, ההבדל הוא בין זרימת דם מרכזית (central circulation) לעומת זרימת דם היקפית (peripheral circulation), ולמרות שהדם שבמחזוריות המרכזית זורמת בנפרד מבשר האדם, הוא עדיין נחשב לחבורי מיחבר כיון שהוא מה שמחבר אם בשר האדם לחיותו. וזאת לעומת דם במחזוריות ההיקפית שבאמת נראית כחדור תוך בשר הגוף ממש וכחלק ממנו, עדיין הוא נחשב למיפקד פקיד, כיון שאינו מהווה חלק עיקרי בהמשך חיותו של האדם.

ועל פי יסוד התירון האור, יש ליישב הרבה מן הסוגיות דלעיל. וחשוב לציין שהיתרון האור עצמו פירש שהרמב"ם השתמש באותם מונחים בשני המקומות, הן בפירושו לגמ' בכתובות (גבי חבלה) והן גבי הגמ' בפסחים

כל זמן שהוא כנוס תוך הבשר, הרי דינו כבשר, ורק על ידי החיתוך משתנה האופי שלו.

משא"כ למ"ד דם חבורי מיחבר, שמשמעו שבו בזמן שהמשקה נתון תוך הדבר המוצק הרי הוא עומד בעינו וחשיב כמשקה, ולכן כשחותך הבשר הרי הוא לא רק מוציא את המשקה הכנוס אלא גם מפריד בין שני דברים שונים. ולכן בכה"ג החיתוך אינו מעלה ומוריד מדין המשקה עצמו - שבין בזמן שהיה כנוס תוך הבשר ובין בזמן שיצא, תורת משקה עליו - והוי רק היכי תמצא שהמשקה יצא מתוך הדבר המוצק. וההפרדה עצמה אסורה מדין מפרק תולדה דדש.

והבנה זו יכולה לשמש כתרוץ לקושית המנ"ח לעיל.

ד. יישום ההבנה לסוגיות אחרות

דלפי שיטת הגדול ממינסק שמשקה שחשיב כמפקד פקיד, משמעו שהמשקה חשוב כגוף אחד עם הדבר המוצק, א"כ מובן היטב אמאי יתחייב משום מפרק תולדה דדש בהוצאתו שהרי בהוצאת המשקה הרי הוא מפריד ומחלק בין שני דברים שקודם לכן נחשבו לדבר אחיד.

ולכן סוחט זיתים וענבים חייב משום מפרק תולדה דדש, שהרי הוא מפריד בין שני דברים שקודם לכן נחשבו לדבר אחד. והוא הדין לחולב דגם כן חייב משום מפרק, שהרי פירש רש"י (שבת צה ע"א ד"ה מפרק) דחלב חשיב כפקיד ועקיר - דהיינו כשהוא עדיין נתון תוך גוף הבהמה הוא נחשב כחלק מהבשר עצמו, לפי שיטת היתרון האור, ואם כן, על ידי המעשה חליבה, הרי הוא מפריד בין שני דברים שקודם לכן נחשבו לדבר אחד.

אמנם צ"ע מאי שנא דם, דרק למ"ד דדם חבורי מחבר חייב משום מפרק, ואילו למ"ד דם מפקד פקיד, לית בהוצאתו איסור תורה. ואולי בדיוק עדין בהבנה הנ"ל גבי סחיטת פירות וחליבת פרה יש להציע פתרון. שהרי באמת שאני דם בבשר האדם ממי פירות הכנוסים תוך הפרי. שהרי כל זמן שהמי פירות כנוסים תוך הפרי, אין מציאותם משתנה כלל. המי׳ץ הוא מעורב תוך בשר הפרי באופן יציב ודומם, והשאלה היחידה היא איך להגדיר את המציאות הזאת מצד ההלכה. ולפי הבנת הגדול ממינסק, התיאור מיפקד פקיד משמעו שהמשקה חשיב גוף אחד עם בשר הפרי, ואילו התיאור מבלע בליעי משמעו שהמשקה חשיב כגוף נפרד מבשר הפרי.

> ושפיר השכיל [הרמב"ם] לפרש לשיטתו האי דקאמר בגמ' פסחים דמשקין מפקד פקידי – היינו שהמשקין הם מופקדים בגוף האוכל, דהם גוף אוכל כעת ובאמת נטמאו עם הזגין טומאת אוכלין דגוף אחד הם. אמנם שוב שנסחטו ונעשו מאוכל משקה – הוי כדין הקודם בחזרו ונימוחו, דפרחה והופקעה ממנו הטומאה הראשונה דפנים חדשות באו לכאן ... דמיפקד פקיד היינו בגוף האוכל – היינו מה שהוא עתה משקה היה מקודם אוכל ומופקדים היו בגופו וגוף אחד היה ... ממילא מובן דלרב חסדא דס"ל בפסחים שם דמשקין מבלע בליעי – היינו דאינו גוף האוכל ממש רק דמובלע באוכל ואינו גוף אחד עם האוכל רק דבר נפרד הוא ממנו ובלוע בתוכו.

וכוונתו דמיד לפני כן, באותה הלכה עצמה כתב הרמב"ם שמשקים ש"נטמאו כשהן קפויים ונימוחו ונעשו [שוב] משקין: אם היו כביצה מכוון - הרי המשקין טהורין; היו יותר מכביצה המשקין טמאין שכשנימוחה טיפה ראשונה נטמאת בכביצה." והסביר הגדול ממינסק שדעת הרמב"ם כדעת הרא"ש (פירוש הרא"ש, טהרות פ"ב מ"ב) דדבר מוצק "שנשתנה למשקה הופקעה ופרחה ממנו הטומאה הוקדמת, דפנים חדשות באו לכאן." וז"ל:

> והוא פי' נכון מאוד לשיטת הרמב"ם דהוא כשיטת הרא"ש הנ"ל דמפקד פקידי היינו בגוף האוכל היינו מה שהוא עתה משקה היה מקודם אוכל ומופקדים היו בגופו וגוף אחד היה. ואם כן, נעשה מאוכל משקה וטהור מטומאתו הראשונה. וכן מבואר מסידור לשון הזהב של הרמב"ם דסידר האי דינא דוכן טמא מת לבתר היא דינא דחזרו ונימוחו, וגם כתבו בלשון וכן משום דתרוייהו בחד טעמא מישך שייכי.

ואולי זה באמת כונת הגריש"א זצ"ל. דס"ל כדעת היתרון האור, דדם שחשיב מיפקד פקידי הוא נחשב כגוף אחד עם הבשר עצמו, ולכן החיתוך נחשב כחלק מהוצאת הדם שהרי למרות שהוציא משקה מדבר מוצק, הוא באמת לא הפריד בין ב' דברים שונים, שעד עכשיו, הרי נחשבו כגוף אחד. ומבלי החיתוך, אין משמעות למשקה עצמו בתורת משקה - שהרי

נפרד מהענב או הזית, ולכן, אע״פ שהענב נטמא, המשקה בתוכו אינו נטמא ע״י כך, שהרי אינו חשוב כחלק ממנו. ואילו למאן דאמר שהמשקה בתוך הענב או הזית חשוב כ״מבלע בליעי״ (מקביל ל״חבורי מחבר״ של הגמ׳ כתובות), הרי המשקה נחשב כחלק מהענב עצמו, וא״כ, כשנטמא הענב, בו זמנית נטמא המשקה שבתוכו.

וכאן פסק הרמב״ם שאם טמא מת סחט ענב (העומד בדרישות הנ״ל), המשקה היוצא ממנו טהור, כיון ״שהמשקה כמופקד באוכל״, וכמו שהסיקה הגמ׳ בפסחים, שלכן נחשב המשקה לדבר נפרד מהענב, ואינו נטמא כשנטמא הענב. וכך היינו צפויים להבין את דבריו. אמנם, בהסבר הדברים עצמו, הרמב״ם כתב בדיוק ליהפך, שהמקשה טהור ״וכאילו הוא גוף אחד״ – דהיינו המשקה והענב ביחד. ולא רק שזוהי היפך מסקנת הגמרא, אלא שנראה מתוך דבריו סתירה מיניה וביה. שאם המשקה באמת ״גוף אחד״ עם הענב, סביר להניח שכשנטמא הענב, נטמא המשקה. ורק לפי הדיעה השניה, שהמשקה נחשב לדבר נפרד (״מבלע בליעי״), אין בטומאת הענב בכדי לטמא את המשקה שבתוכו.

ולכן, כתב הכסף משנה (שם) שבאמת יש כאן טעות סופר, ובמקום המילה ״אחד״ צריך היה לומר ״אחר״ – דהיינו ״וכאילו הוא גוף אחר״ – שהסיבה שהמשקה אינו נטמא כשנטמא הענב הוא משום שהמשקה אינו נחשב לגוף אחד עם הענב.

והביא היתרון האור ראיה לדברי הכסף משנה, מדברי הרמב״ם עצמו (הל׳ איסורי מזבח פ״ו ה״ז) שהמשקה הנמצא בזיתים וענבים נחשב לדבר נפרד מהזית או הענב עצמו, וז״ל הרמב״ם:

> זיתים וענבים שנטמאו, דורכן פחות מכביצה והמשקים היוצאין מהן כשרים לנסכים, שהמשקה מופקד הוא באוכל וכאילו אינו מגופו.

ג. חידוש בהבנת הרמב״ם

אלא, למסקה סבור הגדול ממינסק אחרת, לאחר העיון ועל פי יסוד נפלא בהבנת הרמב״ם ומבלי לשנות את הנוסח המקובל בדברי הרמב״ם בהלכות טומאת אוכלים. ולדעתו ההבנה הפוכה לגמרי. דהיינו משקה הנחשב למיפקד פקידי הוא כבשר או הדבר המוצק שממנו בא עצמו; ואילו משקה הנחשב למבלע בליעי הוא באמת ישות נפרדת מהדבר המוצק או הבשר, ורק כעת נמצא המשקה כנוס בתוך ישות אחרת. וז״ל:

> וצ"ל דהתם אי מיפקד פקיד פטור כיון דלהוצאת הדם צריך גם את החיתוך ולא רק את המציצה. א"כ י"ל דכיון שהחיתוך היה בהיתר שהרי עשהו בשביל המילה, א"כ א"א לחייבו על המציצה דאי"ז רק חצי מלאכה. דשלימות המלאכה דהוצאת הדם היא ע"י החיתוך והמציצה ביחד. וכיון שעל החיתוך א"א לחייבו. ממילא א"א לחייבו רק על המציצה (ואי"ז כחצי שיעור דנחלקו אי חייב או לא במלאכות בשבת ... אלא הכא הוה חצי מלאכה באיכות ...).
>
> אמנם זהו דוקא אי מיפקד פקיד, דאז שייך לומר דהחיתוך הויא חלק מפעולת הוצאת הדם. משא"כ אי חבורי מיחבר בכה"ג אין החיתוך אלא היכ"ת שיוכל להוציא את הדם, אבל פעולת הוצאת הדם אינה אלא ע"י המציצה ולכן חייב משום דש ודו"ק, (עי' יתרון האור להגדול ממינסק טהרות פ"ג מ"ג).

ולמרות שהגריש"א הסביר את החילוק בין דם מיפקד פקיד לחבורי מחבר על פי הבנה מסוימת בדיני מציצה, לא ברור מתוך דבריו הסיבה לכך. למה החיתוך והמציצה נחשבים לשני חלקים אינטרגלים של מעשה אחד של הוצאת הדם רק לפי מאן דאמר דם מיפקד פקיד? ולמה, לפי שיטת דם חבורי מחבר, החיתוך נחשב רק להיכי תימצא להוציא את הדם? אין הוא מוסיף על הדברים אלא רק מפנה את הקורא לפירושו של הגדול ממינסק.

ב. הגדרת משקה הנמצא תוך דבר מוצק

הגדול ממינסק בספרו יתרון האור מנסה להסביר את שיטת הרמב"ם לגבי דין מסויים בטומאת אוכלים. דכתב הרמב"ם (הל' טו"א פ"ט ה"ב):

> וכן טמא מת שסחט זיתים וענבים שהוכשרו, אם היו כביצה הרי המשקין היוצאין מהם טהורין ... שהמשקה כמופקד באוכל וכאילו הוא גוף אחד.

טמא מת יכול לטמאות מאכל רק אם יש בו שיעור כביצה והוא כבר הוכשר לקבל טומאה על ידי משקה לרצון הבעלים. ומובן אם כן, שהענב או הזית עצמו, העומד בדרישות הנ"ל נטמא על ידי האדם הטמא מת. השאלה היא רק לגבי המשקה היוצא מענבים וזתים שכבר נטמאו. הגמ' בפסחים (לג ע"ב) נקטה מעין החילוק שנמצא בגמ' כתובות הנ"ל. שלמאן דאמר שהמשקה בענבים נחשב ל"מיפקד פקידי", המשקה נחשב לדבר

תנא בפסחים ל"ג ע"ב אם כן היאך מחייב משום מפרק? ע"כ ס"ל דגם בפקיד חייב משום מפרק! אם כן איך יפרנס סוגיא דכתובות דאי מפקד פקיד שרי, הא הו"ל מפרק ושם מבואר אי מפקד כו' אי חבורי מחבר אסור ע"ש, מאי חילוק [בין מיפקד פקיד לחבורי מיחבר] כיון דבכל ענין שייך מפרק. וכל האיסור דחובל אינו רק מפרק לשיטת הר"מ, דסובר דאינו חייב משום נטילת נשמה, ולא משום צובע. אם כן הסוגיא דהתם אין לו פירוש כלל!

ותירץ האגלי טל (מלאכת דש ס"ק טו אות ז) שלשיטת הרמב"ם, ההבדל בין מיפקד פקיד לחבורי מחבר אינו דין באופי החומר המדובר עצמו (דם או חלב או מיץ ענבים) אלא במעשה הנצרך להוציאו:

דדוקא אי חיבורי מחבר חשוב עושה מעשה בדם שיוצא ממקום שהוא נבלע בו, אבל למ"ד מיפקיד פקיד אינו אלא כפותח פתח לפניו.

דהיינו, דמשקה המצריך סחיטה בידים ממש בכדי להוציאו ולהפרידו מן הדבר המוצק, הרי הוא נחשב לחבורי מחבר, ואילו משקה היוצא גם בלי פעולת הוצאה בפועל מהדבר המוצק, אלא רק ע"י פתיחת פתח לפניו, חשוב כמפקד פקיד.

אמנם הקשה עליו הגרי"ש אלישיב זצ"ל (הערות הגרי"ש אלישיב, מסכת כתובות, ה עמוד ב), שקשה מהסוגיא גבי מציצה במילה (גמרא שבת קלג ע"ב):

אמר רב פפא: האי אומנא דלא מייץ סכנה הוא ועברינן ליה. פשיטא מדקא מחללי עליה שבתא סכנה הוא! מהו דתימא האי דם מיפקד פקיד קמ"ל חבורי מיחבר, ודומיא דאיספלנית וכמון מה איספלנית וכמון כי לא עביד סכנה הוא אף ה"נ כי לא עביד סכנה הוא.

וקשה שהרי המוהל עושה פעולה של הוצאה ממש על ידי המציצה, ואם כן, לשיטת האגלי טל, יתחייב בכל מצב, בין אם נקבל שדם המילה מיפקד פקיד או חבורי מחבר. ואילו הגמרא חילקה בכך, וסברה שדלעת מי שסבור שדם מיפקד פקיד, לא יתחייב בשבת משום מציצה. ותירץ,

לדעתו, דם הנמצא בבעלי חיים בעלי אברים שצריך לעבור דרך עורקים
וורידים, ונחשב לחיבורי מיחבר. הרי שבעל התכלת חילק בין הדמים על
פי איפה שהם נמצאים, ממש בצורה דומה לשו"ת קול גדול, אך בצורה
הפוכה לגמרי.

3. איסור חבלה בשבת

א. מחלוקת במהות איסור חובל בשבת

רבנו תם (תוס' כתובות ה ע"ב ד"ה דם מיפקד) סבור ש"הוצאת דם
חשיבה נטילת נשמה כי הדם הוא הנפש וכשנוטל מקצתו נוטל מקצת
נשמה." והוסיף על כך התוס' רי"ד (שם), "דכיון דחבלה לא הדרא לעולם
כדהוות, מה לי קטלה כוליה מה לי קטלה פלגא."

הסברה כלשעצמה קשה להולמה, שהרי יש פער עצום בין "קטלה
כוליה" ל"קטלה פלגא", שהרי לא כל חבלה מביאה לידי מיתה, ולמרות
שיש כאן "נטילת דם" אין בכך משום נטילת נשמה. ואולי מפאת כך, לא
הסכים אם כך הרמב"ם, שכתב (פ"ח הל' שבת ה"ח):

> הדש כגרוגרת חייב ... והמפרק הרי היא תולדת הדש וחייב
> וכן כל כיוצא בזה. החולב את הבהמה חייב משום מפרק, וכן
> החובל בחי שיש לו עור חייב משום מפרק. והוא שיהיה צריך
> לדם שיצא מן החבורה.

ולמרות שבכדי לקבל סברה זו, צריך להסכים שאדם נחשב באיזושהי
רמה ל"גידולי קרקע", שהרי אין דישה אלא בגידולי קרקע ובכלל להסכים
לייחס מלאכת קרקע לגוף האדם, כנראה סבר הרמב"ם שבעיות אלו
זעירות למדי מאשר לסבור "מה לי קטלה כוליה מה לי קטלה פלגא."

על שיטה זו, רבו הקושיות. נתמקד על קושיות המנחת חינוך (סי' לב,
מוסך השבת, דש סק"ג), שהקשה שמשמע מהסוגיא בכתובות שלמ"ד
דם מיפקד פקיד וצריך לדם, שהוא מותר בשבת. אמנם,

> והנה לומר דהר"מ סבור דאינו חייב משום מפרק בפקיד
> ועקור רק אי אמרינן חבורי מחבר – הלא פוסק בחולב
> שחייב אף בפקיד ועקור ,ורש"י כ' בפירוש דהוי פקיד ועקור,
> והיאך יחלוק על רש"י במציאות. גם כתב הר"מ דסוחט זתים
> וענבים חייב משום מפרק, הא הר"מ בהל' איסורי מזבח ופ"ט
> מהל' טו"א פוסק דמשקה בזיתים וענבים מפקד פקיד כהאי

בשבת, על סמך כך שאפילו אם דם יצא מתוך מה שהוא מכנה ל"חבורה" ולא רק מן העורקים טען דגם כן יהיה מותר. ואף שיש הרבה חולקים על מסקנתו, מכל מקום, הביא הציץ אליעזר (ח"ט סי' כח אות י) את דבריו בנוגע להוצאת דם על ידי השמת אינפוזיה (והביא דבריו האור לציון ח"ב עמ' רסא אות כ, ונראה שהסכים עמו בעל היביע אומר ח"ט או"ח סי' קח אות קעח, אך נכדו הרב יעקב ששון שליט"א ספר לי כשהראה לסבו זצ"ל את דברי הגרש"ז אויערבך בשמירת שבת כהלכתה חלק ג שהסתייג מהסברא להתיר; הגרע"י זצ"ל כמו כן הביע הסתפקות על מתן ההיתר בנידון). היוצא מכל האמור, שמצא הר"י אבן חביב נכון לחלק בין דם העובר בעורקים לבין הדם הנמצא תוך עובי הבשר.

ובצורה דומה, חילק הבעל התכלת (עין התכלת, מאמר ראשון, סי' כג) בין דם הנמצא בבעל חי בעל אברים לבין דם הנמצא בבעל חי שאינו בעל אברים על פי דברי הר"ן. בגמ' שבת עה ע"א, דנה הגמ' בצידת חלזון בשבת והוצאת דמו על מנת להפיק ממנו תכלת. הגמרא שם עוסקת במעיכת החילזון והוצאת דמו, אך מתעלמת לחלוטין מכל שאלה של חבלה. משום כך, הראשונים נתקשו להסביר מדוע אין כאן מלאכה של חבלה.

ולזה תירץ הר"ן ז"ל לחלק דהחלזון הוא גוף אטום ואינו בעל אברים שהוא כחלזונות הללו שבאשפות:

> וביאור תירוצו דהנה הא דחייב על חבלה שמוציא בה דם משום נטילת נשמה הוא, משום שהדם הוא הנפש. וזה דוקא בשרץ שהוא בעל עצמות, הוא מוכרח שימצא דם הנפש בלוע בכל גופו ,וכן כשאברים בבעלי עצמות יוצאין ממנו הוא מוכרח שימצא בו הזלת דם הנפש בכל איבריו. ושפיר כשמוציא דם בכל מקום שבגופו או מאבריו היוצאין ממנו הוא חייב משום נטילת נשמה. אבל תולעים שבאשפות ... דדם הנפש של גופו האטום הוא דם הכנוס ומיפקד פקיד בגוי' ואין בו משום נטילת נשמה, אלא שאם היו יוצאין חוץ לגופו אברים בעלי עצמות היה מוכרח שימצא בו דם הנפש בלוע בגופו להריץ הדם להאברים שחוץ לגופו.

ונראה שחילק בעל התכלת בין [מה שהיה נראה לו כ] מערכת מחזור דם סגורה לבין מערכת מחזור דם פתוחה. שבבעל חי 'אטום' בלשונו, אין הדם [לפחות נראה] עובר בעורקים וורידים אלא נראה כפולש לכאן ולכאן בלי שום כיוון. דם זה, לפי דבריו, נחשב למיפקד פקיד. מה שאין כן,

אחר בקשת המחילה מרבותינו הקדושים לא צדקו דבריהם
בזה כי האמת עם הרמב"ם כאשר יעיד הניסיון עפ"י חכמי
וספרי הניתוח אשר לפנינו מספרי בני ישראל כמו מעשי
טוביה וס' שבילי אמונה ... ויש לפני עוד ספרים מדויקים
מרופאים מומחים אשר לא מבני ישראל המה בכמה וכמה
ציורים כולם יעידון ויגידון כהרמב"ם ז"ל ומיני' לא ניזוע גם
שאלתי רופאים וכך אמרו לי.

ולגבי דם שנמצא בגוף האדם, יש בו צד שאפשר לתאר אותו כמפקד
פקיד ויש בו צד שאפשר לתאר אותו כחבורי מיחבר. כלומר, שהנושא
קצת מורכב. אלא שמבחינה הלכתית, צריך לתת לו הגדרה אחידה, ולכן
נחלקו בגמרא לגבי איזה מן הצדדים הנ"ל יכריע את ההחלטה הסופית.
וכדוגמא דומה, נחלקו בגמ' אם עובר ירך אמו או עובר לאו ירך אמו. וברור
לכולם, שלעובר יש מאפיינים שאכן יש להחשיבו כאבר מן האם – הרי הוא
ניזון על ידה, הדם שלה רץ בעורקיו, והוא מחובר ומשמש כחלק מגופה.
אך מאידך, העובר שונה מכל אבר אחר של האשה, שהרי מבחינה טבעית
ונורמלית, העובר עתיד לפרוש מגוף האשה ולהוות אדם כשלעצמו. אלא
שמבחינה הלכתית צריך לתת לעובר הגדרה אחידה, ולכן נחלקו בגמרא
איזה צד חשוב יותר מחברו.

ועל פי הבנת החת"ס מובן כמו כן למה הגמ' בפסחים (לג ע"א)
משתמשת באותם המושגים – מיפקד פקיד ומבלע בליעי – בכדי לתאר
את המשקה שנמצא בגוף ענבים. כי באמת המושגים האלו מתארים
מציאות של משקה שנמצא תוך מבנה מוצק, ובאמת יש צדדים לכאן
ולכאן, אלא שההלכה צריכה להתייחס אליו בצורה אחידה.

2. לא כל הדמים שווים

אבל אפילו מבחינת המציאות של חז"ל, הרי החוש הפשוט יכול
להבחין בין דם המטפטף מחתך קטן שבאצבע לבין זרם דם חזק מחתיכת
אחד מן העורקים. הדם שבאצבע נראה כאילו הוא חלק מן הבשר עצמו
ונוטף ממנו, ואילו הדם שבעורק נראה כאילו הוא עובר בצינור הסמוך
לבשר, ואינו עובר תוך עובי הבשר עצמו.

ואכן כן חילק הר"י אבן חביב (שו"ת קול גדול, סי' מג) בין דם הכנוס
בוורידים – שהוא תיאר כמיפקד פקיד – לבין דם שמפעפע ומתחלחל
תוך הבשר עצמו – שהוא תיאר כחבורי מחבר. ולכן פסק להקל גבי הקזה

> הוא יתברך לצרף את האדם. כי מצד פועל השי"ת אין מילה, וזהו מצד הבריאה שהשם יתברך ברא הכל על ידי הטבע, ולפי הטבע ראוי הערלה. רק שנתן השם יתברך המילה לאדם, שיהיה צירוף לאדם עד שיהיה בלתי טבעי, שכאשר עושה המצווה הוא צירוף אל האדם מן הטבע, וזה אשר חפץ השם יתברך במילה. ואם היה נברא מהול, לא היה צירוף אל האדם, כי היו כל בני אדם כך, שהטבע היא אחת לכל בני אדם, ולא היה זה צירוף. שאין הצירוף רק בדבר שאינו טבעי, שהצירוף הוא הוצאה מן הטבע, וזהו הצירוף כמו שיתבאר.

דהיינו, הסרת הערלה היא דוקא פעולה שהיא נגד הטבע, שכך נתן הקב"ה מצוות לעם הנבחר בכדי לקדש את הטבע, דאין הוא מקודש מעצמו. ואף שהדברים נכונים מצד ההשקפה, לא נראה שדברים אלו יכולים לשמש כפשט בסוגיא דידן.

ג. המחלוקת בגמרא אינה תלויה במציאות

ופירש החת"ס (חידושים, כתובות ה ע"ב) שהמחלוקת בגמרא היא דוקא כלפי המעשה הנצרך, ולא לגבי אופי הדם עצמו:

> והא דבעי הש"ס אי מיפקד פקיד או עקיר לא במציאות קא בעי אלא האמת דדם בכותלי הרחם הוא כמשקה עצור בספוג ומספקא ליה אי דינו כפקיד או דינו כמיחבר חבור.

לפי דבריו, אין כל הבדל בין הדם שנמצא בבתולים לבין הדם שנמצא בערלה לבין הדם שנמצא בכל מקום אחר שבגוף. וחשוב לציין, שלא רק שהחת"ס חי לאחר ד"ר הרוואי ואם כן, אפשרי שהוא היה מודע להתגלות שלו, אלא שהחת"ס עצמו העמיק בנושא האונוטומיה והיה בקשר עם רופאים מומחים בכדי לברר את המציאות לאמיתה. ולמשל, כשרצה לפרש את סוגית הגמרא (נדה יז ע"ב), משל משלו חכמים באשה שנחלקו בפירושה הרמב"ם ומהר"ם על פי רש"י, החת"ס (שו"ת יו"ד, סי' קסז) שאל את הרופאים המומחים והם פסלו את שיטת המהר"ם לחלוטין. ולכן, לא הרגיש שום צורך להתחייס לשיטה זו שאינה תואמת את המציאות. וז"ל שם:

> אבל באמת כל זה כתבו תוס' לפי הבנתם וכן רש"י ז"ל פי' סוגי' דפרוזדור לפי מה שצייר מהר"ם לובלין הכל לפי שכלם אבל

> אבל דם מילה הוא חלק ממחזור הדם של כל ילוד אשה. רק זרע אברהם (זרע יצחק ובני קטורה) חייבים לאבד דם זה ע"פ צווי ד' שנאמר אך ורק להם, ולכן נחשב כחבורי מיחבר ולא כמיפקד פקיד.

ויש להוסיף על דבריו על פי השיחה הידועה בין ר' יהודה הנשיא וטורנוסרופוס (תנחומא, תזריע ה):

> שאל טורנוסרופוס הרשע: איזה מעשים נאים של הקדוש ברוך הוא או של בשר ודם? אמר לו: של בשר ודם. אמר לו טורנוסרופוס הרשע: ראית השמים והארץ, יכול האדם לעשות כיוצא בהם? אמר לו רבי עקיבא: לא תאמר לי בדבר שהוא למעלה מן הבריות שאין שולטים עליו, אלא אמור דברים שהם מצויין בבני אדם. אמר לו: למה אתם מולים? אמר לו: אני הייתי יודע שעל דבר זה אתה שואלני, ולכך הקדמתי ואמרתי לך שמעשה בני אדם נאים משל הקדוש ברוך הוא. הביא לו רבי עקיבא שבלים וגלוסקאות. אמר לו טורנוסרופוס הרשע: אם הקדוש ברוך הוא רוצה במילה, למה אינו יוצא הולד מהול ממעי אמו? אמר לו רבי עקיבא: ולמה טיבורו יוצא עמו והוא תלוי בבטנו ואמו חותכתו. ומה שאתה אומר למה אינו יוצא מהול, שלא נתן הקדוש ברוך הוא המצוות אלא לצרף האדם בהם, לכך אמר דוד: כל אמרת אלוה צרופה.

ופירש בזה המהר"ל (תפארת ישראל, פרק ב):

> ואל תאמר כי יהיה חס ושלום בפועל השם יתברך דופי, אין זה כך, רק הכל הוא בחכמה לפי אשר ראוי לעולם אשר יש בו הויה והפסד, אשר אינו בעל השלמה ובפרט אל האדם השכלי שהשכלי הוא על הטבע, ולכך אל האדם אין הטבע בעל השלמה כי צריך לתקן מזונות שלו החטים לטחון והטבור לחתוך והערלה למילה.
>
> ועוד השיב לו: אף כי בודאי אין זה קשיא מה שאין יוצא התינוק מהול כמו שנתבאר, מכל מקום בזולת זה אין דבר זה ראוי לשאלה כי המצווה שציווה השם יתברך לבני אדם רוצה

ב. הבנת הסוגיא כפרט בהבנה המודרנית

מחמת הקשיים האלו, סבור הרב מרדכי הלפרין שליט"א ("וגיניזמוס אמיתי", מתוך: רפואה, מציאות והלכה, סי' כג עמ' 272, הערה *), שהסוגיא בכתובות עוסקת "בהכרח בדם נדה ישן שמעט ממנו נשאר והצטבר מאחורי הקרום" של הבתולים. שאחרת, מאוד קשה להגדיר את הדם שעובר תוך קרום הבתולים, שהוא בשר דקדק, כמפקד פקיד.

אלא שקצת קשה לקבל את מסקנתו. שהרי מדובר כאן בכלה שטובלת במקוה קודם לנישואיה. ואף אם נקבל שהבדיקות שעשתה לעצמה קודם לכן לא היו צריכות להכנס לתוך עומק פרוזדור הרחם, מכל מקום, הרי הטבילה שלה חלה לאחר סיום הוסת, ולפחות יום שלם לאחר מכן. ואם כן, לו יצוייר שדם נדה מעט הצטבר מאחורי קרום הבתולים, הרי דם ישן כזה נקרש וצבעו משתנה, ולמרות שאפשר עדיין להבחין שהוא דם, אין כל דמיון בין דם כזה לדם טרי שיצא כעת מקריעת קרום הבתולים. ואם כן, לפי שיטת הרב הלפרין שליט"א, אין במציאות מקום לספק של הגמרא, שהרי בנקל נוכל לדעת אם מדובר בדם מקרום הבתולים ממש, שלדעתו נחשב לחבורי מיחבר שהוא ישן, קרוש, וכהה, או לדם נדה ישן שבמקרה הצטבר שם, שהוא חדש, נוזלי, ובהיר, שכולי עלמא יסכימו שנחשב למפקד פקיד.

הרב משה דוד טנדלר זצ"ל כמו כן התקשה בסוגיא הנ"ל על פי הידע שלנו במרוץ הדם ("המושג של דם מפקד פקיד", בית יצחק לה, תשס"ג, עמ' 73-74), והסביר:

> כמות הדם שבגוף האדם נחשבת ל"הדם הוא הנפש". להמעיט או להפחית כמות הדם נחשב כנטילת נשמה ואיסורו מדאורייתא כתולדה דשוחט. כשעובר יוצא לאויר העולם כל הדם שבגופו נחשב כ"נשמתו" ועל נטילת אפי' מקצת דמו בשבת חייב משום נטילת נשמה.

> אבל אם העובר נקבה, הרי בגזירת ד' ש"לא תוהו בראה לשבת יצרה" היא מחוייבת להנשא ולאבד טיפות דם אלו של דם בתולים וא"כ אין להחשיב דם בתולים כדם של "נשמתה" אלא מיפקד פקיד עד שיגיע הזמן להנשא ואז יצא דם זה המופקד אצלה מעת לידתה ...

1. הבנת המושגים

א. מערכת הדם של חז"ל ולפי ידיעתנו כיום

רש"י (כתובות שם) הגדיר את המושגים כך:

> מיפקד פקיד - כמו פקדון כנוס ועומד ואינו נבלע בדופני הרחם להיות יציאתו על ידי חבורה אלא שהפתח נעול בפניו ופותחין לו ויוצא:
>
> או חבורי מיחבר - דם בתולים היוצא על ידי חבורה הוא בא שהדופן מתפרק מחברו:

וכן על זו הדרך כתבו שאר הראשונים (עיין ריטב"א, ר"ן, מאירי, וכו'). ונראה מדבריהם שהם הבינו שבאברים שונים נמצא דם שונה. ובאמת, לא היה להם סיבה לחשוב שהדם באמת רץ בכל הגוף כי הם לא יכלו לראות ולהבין את דבר כזה יכול לקרות. שהרי לפי מה שנראה לעין, העורקים והוורידים המכילים

אלא שאין התיאור של הראשונים תואם את המציאות כפי שהיא ידועה לנו. הידע שלנו במרוץ ומחזור הדם בנוי על הממצאים של ד"ר ווליאם הרוואי (William Harvey), שלראשונה תיאר את מחזור ומרוץ הדם בשנת 1620 למניינם. התגליות שלו היו מבוססות על ההמצאה היחסית חדישה בזמנו של המיקרוסקופ והתגלות צורת התאים ונימי הדם. כפי הידע שלנו, הדם מוזרם על ידי הלב למערכת העורקים, מערכת של צינורות המתפצלת לעשרות, למאות, ולאלפי הפרדות קטנות, כשכל שלב קטן מקודמו, עד הנימים עצמם שעוביָם רק תא אחד בלבד. משם שואבים תאי הגוף חמצן ושאר חומרים מזינים מהגוף ומשליכים לתוך הדם את הפסולת הנוצרת על ידי מערכות התאים השונים. משם הדם עובר למערכת הוורידים, שמתחילה בצינורות דקים מאוד ומתחברים לאט לאט עד שמגיעים חזרה ללב, ומשם גלגל חוזר. מה שיוצא הוא שאין סוג או כמות דם מסויימת שנמצאת באבר מסויים, אלא אותו הדם רץ בכל הגוף, והדם שנמצא כעת בבתולים, תוך דקות ספורות עובר לרגלים ולידים ולשאר חלקי הגוף. מה שיוצא הוא שמאוד קשה להבחין בין הדם הנמצא באברים שונים, כי באמת, כל הדם חד הוא, ואין הוא משתנה לפי מיקומו, כיון שבעצם, אין הדם נשאר במקום אחד, אלא רץ תמיד בתוך מערכת הלב וכלי הדם.

דם מיפקד פקיד או חבורי מיחבר

הרב דוד יהודה שבתאי

במספר מקומות הגמרא נראית כדנה בצורת זרימת הדם תוך גוף האדם, תוך כדי העמדת נפקי מינה רבות. תוך הסוגיא הדנה בהיתר בעילה ראשונה בשבת, הגמרא (כתובות ה ע"ב) מציבה ב' אפשרויות כאופי דם הבתולים: מיפקד פקיד או חבורי מיחבר. בתחילה חשבה הגמרא שאם נחשיב דם בתולים לחבורי מיחבר, הבעילה תיאסר בשבת משום איסור חובל, ואילו נחשיב דם בתולים למיפקד פקיד, יש לדון להקל על פי כמה וכמה בחינות נוספות. בסוף הסוגיא הגמרא מביאה איכא דאמרי, שלמאן דאמר דם מיפקד פקיד, הבעילה מותרת לגמרי, ואילו למאן דאמר דם חבורי מיחבר, יש לדון מכמה וכמה בחינות נוספות. הנקודה העיקרית השייכת לענייננו היא ההבדל בין דם מיפקד פקיד לדם חבורי מיחבר לגבי איסור חובל בשבת.

Rabbi David Shabtai, MD is the director of the Florida Chesed Network, rebbe at Hadar High School for girls, and founding partner of Shikey Press.

אולם יש חולקים ע״כ (עי׳ בהגהות ביצחק יקרא על המשנ״ב שם מהגרש״ז אויערבאך) הסוברים שאין לדבר שיעור, וכל שיש נקודה שאינה שחורה וניכרת להדיא - צריך להשחירה (ואכן כ״כ לטעון התשובות והנהגות ח״ב סי׳ כב, שכן היה מקפיד בזה הגרי״י קניבסקי).

אך עכ״פ יש להעיר שגם לשיטתם אי״ז אלא לפי הראיה וההסתכלות הכללית שיש כאשר מסתכלים על הרצועה, אך אי״צ לדקדק בכל כל כך, אלא אזלינן בתר ראיה נורמלית וכוללת של הרצועה האם היא שחורה, וכפי שאכן מובא שאמר הגרש״ז אויערבאך (כמובא בהליכו״ש - תפילה פ״ד סע׳ כח סקמ״א) ועוד[יא].

אולם כמובן שאף לאחר כל הנ״ל לכתחילה ראוי להשיר את הרצועות כלל האפשר.

[יא] מ.ה - עי׳ בחוט״ש (עמ׳ קסט) שר״נ קרליץ העיר שאם המקום הלבן לא נראה בהסתכלות כללית, מחמת שהחיסרון קטן מאוד, הרצועה כשרה, ויש לחוש רק אם ניכר ממש חלק לבן ברצועה.

הדורות, שהיה באפשרותם לצבוע את שני צידי רצועותיהם בשחור, ואעפ"כ נמנעו מכך, כפי שאכן מצינו שטענו המהר"ם בריסק (ח"ב סי' פז), המנחת אלעזר (אות חיים ושלום סי' לג סק"ב), השבט הלוי (ח"ט סי' טז), הגרי"ש אלישיב (אשרי האיש ח"א עמ' כט) ועוד[י].

[ולגבי צדדי התפילין, רוב הפוסקים מניחים כדבר פשוט הוא שהצדדים של הרצועות דינם כמו החלק החיצוני שאינם צריכים להיות שחורות, ודינם כמו החלק הפנימי כדלעיל (כמובא בשם החזו"א בדעת נוטה ח"ג סי' תרח שדייק כן מדברי הברוך שאמר, ודלא כהקסת סופר סי' כג אות ב שהסתפק בזה וכתב שיש להחמיר, וכן מבואר הספר הלכות הגר"א ומנהגיו סי' מד)].

ג. שיעור השחרות

והנה יש לעי' כמה שחורות צריכות הרצועות להיות, שכן הרבה מקפידים שכל שהצבע יורד ודוהה במעט – מיד צובעים אותו. והנה יש בזה כמה דעות, וכבר העיר בזה המשנ"ב (סקי"ט) ש"במקום הידוק הקשר מצוי מאד להתמעך השחרות, ויש ליזהר בזה מאד", הרי שמשמע שאפי' סדק ושפשוף כל שהוא יכול לפסול את כשרות התפילין.

ואכן כבר הסתפק בזה בביאור הלכה (ד"ה הרצועות) האם החיוב של שחרות הרצועות הוא רק באורך הרצועות הנצרך, אבל צביעת אורך הרצועות יותר מכשיעור הנ"ל בשחור הוא רק בגדר מצוה ונוי, או שמא כיון שכל הרצועה מחוברת כאחד, כולו צריך להיות שחור מעיר הדין (וכמו"כ מסתפק לגבי חלק הרצועה שנכנס בתוך המעברתא האם הוא בכלל הלכה למשה מסיני, ולכתחילה ודאי חייב להשחיר שמא תצא הרצועה מהבית).

והשיטות בזה הם כדלהלן:

י"א (עי' שלמת חיים סי' מ לרי"ח זוננפלד) שאע"ג שלכתחילה צריך שכל הרצועה תהיה שחורה, מכ"מ בדיעבד אם לא מוצא רצועות אחרים, מועיל רובו ככולו (וכמש"כ המהרש"ג ח"א סי' ז, ועי' בדע"ק סי' לג ס"ג שהסתפק בזה), אך מהמשנ"ב דלעיל לא משמע דס"ל הכי.

י"א (כן מובא בשם החזו"א – עי' דעת נוטה סי' תרט) שאע"ג דלא אמרינן בהו "רובו ככולו", מכ"מ אם יש נקודה לבנה ברצועה ומשני הצדדים יש 'עומד מרובה' שחור בשטח יותר גדול מהלבן כשר.

[י] מ.ה – ע"ע שבט הלוי (חי"א סי' קסח אות ב) מרב"צ וואזנר, וע"ע בעניין בזה בקובץ עץ חיים (באבוב ח"ח ע'מ קלג), קונטרס מדושני עונג (סי' טו), מנחת דניאל (ח"א סי' ח), לשכת הקודש (ח"ב עמ' קנט) ועוד.

את הבתים שחורות מהטעם הנ"ל, כך גם טוב ונאה לעשות אף את אחורי הרצועות ג"כ מהטעם הנ"ל, והוסיף לדייק זאת אף מלשון הרא"ש דלעיל שכתב "מכ"מ נויי תפילין הוא שיהיה **הכל** שחור" ד"הכל" כולל את אחורי הרצועה, וכפי שראינו קודל"כ בדברי הגמ' שאף אחורי הרצועות נראים הם לפעמים כאשר הם מתהפכים, ממילא גם בהם שייך נוי ויופי שיהיו ג"כ שחורות[ח] (אלא שאף הוא הזכיר בתוך דבריו שלא נהגו כן), ואכן כך מצינו שהקפיד בזה האר"י ז"ל (שער הכוונות, שער ענין התפילין, סוף דרוש ד).

עוד ראיתי מי שביאר (הובא בספר Inside Stam) שהטעם שיש עניין בצביעת הצד הפנימי של הרצועות בצבע שחור, אינו מהטעם שאמרנו קודל"כ לגבי צביעת הבתים, אלא הוא עניין של המלצה טכנית בעלמא, שכאשר רק הצד החיצוני הוא שחור, ברגע שהרצועות יתחילו להסדק מעט או להשתפשף מעט, הרי שמיד יופיע הצבע הלבן והטבעי של העור ומיד יפסלו (עי' לקמן), ולכן ע"מ להימנע מהמכשלה הזאת, המליצו לנו החכמים שיעשו את התפילין שחורות בכל צדדיו ע"מ שהרצועה כולה תיספג בצבע השחור, ממילא אף אם הרצועה תיסדק או תשתפשף, זה לא יפגום בשחרות הרצועות כללט (ואכן כעי"ז כתב לטעון באריכות בקובץ ישורון חמ"א עמ' תרפו ע"ש).

אמנם יש להעיר שכמה וכמה מן הפוסקים פקפקו על המנהג החדש הנ"ל לעשות את אחורי הרצועות בצבע שחור, ועיקר טעמם הוא מחמת שלא קיבלנו הנהגה זו במסורת מרבותינו, ומצינו כמה וכמה מגדולי

ח מ.ה – וכעי"ז מצינו בשו"ת יכין ובועז (ח"א סי' קנ) ובשו"ת זרע אמת (ח"ג סי' ג), אולם לכאורה יש להקשות ע"כ, שלפ"ז לא מובן מדוע יש קשר בין צבע הבתים לצבע אחורי הרצועות, והרי כל אחד יש הידור בפני עצמם לעשותם שחורות, ומשוע אם יעשה את הבתים שחורות שזה יחייב לעשות אף את אחורי הרצועות ג"כ שחורות. וע"ע מש"כ בזה בתשובות והנהגות (ח"ב סי כב) שהביא שאכך כן נהג המהרי"ל דיסקין לצבוע את שני צידי רצועותיו בשחור (ודלא כהגרי"ז מבריסק כמבואר שם).

ט מ.ה – אולם ראיתי בשם הרב שריה דבליצקי (קובץ ישורון ח"מ עמ' קיה) שהעיר שאדרבה מהטעם הנ"ל איכא גריעותא בצביעת הרצועות בשחור, שישל"ע אם שייך צביעה 'לשמה' בצביעה שאין בה מצוה, ואם נימא שלא שייך בכה"ג 'לשמה', א"כ ברצועות אלו שכידוע צובעים אותם דרך השריה, וכך הם צבועים גם מאחור וגם בתוכם, וכיון שכך, יש לחוש שבמשך הזמן יתקלף הצבע העליון ויתגלה הצבע (השחור) שמתחתיו, וצבע זה אינו חשוב 'לשמה', ואפילו אם השרו את הרצועות בצבע 'לשמה' שכן כיון שאין בו מצוה לא חשיב 'לשמה' וכנ"ל. (אולם לענ"ד יש לדחות זאת שכן כל שכבה של צבע, אפי' אם היא דקה, ניתן לחלק אותו לכמה שכבות דקות יותר, וא"כ לעולם נאמר שרק השכבה הכי חיצונית האי הצבועה "לשמה" וזה ודאי לא יתכן, שא"כ לא מצינו את ידינו ורגלינו, אלא ע"כ צ"ל שכל שצובע את הרצועה "לשמה" הרי שעל כל הצבע הנ"ל איכא דין של "לשמה", אי נמי שכיון שדעתו שיהיה צבוע בשביל שאם יתקלף הצבע שתחתיו יופיע הוי ג"כ חשיב כצביעה שיש בה מצוה).

ב. אחורי הרצועות

והנה לגבי צבע הרצועות מצידם הפנימי, מצינו בימינו מנהג חדש שצובעים אף את החלק הפנימי בצבע שחור, ויל"ע מה פשר המנהג הנ"ל, ראינו קודם לכן מבואר בדברי הרמב"ם שכתב:

> "אחורי הרצועות, הואיל ומבפנים הן, אם היו ירוקות או לבנות – כשרות, אדומות לא יעשה שמא תהפך הרצועה וגנאי הוא לו, ולא יהיה אחורי הרצועה לעולם אלא כעין הקציצה, אם ירוקה – ירוקין, ואם לבנה – לבנים",

הרי שהרצועות צריכות להיות בצבע הבתים, והעיר ע"כ מרן הבית יוסף (סי' לג) "צריך לומר דאחורי הרצועה קאמר, דאילו פני הרצועה אי אפשר לעשותם אלא שחורות, דהא הלכה למשה מסיני נינהו, וכתב הרמב"ם 'ונוי הוא לתפילין שיהיו כולם שחורות, הקציצה והרצועה כולה', כלומר, שגם אחורי הרצועה יעשה שחור, ולא נהגו כן",

הרי שלפי דברי הרמב"ם הנ"ל יוצא שכשם דאיכא נוי ויופי לעשות את הבתים של התפילין בצבע שחור, כך גם איכא נוי ויופי לעשות את אחורי הרצועה ג"כ בצבע שחור (ולא זו בלבד, אלא אפשר שאחר שהידר וצבע את בתי התפילין בצבע שחור, הרי שמחוייב הוא מדינא לעשות ג"כ את אחורי הרצועות ג"כ בצבע שחור), אך אף הבית יוסף בעצמו מעיר על כך שלא נהגו כן לצבוע את אחורי הרצועות בצבע שחור.

הדרכי משה (שם) אכן מביא שכן מבואר במפורש בדברי האור זרוע (סי' תקסד) ד"עכשיו שנהגו לעשות הבתים שחורות, צריך להשחיר הרצועות בין בפנים בין מבחוץ", הרי שבאו"ז מפורש כמבואר לעיל, שלאחר שהבתים הם בצבע שחור, יש חיוב מדינא שאף אחורי הרצועות ג"כ יהיו בצבע שחור, ואף הדרכ"מ מעיר ע"כ ש"לא נהגו כן"[ז].

הרדב"ז בתשובה (ח"ה ללשונות הרמב"ם סי' נג, א'תכו) מבאר את דברי הרמב"ם הנ"ל על דרך מה שאמרנו לעיל לגבי צבע הבתים, שמכך שהצריכו שהרצועות יהיו בצבע שחור, אנו למדים שצבע השחור הוא הנאה יותר והחביב יותר לעשיית התפילין, וכשם שטוב ונאה הוא לעשות

[ז] ואכן כהאי לישנא במשנ"ב (סי' לג סקכ"א), ויש להסתפק האם מה שכתבו הב"י והדרכ"מ "לא נהגו כן", האם כוונתם שהדין הוא כמבואר ברמב"ם ובאור זרוע, אלא שהעם לא נהגו כן, ומדינא יכולים הם לנהוג כך, או דלמא שכיון שלא נהגו בזה כדעת הרמב"ם והאו"ז, ע"כ דלית הלכתא כוותיה, ואין לנהוג כך, ומהשמטת השו"ע נראה שאי"צ כלל לנהוג כך (כפי שהעיר השבט הלוי דלקמן).

השתפשפו או נשרטו, וירד מהם חלק משחרותם, אי בעינן שיצבע אותם בכלל, ואם כן, האם צריך לעשות כן לשם מצות תפילין, לפי תוס' בשבת – לכאו' פשוט דבעינן צביעה לשמה, אך נראה דלא מבעיא שלפי תוס' במנחות שאי"צ לעשות כן לשם מצות תפילין, אלא אף לפי הרא"ש והרמב"ם ג"כ אי"צ לצבעם לשם מצות תפילין, שהרי לדעתם אי"ז עניין בהכשר התפילין וביצירתם, אלא הוא רק בקשר למראה החיצוני שלהם, ובזה לא שייך שיהיו 'לשם מצות תפילין', שכן העיקר הוא התוצאה, ולא אופן העשיה.

והנה כתב השלחן ערוך (סי' לג סע' ג):

"הלכה למשה מסיני שיהיו הרצועות שחורות מבחוץ, אבל מצד פנים יעשה מאיזה צבע שירצה, חוץ מאדום שמא יאמרו שמדם חטטיו נצבעו והאדימו, טוב שישחירם ישראל לשמן ולא אינו יהודי",

קוד"כ יש להעיר שבלשון השו"ע מדוייק דודאי לא ס"ל כתוס' בשבת דבעינן שאף בתי התפילין יהיו שחורים הלכה למשה מסיני, שכן נקיט בלשון "טוב שישחירם", אלא נראה שדעתו נוטה יותר לדעת הרמב"ם והרא"ש שיש בזה הידור ויופי,

אלא שהרמ"א העיר על דברי השו"ע הנ"ל:

"ומיהו בדיעבד כשר אם השחיר עור הבתים, אבל הרצועות אפילו בדיעבד פסול".

היינו הרמ"א הכשיר אפי' דוקא כשהגוי צובע את התפילין בשחור,

אלא שמצינו במשנ"ב (שם סקכ"ב) שמה שהשו"ע ס"ל דלא בעינן שצביעת הבתים יהיו לשמן, הוא משום דס"ל שאף צביעת הרצעות אינה צריכה להיות "לשמה", ואילו הרמ"א "חולק עליו, וס"ל דברצועות דהשחרות הוא הלכה למשה מסיני, צריך השחרות לשמן, וממילא באינו יהודי דאינו עושה לשמה – פסול (ודינו כדלעיל בסימן לב לענין קלף עי"ש), אבל בעור הבתים דלרוב פוסקים שחרותו הוא למצוה בעלמא ולא לעיכובא (וכדלעיל בסימן לב סע' מ), ולכך לא בעינן ביה ג"כ השחרות לשמן בדיעבד, והו"ל להרמ"א לכתוב הגהתו בלשון 'יש אומרים' אך שמצינו כמה פעמים כיוצא בזה".

בהמה טהורה, אלא שהקשו ע"כ ממה שאמר רב יצחק "רצועות שחורות – הלכה למשה מסיני", ויישבו "נהי דגמירי שחורות, טהורות, מי גמירי?!" כלומר שמדברי רב יצחק לא למדנו אלא על צבע הרצועות, אך לא ממה הם צריכות להיות עשויות, ותוס' כתבו לבאר מה היתה ההו"א של הגמ' שאת סוג העור ממנו ניתן לעשות את רצועות התפילין, יש ללמוד מדברי רב יצחק הנ"ל, וז"ל:

> "והא"ר יצחק רצועות שחורות הלכה למשה מסיני, וכיון דמצריך שיהו הרצועות שחורות כמו הקציצה, כל שכן דבעינן שיהיו טהורות **כמו הקציצה**, דסברא הוא להקפיד על הטהרה מעל השחרות, ואי הא אתא רב יוסף לאשמעינן, לישמעינן שיהיו שחורות, דהוה שמעינן מינה תרתי שחורות וטהורות, ומשני 'נהי דגמירי שחורות, טהורות מי גמירי', דמשחורות ליכא למיגמר טהורות".

כלומר ההו"א של הגמ' היתה שכשם שרב יצחק למד ממה שהבתים צריכים להיות שחורים, שגם הרצועות צריכות להיות שחורות, כנראה שכמו"כ יש ללמוד ממה שהבתים צריכים להיות מעור בהמה טהורה, מדכתיב גבי תפילין "למען תהיה תורת ה' בפיך" ודרשו "מן המותר בפיך".

והרי יוצא לנו באופן מחודש ביותר מדברי תוס' הנ"ל, שהם הבינו שכרב יצחק אמר "רצועות שחורות – הלכה למשה מסיני", הוא התכוון לחדש ולומר **שאפילו** הרצועות צריכות להיות שחורות ג"כ "הלכה למשה מסיני", חוץ ממה שהבתים צריכים להיות שחורים ג"כ הלכה למשה מסיני, ואדרבה הם המקור לכך שהרצועות צריכות להיות שחורות[1].

לסיכום: איכא ג' דיעות מן הקצה אל הקצה: לפי תוס' במנחות משמע שאין כל מניעה שהבתים לא יהיו בצבע שחור, ואילו בראו"ש וברמב"ם משמע שיש עניין והידור לייפות את התפילין ולעשותם שחורות אף בבתים, ובתוס' בשבת יש דיעה שלישית שאף שחרות הבתים הם הלכה למשה מסיני.

והנפק"מ בכל זה לאחר שמנהג כל ישראל בכל מקרה לעשות את הבתים בצבע שחור, הוא כפי שהעירו הפוסקים לגבי צביעת הבתים "לשמה" – והיינו לשם מצות תפילין, והיינו מי שבתי התפילין שלו

1 והיינו שלפי תוס' הנ"ל שחרות הרצועות הם מחמת שחרות הבתים, וזה הוא הפך דברי הרמב"ם דלעיל שכתב שעניין שחרות הבתים הוא מחמת שחרות הרצועות.

ונאוה"[ד], ודלא כתוס' שלא העירו בזה[ה].

ואכן כעין דברי הרא"ש הנ"ל מצינו ג"כ בדברי הרמב"ם (הלכות תפילין פ"ג הי"ד)

> "הרצועות של תפילין, בין של ראש בין של יד פניהם החיצונים שחורים – וזו הלכה למשה מסיני, אבל אחורי הרצועות, הואיל ומבפנים הן, אם היו ירוקות או לבנות – כשרות, אדומות לא יעשה, שמא תהפך הרצועה וגנאי הוא לו, ולא יהיה אחורי הרצועה לעולם אלא כעין הקציצה, אם ירוקה – ירוקין, ואם לבנה – לבנים, ונוי הוא לתפילין שיהיו כולן שחורות הקציצה והרצועה כולה".

הרי שגם הרמב"ם מזכיר את העניין הנ"ל שנוי ויופי הוא שהתפילין יהיו שחורות, ומזכיר ג"כ בתוך דבריו שה"ה נמי שאחורי הרצועות ג"כ יהיו מאותו הצבע.

דעה נוספת אנו מוצאים בדברי תוספות במסכת שבת (כח: ד"ה תפילין) שם הסוגיא עוסקת בסוג העור שממנו יש לעשות את התפילין, דבעינן שיהיו מבהמה טהורה, שהגמ' מקשה מה חידש לנו רב יוסף כשאמר "לא הוכשרו למלאכת שמים אלא עור בהמה טהורה בלבד", ובתחילה הגמ' רצתה לומר שבזה הוא חידש לנו שאין לעשות את הרצועות אלא מעור של

ד וראיתי בספר הלכות תפילין לרב איידר שראה בגליון העטרת זקנים (וכ"ה באליה רבה שם בשם הברוך שאמר) "סוד שחור לרמוז על יחודו יתברך, וכמו שאין צבע שחור מקבל צבע אחר כמו שמקבלין שאר הצבעים, כך נאמר אצל הקב"ה 'אני ה' לא שניתי'".

מ.ה - נראה שיש להעיר, שיותר נראה שאין הנוי והיופי מצד הצבע השחור דוקא, אלא היופי הוא שהתפילין כולם יהיו בצבע אחיד, וכיון שהרצועות צריכות להיות בצבע שחור בצידם החיצוני מעיקר הדין, ממילא נוי הוא שאף הבתים יהיו בצבע הנ"ל.

ה אלא יש להעיר על כל הנ"ל ממה שמצינו בדברי הלבוש (סי' לב סע' מ) שכתב וז"ל: "הלכה למשה מסיני שיהיו שחורות, בין הבתים בין הרצועות. והיינו דווקא לעיקר מצוותן, מיהו אם עשאן מצבע אחר – כשר". הרי שלדעתו לא רק שהרצועות צריכות להיות שחורות "הלכה למשה מסיני", אלא אף הבתים צריכים להיות בצבע שחור ג"כ "הלכה למשה מסיני", ולא זו בלבד בתרוויהו אין זה לעיכובא, אלא רק "לעיקר מצוותן", ובדיעבד אם עשאם בצבע אחר – יצא ידי חובתו. והדברי חמודות (על הרא"ש שם) מקשה על דברי הלבוש הנ"ל, וכתב שטעה בתרתי, "חדא, דאין דין שניהם שוים, דהבתים אינם הלכה למשה מסיני", והיינו שדבריו תמוהים לכאורה, שהגמ' להדיא אומרת שרק הרצועות צריכות להיות הלכה למשה מסיני, והיא לא הזכירה כלל מעניין הבתים, "ושנית, דוקא בתים הם לעיקר מצוותן בלבד", כלומר דוקא לעניין שחרות הבתים מצינו שאי"ז מעכב ואינו אלא נוי והידור מצוה, אבל לגבי הרצועות, פשטות דברי הגמ' הוא דהוי לעיכובא (דאי לא תימא הכי, לא מובן מה הקשו מכך מרבי עקיבא ורבי אליעזר בן הורקנוס לא מיחו במי שעשו רצועות שאינם שחורות). ושמא י"ל דס"ל כדברי התוס' דלקמן.

יש להעלות כאן מספר שאלות:

א. הנה יש להעיר, שהגמ׳ לא דיברה כאן אלא על הרצועות, אך לא הזכירה כלל מעניין שחרות הבתים של התפילין,

ב. לפי דברי הגמ׳ הנ״ל לא מובן כלל, מה פשר המנהג החדש לצבוע את התפילין בשחור גם בצד הפנימי (וכמו״כ יש להסתפק לגבי צידי צדדי הרצועות, האם הם נחשבים כחלק הפנימי ויכולים להיות בכל צבע שירצה, או שמא הם נחשבים כהחלק החיצוני וממילא צריכות להיות ג״כ שחורות).

ג. כמה מהרצועות צריכות להיות בצבע שחור, ועד כמה צריך להקפיד בזה.

א. צבע הבתים

הנה לגבי השאלה הראשונה, יש להקדים שלא נמצא בשום מקום בכל הש״ס שבתי התפילין צריכים להיות בצבע שחור, זאת למרות שידוע לנו היום שמנהג כל ישראל שלא לעשות את בתי התפילין בשום צבע מלבד ׳שחור׳[ג], ואכן יעויין בתוספות (שם ד״ה רצועות) שכתבו להדיא ״יש שעושין בתים של תפילין מקלף לבן, דלא בעי׳ שחורות אלא רצועות״, הרי שהתוס׳ מעידים שהיה בזמנם ובמקומם מנהג מצוי שהיו עושים את בתי התפילין לבנים.

אלא שהרא״ש (הלכות תפילין ח,א) ״יש שעושין בתים של תפילין מעור לבן דלא נאמר אסורות אלא ברצועות, ומכל מקום נוי תפילין הוא שיהא הכל שחור״, הרי אע״פ שאף הוא הכיר את המנהג הנ״ל, אך הוסיף להעיר שנוי ויופי והדר הוא לתפילין שאף הבתים יהיו בצבע שחור, וכנראה ס״ל הכי משום שצבע שחור הוא צבע יפה, שכן אם הלכה למשה מסיני בעינן שהרצועות יהיו שחורות, כנראה הוא משום שהצבע שחור הוא צבע נאה חביב לפני הקב״ה, על דרך מש״כ בשה״ש (פ״א פ״ה) ״שחורה אני

(כ.) שדרך הגויים היה ללבוש בגדים אדומים.

ג מ.ה – אך יש להעיר שמבואר בירושלמי (מגילה פ״א ה״ט) ״תפילין מרובעות שחורות הלכה למשה מסיני״, משמע שאף הבתים של התפילין צריכים להיות שחורים מהלכה למשה מסיני, ושמא כן ס״ל לספר התרומה והסמ״ג (הובאו בהגה״מ הלכות תפילין פ״ג הי״ד) שג״כ כתבו שאף שחרות הבתים הם הלכה למשה מסיני, אך אפשר דס״ל כתוס׳ דלקמן, ונראה שאדרבה דברי הירושלמי הנ״ל הם גופא סיוע חזק להבנה הנ״ל בתוס׳ דלקמן (ושמא כ״ה דעת הגר״א בביאורו סי׳ לב סק״מ וכמש״כ בספר הלכות הגר״א ומנהגיו סי׳ מד).

שחורות בין לבנות, אדומות לא יעשה[א], מפני גנאי, ודבר אחר,

א"ר יהודה מעשה בתלמידו של ר"ע שהיה קושר תפיליו בלשונות של תכלת ולא אמר לו דבר, איפשר אותו צדיק ראה תלמידו ולא מיחה בו?!

אמר לו: הן, לא ראה אותו ואם ראה אותו לא היה מניחו.

מעשה בהורקנוס בנו של רבי אליעזר בן הורקנוס שהיה קושר תפיליו בלשונות של ארגמן (בצבע סגול), ולא אמר לו דבר, איפשר אותו צדיק ראה בנו ולא מיחה בו?! אמרו לו: הן, לא ראה אותו, ואם ראה אותו לא היה מניחו.

קתני מיהא 'בין ירוקות בין שחורות ובין לבנות'?

לא קשיא, כאן מבפנים, כאן מבחוץ,

אי מבפנים מאי "גנאי ודבר אחר"?

איכא זימנין דמתהפכין ליה".

כלומר מה שמותר לעשות את התפילין בכל צבע שירצה (מלבד צבע אדום) – היינו בצד הפנימי של הרצועות, ומאי דבעינן שיהיו שחורות הלכה למשה מסיני, היינו בצד החיצוני של הרצועות.

והנה במה שנאסר לעשות את רצועות התפילין בצבע אדום, מבואר בברייתא שהטעם לכך הוא "גנאי ודבר אחר", ופירש שם רש"י (ד"ה אדומות) שהגנאי הוא "שמא יאמרו 'גרדן הוא, ומדם חטטיו נצבעו והאדימו הרצועות'", כלו' שהאדם יתגנה בכך שהדבר נראה כאילו התפילין נצבעו מדם פצעיו שנפצע ע"י גירודים שגירד את עצמו, ויבוא להתבייש בכך, ולגבי "דבר אחר" פירש רש"י (שם) שהוא ג"כ מחשש שיבוא להתבייש בכך מחמת ד"שמא יאמרו 'אשתו נדה בעל, ונצבעו בדם'", דהיינו שהדבר נראה כאילו נצבעו רצועותיו מדם, שכנראה הגיע ממה שבעל את אשתו כשהייתה נידה[ב].

[א] יש לעיין וכי מדוע שבני אדם יצבעו את הצד הפנימי של הרצועות בצבע ירוק או אדום, מה העניין בכך, ומה ההו"א שיבואו לעשות כן? שמא כן היה מנהגם בימיהם בשביל היופי וכד'.

[ב] מ.ה – בכסף משנה (הלכו' תפילין פ"ג הי"ד) כתב "והא דאמרינן משום גנאי יש מפרשים שמא יאמרו שמיפה עצמו למצוא חן בעיני הזונות ודבר אחר כהני עכו"ם שעושין סימנין מבגד אדום". ובצפנת פענח (שם) הביא מתוספתא (שבת פ"ז) "שחוט אדום הוא מדרכי האמורי", ועי' ברכות

בעניין שחרות התפילין

הרב גבריאל פנחס מוסקוביץ׳

לעילוי נשמת אסתר תהלה בת גבריאל פנחס

אחת המצוות הכי תדיריות אצל כל איש יהודי היא מצות התפילין, שהיא מצוה המלווה את האדם במשך חייו.

מבואר בגמ׳ מסכת מנחות (לה.) ״אמר רב יצחק רצועות שחורות – הלכה למשה מסיני״, ויש לעיין איזה חלקים מהתפילין צריכים להיות שחורים, וכמה הם צריכים להיות שחורים, וכן לגבי מה שנוגע יותר למעשה מה שמצוי שבמשך השנים שחרות הרצועות יורדת ומתקלפת, וכמו״כ לגבי המנהג החדש המצוי היום שצובעים את כל הרצועה כולה בשחור משני הצדדים.

הנה הטעם לשחרות הרצועות מפורש בגמ׳ שהוא הלכה למשה מסיני, אלא שמקשה ע״כ הגמ׳ (שם).

״מיתיבי ׳תפילין אין קושרין אותן אלא במינן, בין ירוקות בין

תודתי לידידי הרב אריה ליבוביץ, אשר ספרו היקר שימש לי כמקור חשוב למאמר זה. וכן לרב מיכאל הלרשטיין על תמלול המאמר ועל הערותיו המאלפות.

Rabbi Philip Moskowitz is the Associate Rabbi of Boca Raton Synagogue.

.2

נחזור נא לדברי המשנה, "יהי כבוד תלמידך חביב עליך ככבוד חבירך וכבוד חבירך כמורא רבך כו'." עי' רמב"ם פ"ה מת"ת הל' יב-יג, וז"ל,

> כשם שהתלמידים חייבין בכבוד הרב כך הרב צריך לכבד את תלמידיו ולקרבן כך אמרו חכמים יהי כבוד תלמידך חביב עליך כשל חברך וצריך אדם להזהר בתלמידיו ולאהבן שהן הבנים המהנין בעולם הזה ולעולם הבא.
>
> התלמידים מוסיפין חכמת הרב ומרחיבין לבו, אמרו חכמים הרבה חכמה למדתי מחברי יתר מרבותי ומתלמידי יתר מכלם, וכשם שעץ קטן מדליק את הגדול כך תלמיד קטן מחדד את הרב עד שיוציא ממנו בשאלותיו חכמה מפוארה.

מבואר בדברי הרמב"ם שדין וחיוב מחודש נשנה במשנתנו – חיוב הרב בכבוד תלמידו. וגם באר הרמב"ם מקורו וטיבו של דין זה. הגורם של שכן מביאו לחיי העולם הבא ע"י תלמודו מחייב את התלמיד בכבוד רבו. אמנם א"א להשוות, ואין כאן הדדיות גמורה, אכן מ"מ גם התלמידים מרבים בחכמת הרב. וכפי שאמרו חכמים, מתלמידי יותר מכלם. ובדרך זו הם הבנים המהנין בעולם הזה ובעולם הבא. וע"כ יש לדון, שגם הרב חייב בכבוד התלמיד, והם הם דברי הרמב"ם והבנתו במשנה.[ג] (ולפי מה שנתבאר מוכח שחבירך האמור במשנה הוא דוקא חבירך ללמידה.)

ג מש"כ בפנים בס"ד הוא ע"פ גרסת הרמב"ם במשנה. אכן אשכחן גם נוסחא אחרת, יהי כבוד תלמידך חביב עליך כשלך וכבוד חבירך כמורא רבך כו' ע"כ.

לפי נוסחא זו המשוה כבוד התלמיד לכבוד עצמו, י"ל שלא מדובר בדין וחיוב מחודש של כבוד התלמיד אלא שלא יזלזל הרב בכבוד האדם של התלמיד אלא יקפיד על כבודו. וכן החבר האמור במשנה הוא חבר בעלמא, ולאו דוקא ללמידה.

מפניהם ולגדל אותם". כבוד חכמים (שהוא כבוד התורה) פירושו הערצה.[ב] בהמשך שם במצוה ר"ט האריך הרמב"ם בהשוואה שבין מורא רבו למורא שמים, וכוונתו מבוארת להורות שמורא רבו פירושו כעין יראת הרוממות.

ובביאור החילוקים הנ"ל נראה לומר שסוג הכבוד והמורא המתחייב תואם למחייב. כלפי אביו שהביאו לחיי העולם הזה מתחייב כבוד גופו ומורא בשר ודם, ואילו כלפי חכמי התורה ובפרט רבו שמביאו לחיי העוה"ב ע"י התורה מתחייב הערצה וכעין יראת הרוממות.

והנה כבוד הגוף ומורא בשר ודם הם שני ענינים נפרדים, וע"כ מנה הרמב"ם כבוד ומורא או"א שתי מצוות. ואילו הערצה ומורא כעין יראת הרוממות שוים בענינם וחלוקים המה רק במדתם. וע"כ כלל הרמב"ם מורא רבו במצות כבוד חכמים, שמצוה אחת היא של כבוד התורה לכבד מלמדיה ויודעיה (לשון הרמב"ם ריש הל' ת"ת).

ב עי' פ"ו ממרים הל' ג' שכתב הרמב"ם, וז"ל, איזה הוא כבוד כו' ומשמשו בשאר הדברים שהשמשים משמשים בהם את הרב ועומד בפניו כדרך שהוא עומד מפני רבו, עכ"ל. אמנם השוה הרמב"ם דין עמידה בפני אביו לדין עמידה בפני רבו, אכן אין דבריו שם סותרים ההנחה שהבחין בסה"מ. כונתו ברורה, שאע"ג שכבוד אביו וכבוד רבו חלוקים ביסודם, שוים המה למעשה בפרטי דין עמידה, שחייב לעמד משיראנו מרחוק מלא עיניו עד שיתכסה ממנו ולא יראה קומתו (לשון הרמב"ם פ"ה מת"ת הל' ז'). וע"כ נקט לשון קצרה "כדרך שהוא עומד בפני רבו".

עמידה מפני אביו שהיא בתורת כבוד גופו הוא רק אופן אחד מאופני הכבוד שחיב לנהג, וע"כ אמרה תורה בדרך כלל – כבד את אביך. ואילו עמידה בתורת הערצה היא התגלמות הדבר, הביטוי (בה"א הידיעה) של הערצה, והוא שאמרה תורה מפני שיבה תקום.

והנה אשכחן (פ"ה מת"ת הל' ח') דכל מלאכות שהעבד עושה לרבו תלמיד עושה לרבו, ובדומה לכך שהבן משמש אביו בדברים שהשמשים משמשים בהם את האדון. ה"נ שוים בדיניהם וחלוקים ביסודם. הבן משמש בתורת כבוד גופו, ואילו התלמיד מתוך התבטלות לרבו.

יסוד לדברינו שכבוד האדם (המתבטא, בין היתר, כלפי אביו, בעמידה) משתייך לכבוד גופו מדברי הרמב"ם פ"ו מדעות הל' ג', וז"ל,

> מצוה על כל אדם לאהב את כל אחד ואחד מישראל כגופו שנאמר ואהבת לרעך כמוך, לפיכך צריך שיספר בשבחו ולחוס על ממונו כמו שהוא חס על ממון עצמו ורוצה בכבוד עצמו כו'.

הרי שאהבת הגוף כוללת כבוד האדם, וכמו כן כבוד גופו.

וגם מאי דקיי"ל מכבדו בחייו ומכבדו במותו (קידושין לא ע"ב, רמב"ם פ"ו ממרים הל' ה'), בשעה שגופו כבר אינו קיים, מתיישב עם ההגדרה של כבוד גופו (ואפילו נתפס שהוא דאורייתא). התייחסות של כבוד משתייכת לתחום כבוד גופו כנ"ל, ומכיון שהתייחסות כזאת שייכת גם במותו (לומר אבא מרי זכרונו לחיי העולם הבא), הרי היא נוהגת, והוא דקיי"ל מכבדו במותו.

כבוד חכמים, והלא מורא וכבוד חלוקים זה מזה, וכדמוכח מהא דכבוד או"א ומוראן נמנים בנפרד כשתי מ"ע (ר"י, רי"א).

והנה כד נתבונן נכיר שבעצם לא על הרמב"ם תמיהתנו כי אם על חז"ל. דתנן (אבות פ"ד), ר' אלעזר אומר יהי כבוד תלמידך חביב עליך ככבוד חבירך וכבוד חבירך כמורא רבך ומורא רבך כמורא שמים, ע"כ. הניחא שידקדק בכבוד חבירו כאילו הוא רבו, אכן היאך אפשר להשוות **כבוד** חבירו **למורא** רבו?

והנראה, דהנה תנן (ב"מ ל"ג), אבדת אביו ואבדת רבו של רבו קודמת שאביו הביאו לעולם הזה ורבו שלמדו חכמה מביאו לחיי העולם הבא, ע"כ. וע"פ דברי המשנה כתב הרמב"ם בפ"ה מת"ת הל' א', וז"ל,

> כשם שאדם מצוה בכבוד אביו וביראתו כך הוא חייב בכבוד רבו ויראתו ורבו יתר מאביו שאביו הביאו לחיי העולם הזה ורבו שלמדו חכמה מביאו לחיי העולם הבא. ראה אבידת אביו ואבידת רבו, של רבו קודמת לשל אביו כו', ע"כ.

דקדק הרמב"ם לכתוב "כשם", ואע"ג דבקושטא אין דיני ופרטי מצות כבוד ומורא רבו שווים לדיני ופרטי מצות כבוד ומורא אביו, והוא להורות שע"פ הקל וחומר ד"שכן מביאו" ילפינן חיוב כבוד ומורא רבו מכבוד ומורא אביו. וזהו שלא ציין הרמב"ם דרשת רבי עקיבא דאת ה' אלקיך תירא (או מקור אחר), שהקו"ח הוא מוצא הדין.

והנה המכוון ב"שכן מביאו לחיי העוה"ב" הוא שהחיוב כבוד התורה (דילפינן מקרא דמפני שיבה תקום והדרת פני זקן) כלפי רבו מחייב גם במורא, ושניהם מעל ומעבר לְמה שצותה תורה בכבוד ומורא כלפי אביו. (והדברים נתבארו עוד בס"ד בהערה 1, עי"ש.)

בהקדמתו לסה"מ כתב הרמב"ם, "ואין כוונתי בזה המאמר לבאר דין מצוה מן המצות אבל מספרם לבד". וע"כ מוכח בעליל שבהעתיקו במצוה ר"י לשון הספרא אי זה הוא כבוד מאכיל ומשקה מלביש ומכסה מכניס ומוציא ע"כ לא לפרט דיני כבוד נתכון אלא להגדיר עצם הכבוד. כבוד או"א פרושו כבוד גופו, לדאג לצרכיו הגופניים, לשרת. והמצוה רי"א כתב הרמב"ם שצונו לירא מאב ואם והוא שיתנהג עמהם כמנהג מי שהוא ירא ממנו שיענישהו כמו המלך כו'. ע"כ מורא או"א פירושו כעין מורא בשר ודם. ואילו במצוה ר"ט כתב הרמב"ם "היא שצונו לכבד החכמים ולקום

וזה כלו לקוח בראיה מהיות הכתוב מצוה לכבד החכמים והאבות, כמו שהתבאר בלשונות רבים מן התלמוד, לא שהיא מצוה בפני עצמה (כנ"ל שרש ב עמ' נב). והבין זה. ע"כ. (רמב"ם, ספר המצוות, מצות עשה רט)

לד' הרמב"ם מורא רבו נכלל בכלל מצות כבוד חכמים, ודלא כהבה"ג שמנה יראת חכמים מצוה בפ"ע. הנה מה שלא מנאו הרמב"ם מצוה בפ"ע ניחא ע"פ מה שיסד בשורש השני, "שאין ראוי למנות כל מה שלמדים באחת משלש עשרה מדות שהתורה נדרשת בהן או ברבוי", יעויין שם[א] שהזכיר ודחה דעת הבה"ג. אכן קשה, היאך אפשר לכלל מורא רבו במצות

א אלו דברי הרמב"ם:

וזה גם כן שרש כבר נשתבש בו זולתנו ולכן מנה יראת חכמים בכלל מצות עשה. ואשר הביאו לזה לפי מה שייראה לי מאמר רבי עקיבא את ה' אלקיך תירא לרבות תלמידי חכמים וחשב שכל מה שיגיע ברבוי הוא מן הכלל הנזכר. ואם היה הענין כמו שחשבו למה לא מנו כבוד בעל האם ואשת האב מצוה בפני עצמה מחוברת אל כבוד אב ואם כו'.

דבריו סתומים שהרי משתמע כאלו גילה הרמב"ם סוד דעת הבה"ג שסמך על מאמרו של ר"ע. פשיטא, גמרא מפורשת היא דילפינן מורא חכמים מאת ה' אלקיך תירא?!

והנה סיים הרמב"ם דבריו במצוה ר"ט בדברים אלו:

> וזה כלו לקוח בראיה מהיות הכתוב מצוה לכבד החכמים והאבות כו' לא שהיא מצוה בפני עצמה. והבין זה.

פשר דבריו: ילפי' חובת מורא רבו מקו"ח, ולא מדרשת ר"ע, שהרי דין הוא: צוה הכתוב כבוד או"א וצוה הכתוב כבוד התורה (מפני שיבה תקום והדרת פני זקן). נוסף לכך באו"א צוה הכתוב מורא. קו"ח שיש להוסיף למצות כבוד התורה של חכמים מורא רבו, שכן אביו הביאו לחיי העוה"ז ורבו מביאו לחיי העוה"ב. וזהו שלא הביא הרמב"ם דרשת ר"ע – לא בסה"מ ולא בס' היד (ז"ל בפ"ה מת"ת הל' א', כשם שאדם חייב בכבוד אביו ויראתו כך הוא חייב בכבוד רבו ויראתו. ורבו יתר מאביו שאביו הביאו לחיי העולם הזה ורבו שלמדו חכמה מביאו לחיי העולם הבא, ע"כ.)

מוצא הדין של מורא רבו הוא הקו"ח, (והוא שכתב כשם), ואחר שידענו עצם החיוב בא ר"ע והסתמך על הקו"ח ודרש מדת החיוב, שיהא מורא רבו כמורא שמים.

ובכאן יש להעיר במה שכתב בחדושי מרן רי"ז הלוי על הרמב"ם הל' ת"ת בד' הרמב"ם דמקור מצות כבוד ומורא רבו הוא מהקרא דאת ד' אלקיך תירא, ולכאו' מבואר ברמב"ם דאינו כן, וכמו שנתבאר למעלה בס"ד.

(ונראה שמסכים הרמב"ם לפירש"י בפסחים כ"ב ד"ה לרבות תלמידי חכמים, וז"ל, שיהא מורא רבך כמורא שמים, ע"כ. דאיירי ההיא דרשת דאת ה' אלקיך תירא ברבו וכ"כ תוס' ב"ק מא: ד"ה לרבות. דדוקא רבו המביאו לחיי העוה"ב, ובזה מקרבו להקב"ה שהרי עוה"ב הוא מקום שבו "יודעין ומשיגין מאמתת הקב"ה מה שאינן יודעין והן בגוף האפל השפל" (פ"ח מתשובה הל' ב'), וכבר ידענו חיוב מוראו מקו"ח, יש להשוותו למורא שמים.)

והשתא באו על נכון דברי הרמב"ם. כונתו שהבה"ג הבין דר"ע יליף יראת חכמים מהפסוק (ולא מקו"ח), וע"כ מנאה למצוה. ובקושטא, לדעת הרמב"ם טעה הבה"ג בתרתי. אלא שהגביל הרמב"ם השגתו לנדון של השורש השני, דהיי', שאין למנות הנלמדים במדות שהתורה נדרשת בהן או ברבויין.

בענין כבוד חכמים ומורא רבו

הרב מאיר טברסקי

.1

והמצוה הר"ט היא שצונו לכבד החכמים ולקום מפניהם ולגדל אותם כו' ודע שעם היות מצוה זו מחוייבת לאנשים כלם בכלל, כלומר לכבד החכמים כו' דע שיש בכבוד דברים מיוחדים ונוספים על התלמיד, וזה כי כבוד התלמיד את רבו יש בו תוספת גדולה על הכבוד שהוא חייב לכל חכם ויתחייב לו עם הכבוד המורא שהם כבר בארו שחוק רבו עליו יותר גדול מחוק אביו שחייבו הכתוב לכבדו ולירא ממנו. ובבאור אמרו אביו ורבו, רבו קודם. וכבר בארו שאינו מותר לתלמיד לחלוק על רבו, רוצה לומר בחולק לצאת מהוראתו ודינו שיסמוך בסברתו וילמד או ידון או יורה אם לא יתן לו רשות. ואין מותר לו להתקוטט עמו או להתרעם ממנו ולא לחשדו, רוצה לומר שיהרהר עליו פועל או מאמר במין ממיני ההרהור, כי איפשר שלא ירצה זה. ובפרק חלק אמרו כל החולק על רבו כחולק על השכינה שנאמר בהצותם על ה', כל העושה מריבה עם רבו, כעושה עם השכינה כו', וכל המתרעם על רבו כמתרעם על השכינה כו' כל המהרהר אחר רבו כמהרהר אחר השכינה כו'. ובבאור אמרו (אבות פ"ד מי"ב) מורא רבך כמורא שמים.

Rabbi Mayer Twersky is a Rosh Yeshiva at the Rabbi Isaac Elchanan Theological Seminary. He was previoulsy a guest for Shabbos at the Dr. Yitzchak Belizon z"l Beis Medrash of BRS.

"וכבר אמרו חז"ל (יומא פו.), מהו קידוש השם, על פי מה שאמר הכתוב, ואהבת את ה' אלקיך, שיהא שם שמים מתאהב על ידך, שיהא קורא ושונה ומשמש תלמידי חכמים, ודיבורו בנחת עם הבריות וכו', ואם אין דיבורו בנחת עם הבריות, ואין משאו ומתנו באמונה, מה הבריות אומרות עליו וכו', והרי זה חילול השם ח"ו, כי הבריות אין באים לבחון את הת"ח אם יודע ללמוד או לא, הם רק מסתכלים על הנהגתו, אם דיבורו בנחת עם הבריות ומשאו ומתנו באמונה, הרי הוא מקדש ומאהיב שם שמים על הבריות, שאומרים עליו אשרי אביו שלמדו תורה, אשרי רבו שלמדו תורה, אוי להם לבריות שלא למדו תורה וכו', ואם ח"ו להיפך, להיפך.

"וזהו גם כן מה שאמר הכתוב אם ללצים הוא יליץ, על ידי זה שהוא מתחבר ללצים, הרי הוא גורם שיעשו הבריות ליצנות מהתורה חלילה, אבל לענוים יתן חן, מי שדיבורו בנחת עם הבריות וכו', אל יחשוב שעל ידי כך שאינו מתגאה עליהם יזלזלו בו, אדרבה, בזה ימצא חן בעיני הבריות, ויהא שם שמים מתאהב על ידו."

ובשם הגרי"י קניבסקי (פניני רבינו הקהלות יעקב עמ' ע"ו) מובא שככל שהאדם קשור יותר לתורה, כך התביעה ממנו על ביטולה גדולה יותר. הנה במסכת ביצה (טו:) איתא: "תנו רבנן, מעשה ברבי אליעזר שהיה יושב ודורש כל היום כולו בהלכות יום טוב, יצתה כת ראשונה, אמר הללו בעלי פטסין, כת שניה, אמר הללו בעלי חביות, כת שלישית, אמר הללו בעלי כדין, כת רביעית, אמר הללו בעלי לגיגין, כת חמישית, אמר הללו בעלי כוסות, התחילו כת ששית לצאת, אמר הללו בעלי מארה, נתן עיניו בתלמידים התחילו פניהם משתנין, אמר להם, בני, לא לכם אני אומר, אלא להללו שיצאו, שמניחים חיי עולם, ועוסקים בחיי שעה, בשעת פטירתן אמר להם, לכו אכלו משמנים ושתו ממתקים ושלחו מנות לאין נכון לו כי קדוש היום לאדונינו ואל תעצבו כי חדות ה' היא מעוזכם." ובאר הגרי"י קניבסקי דמהא דרבי אליעזר הקפיד דוקא על הכת הששית, שהיו כנראה שקדנים יותר גדולים, יותר מאשר על אלו שיצאו קודם, יש ללמוד שעל תלמיד השוקד על לימודו ומצליח ישנה תביעה יותר גדולה אם עוזב את הישיבה ונוטש את תלמודו.

צבור, ואם כבר קיבל עליו זה העסק, ודאי עליו להזהר הרבה שלא יהא נוטל את שלו מתחת יד ישראל."

והג"ר אליהו לאפיאן (לב אליהו פרשת ויקהל) כתב שמי שניכר עליו שהוא בן תורה, על אחת כמה וכמה שצריך להזהר שיהא שם שמים רק מתאהב על ידו, וחלילה שלא יתחלל על ידו, וז"ל: "ויקהל משה את כל עדת בני ישראל וגו', ויצאו כל עדת בני ישראל מלפני משה, יש להתבונן, משום מה סיים הכתוב בסוף הפרשה ויצאו כל עדת בני ישראל מלפני משה, הרי בתחלה כתוב ויקהל משה את כל עדת בני ישראל, והיה די שיאמר בסוף הפרשה ויצאו כל עדת בני ישראל וידענו ממילא שיצאו מלפני משה.

"ולפרש דבר זה נקדים בפסוק אחד, אם ללצים הוא יליץ ולענוים יתן חן (משלי ג', ל"ד), ופירש רש"י, שאם אדם נמשך אחר הלצים, לסוף גם הוא יהיה לץ עמהם, ואם לענוים יתחבר, סוף שיתנו מעשיו חן בעיני הבריות, וזהו מה שנאמר כאן ויצאו כל עדת בני ישראל מלפני משה, כלומר, שהכירו עליהם שיצאו מלפני משה, כי הנה אדם יוצא ממקום אחד, ואין אנו יודעים מהיכן יצא, אבל אם רואים שהוא מתנועע ואינו הולך ישר, סימן מובהק שיצא מבית מרזח, שתה יין ונשתכר.

"וכן במדה טובה המרובה, כתיב ויצאו כל עדת בני ישראל מלפני משה, ללמד שאפילו לא היו לומדים שם, אלא רק עמדו לפני משה, כבר קבלו יראת השם בקרבם, והיה חן נסוך על פניהם להכיר כי יצאו מלפני משה, וזהו ולענוים יתן חן, וקל וחומר בן בנו של קל וחומר שלמדו אצל משה רבינו תורה שקיבל מסיני, מה נהדר היה מראיהם ותחלוכותיהם אף כשיצאו מלפני משה בכל פסיעה ופניה שלהם.

"מעתה יש לדעת גם אנו, כי בבין הזמנים שבן ישיבה נוסע הביתה, צריך להכיר עליו כי יצא מישיבה קדושה שלמד שם תורה, חן יהיה נסוך על פניו והדר סביבותיו, בכל תנועה ותנועה שלו צריך הוא להשתדל שיהיה קידוש השם, וח"ו שלא יגרום חילול השם לאמר הנה עם ה' אלה ומהישיבה יצאו ולהיכן פניהם מועדות.

שהרי התורה מכשרתו לכך, וגם ללכת בדרכי ה', מה הוא
רחום כו', וכמו שכתב הרמב"ם בהלכות דעות ריש פרק ה'
שתלמיד חכם משונה בכל דרכיו מאיש המוני, במאכלו
ובהילוכו ובדיבורו כו', וכל זה הקב"ה שואל מעמו.

"אמנם המון ישראל עוסקים בפרנסתם, עליהם מוטל לשמור
המצות בזמנם, ולא יהא העסק שלו מבטל המצוה, אבל אי
אפשר לשאול מאיש עמוס בעסקיו שקידת היראה והאהבה,
רק מעשה המצות בפועל, זה הקב"ה שואל מהם, אבל נשים
וטף ועבדים פחותי הנפש, וגם כמה מצות עשה אין עליהם
כלל, מהם הקב"ה שואל להיות לטוב הישוב והליכות עולם
של האנשים, וכמו שאמרו חז"ל (תדא"ר ט'), איזה אשה
כשרה, שעושה רצון בעלה, וטוב מזה זכיין באתנויי גברי
לבי כנישתא כדאיתא בברכות (יז.), ועל העבד מוטל לעשות
לטוב לאדוניו, והטף לציית את אביהם, וזהו שה' שואל מהם.

"ונמצא מתפרש זה המקרא כך, על ראשיכם קאי כי אם
ליראה, על זקניכם כי אם ללכת בכל דרכיו ולאהבה אותו
ולעבוד את ה' בכל לב ובכל נפש, על המון עם ישראל כי אם
לשמור את מצות ה' וגו', על טפכם נשיכם וגרך כי אם לטוב
לך, ומכל מקום נאמרו כל אזהרות אלו יחד משום שנאמרה
הפרשה בכלל קהל ה', שבהם נכללו כל אופני אנשים וכל
המתבקש מכל אחד ...

"והנה הגמרא לא הקשה על אהבת ה' אטו מילתא זוטרתי
היא, באשר דמיירי בעוסקי תורה והיא מסייעת ומכשרת
להיות צדיק חסיד שוב אין הדבר קשה, ורק שישום לב
לבקש אהבה ודעת דרכיו, אז תעמידנו התורה על קרן אורה,
מכל שכן קיום מצות מעשה בפועל לכל אדם ודאי לא יפלא
מכל אדם, ואם הוא אנוס במקרה רחמנא פטריה, אבל יראת
ה' למי שהוא מנהיג וראש, ודאי לאו מילתא זוטרתי הוא
שיהא שקוע במחשבה תמיד לירא מה' הצופה על כל דרכי
בני איש, ומשני אין, לגבי משה, פירוש תלמיד חכם שהוא
מנהיג, גם זה מילתא זוטרתי היא, דעסק התורה מסייעו לכך,
ומי שאינו ת"ח כלל, מי מבקש ממנו להיות עוסק בצרכי

אתה מכיר את מי שאמר והיה העולם, והיאך יבא הקב"ה בטרוניא את בריותיו לשאול מהם מה שאי אפשר בדרך הטבע, ואם נאמר שלא דבר כאן אלא עם מי שראוי לכך, הלא לא נתפרש עם מי הוא מדבר, אלא על כרחך יש לדקדק ולהתבונן באותה פרשה עצמה שהקב"ה אינו שואל מישראל אלא מכל אדם לפי ערכו, שהרי כתיב ללכת בכל דרכיו, ולא כתיב וללכת בכל דרכיו, כמו שכתוב ולאהבה אתו ולעבד וגו', וכן בפסוק י"ג לשמור את מצות ה', ולא ולשמור וגו', מבואר דכמו התחלת הדבור הוא.

"ומזה נבוא לענין, דראוי לדעת שיש ארבע מדרגות בישראל, כמו שבארנו בפרשת בלק על הפסוק מה טובו וגו', שהם, א', ראשים ומנהיגים בישראל, ב', תלמידי חכמים הנקראים זקני ישראל, ג', בעלי בתים עוסקים בפרנסתם, ד', נשים ועבדים וקטנים, וכל אחד מכחות הללו אינו דומה לחבירו בשאלת הקב"ה ממנו, ומשום זה כתיב בפרשת אתם נצבים היום כולכם, ראשיכם שבטיכם זקניכם ושוטריכם כל איש ישראל טפכם נשיכם וגו' לעברך בברית ה' וגו', ולכאורה מה מקרא חסר אלו כתיב אתם נצבים היום כולכם לעברך וגו' והכל בכלל, אלא בשביל שלכל אחד ברית בפני עצמה, ומה ששואל הקב"ה מזה אינו שואל מזה וכמעט שאסור לכת השנית כאשר יבואר.

"ונבא לפי סדר הכתוב, ראשיכם שבטיכם שהם הראשים מנהיגי הדור, והם הנקראים עוסקים בצרכי צבור, שהם אינם רשאים להבטל מזה לא לעסוק באהבה ודביקות, שהרי בזה לא תהיה שקידתו בעבודת הצבור תמה ... וא"כ מה ה' שואל מראשי ישראל, הלא לא אהבה ודביקות ולא שמירת מצות עשה אלא יראה, היינו שיהא שקוע תמיד ביראת ה', ועיין להלן י"ז י"ט, במלך כתיב ליראה את ה' אלקיו, ג"כ הפירוש שם להשקיע דעתו ביראת ה', ומצינו כמה פעמים דמשמעות ירא ה' היינו שמשקיע דעתו בזה ...

"אכן זִקני הדור שהם תלמידי חכמים עמלי תורה, עליהם מוטל מצות אהבת ה' ודביקות הרעיון בו יתברך בכל לב ונפש, ומצות מעשיות בכל מיני דקדוקים היותר אפשר,

שבהם הכהן הוא הראש מביא קרבן על חטאו, הכל יראו ויקחו מוסר וילמדו ממנו קל וחומר, אם הקב"ה מכפר למי שהוא קרוב אלא שלא היה ראוי לחטוא, אף כי יכפר בעד שאר העם, כי מהידוע כי לפי מעלת האדם יכבד פשעו, ועל זה אמר שלמה ע"ה, כי ברוב חכמה רב כעס (קהלת א'), לפי מה שהוא יותר חכם וצדיק, יכבד כעס חטאו ושגיאתו אצל הקב"ה, והראיה ממשה רבנו ע"ה."

וכן מובא במדרש רבה (במדבר פרשה ר') בענין חובת האדם בהשתדלותו לפי מדרגתו: "ולפי שנתעצל (היינו משה רבנו שלא הזדרז להשיב את חרון אף ה' מישראל במעשה זמרי), לא ידע איש את קברתו, ללמדך שצריך אדם להיות עז כנמר וקל כנשר ורץ כצבי וגבור כארי לעשות רצון קונו, מכאן את למד שמדקדק עם הצדיקים עד כחוט השערה."

מאידך, הנצי"ב (דברים י', י"ב) האריך לבאר שהקב"ה אינו דורש מבני אדם דבר שאינם יכולים לעמוד בו, וז"ל: "ועתה ישראל מה ה' אלקיך שואל מעמך כי אם ליראה את ה' אלקיך ללכת בכל דרכיו ולאהבה אותו ולעבד את ה' אלקיך בכך לבבך ובכל נפשך, הפרשה תמוה, שהרי כל מה שאפשר לבקש מכח אנוש מבואר בשאלה זו, ומה יש עוד לשאול, עד שבאמת בשוחר טוב (תהלים כ"ז) איתא בבקשת דוד אחת שאלתי מאת ה' אותה אבקש שבתי בבית ה' כל ימי חיי, אמר הקב"ה לדוד, אתה אמרת אחת שאלתי וגו', ואתה מבקש הרבה, אמר לו, גם אתה אמרת מה ה' אלקיך שואל מעמך ובקשת הרבה, אבל זה אינו אלא לשון מליצי שיש בו תוך, דודאי גם הקב"ה גם דוד לא בקשו יתירה ממה שהחלו.

"ויותר מזה קשה הא דאיתא בגמרא ברכות (לג:), אטו יראה מילתא זוטרתי היא, ומשני אין, לגבי משה מילתא זוטרתי היא, והפלא שהרי לא יראה לבד קא חשיב, ולמה זה הקשה על יראה יותר מעל אהבה ולעבוד בכל נפש, ותו אינו מובן, אחרי שהחל לשאול לאהבה אותו איך סתר שאלתו בתוך כדי דיבור לטוב לך, ופרש"י כדי שיהיה טוב לך שהוא אהבה חוזרת, ויותר מזה יש להבין, למי נאמרה פרשה זו, אם נאמרה לכל ישראל בשוה, היאך אפשר שתהא מדרגה זו יראה ואהבה בפחות שבישראל שאינו משיג אותם כלל, והרי אהבה אינה נמצאת אלא באמצעות תורה או עבודת בית המקדש, שהן המה הלחם המחברים את ישראל לאביהם שבשמים, כמו שכתבנו בספר במדבר כ"ח ב' בפירוש את קרבני לחמי ובכמה מקומות.

"וכמו שכתבנו לעיל ו' מקרא ז' בשם הספרי, וכי היאך אדם אוהב להקב"ה, אלא והיו הדברים האלה וגו', שמתוך כך

מנא להו דאתי עשה ודוחה לא תעשה, רש"י), נפקא להו מראשו, דתניא, ראשו מה תלמוד לומר, לפי שנאמר לא תקיפו פאת ראשכם שומע אני אף מצורע כן, תלמוד לומר ראשו, וקא סבר האי תנא, הקפת כל הראש שמה הקפה, איכא למיפרך, מה ללאו דהקפה שכן לאו שאין שוה בכל, אלא אתיא מזקנו, דתניא, זקנו מה תלמוד לומר, לפי שנאמר ופאת זקנם לא יגלחו, שומע אני אף כהן מצורע כן, תלמוד לומר זקנו, ואם אינו ענין ללאו שאין שוה בכל, תנהו ענין ללאו השוה בכל, ואכתי איצטריך, סלקא דעתך אמינא שאני כהנים הואיל וריבה בהן הכתוב מצות יתירות, אפילו לאו שאין שוה בכל לא דחי, קמ"ל דדחי."

וכתבו תוס' (ה. ד"ה ואכתי): "הוה מצי למימר דאיצטריך זקנו למידחי עשה ולא תעשה, דמראשו לא שמעינן אלא לאו גרידא, ומהכא לא מצי למילף בעלמא דליתי עשה ולידחי לא תעשה ועשה, דשאני הכא, דהוי לאו ועשה שאין שוה בכל, כדאמרינן בפרק שני נזירים, ואם תאמר, ונלמוד מהכא דלידחי לאו ועשה שאין שוה בכל ... דלקמן בפרק ב' גבי אלמנה לכהן גדול דחולצת ולא מתייבמת פריך, בשלמא מן הנשואין לא אתי עשה ודחי לא תעשה ועשה, אלא מן האירוסין ליתי עשה ולידחי לא תעשה, מן הנשואין נמי אמאי ניחא ליה, והא לאו ועשה שאין שוה בכל הוא, וכן שם גבי פלוגתא דר' אחא ור' אלעזר בביאת כהן גדול באלמנה קאמר, מן הנשואין כולי עלמא לא פליגי דלא פטרה, דאין עשה דוחה לא תעשה ועשה, ואר"י דלא דמו, דלאו ועשה דגילוח הוה טפי אין שוה בכל, שאין שוה בכל נשים, אבל גבי אלמנה לכהן גדול, האשה עושה איסורא כמו כהן הבא עליה, דקרי ביה לא יקחו לא תקח, ולא מדחי ליה עשה דיבום אף על גב דאינו שוה אלא בכהנים."

מבואר אפוא שאף על פי שכל ישראל מוזהרים שלא לגלח את פאת הזקן, כהן המגלח עובר באיסור נוסף, ולגביו איסור גילוח הוא לאו ועשה. נמצא אפוא שקדושת הכהן איננה באה לידי ביטוי רק על ידי העבודה במקדש ובשמירה מכל טומאה, אלא לכהונתם וקדושתם יש השפעה גם על איסורים אחרים, כלומר קדושת הכהן חייבת להתפשט ולהשפיע על כל תחומי עבודת ה'. לכך התורה מדגישה את איסור גילוח בפרשה זו.

ועל דרך זו כתב רבנו בחיי (לעיל ד', ג'), שלפי מעלת האדם יהיה כובד פשעו, וז"ל: "אם הכהן המשיח יחטא, סדר החוטאים המביאים קרבן שבפרשה הם, כהן גדול, הסנהדרין, מלך ישראל, ואחר כך המון העם, ורצה להתחיל מן הכהן, שהוא האדם הגדול, ומלאך ה' צבאות הוא, וממנו יראו, וכך יעשו כל ישראל, שיזהרו לשוב בתשובה, כי מתוך שיראוהו שהמזהיר

ונפשטו קדושי בכוליה

הרב יונתן זאקס

בתחילת פרשת אמור נאמר: "אמר אל הכהנים בני אהרן ואמרת אלהם לנפש לא יטמא בעמיו... לא יקרחו קרחה בראשם ופאת זקנם לא יגלחו ובבשרם לא ישרטו שרטת."

הצווי לנפש לא יטמא בעמיו מיוחד אמנם לכהנים, אולם בצווי לא יקרחו קרחה בראשם ופאת זקנם לא יגלחו ובבשרם לא ישרטו שרטת מוזהרים גם הלויים והישראלים, ומדוע אפוא הזכיר הכתוב איסורים אלו בפרשה זו העוסקת בקדושתם היתירה של הכהנים.

ולאידך גיסא יש לברר, בהפטרה של פרשת אמור נאמר, 'כל נבלה וטרפה מן העוף ומן הבהמה לא יאכלו הכהנים' (יחזקאל מ"ד, ל"א), מדוע נקט הכתוב לא יאכלו הכהנים ביחס לדברים שכל ישראל מוזהרים עליהם שלא לאכלם.

והנה, במסכת יבמות (ג:) גרסינן: "לא תעשה גרידא מנלן דדחי, דכתיב לא תלבש שעטנז גדילים תעשה לך ... תינח לתנא דבי רבי ישמעאל, לרבנן מנא להו (תינח לתנא דבי רבי ישמעאל דאייתור ליה צמר ופשתים, אלא לרבנן דלית להו כל בגדים צמר ופשתים, והא צמר ופשתים לא מייתר,

---

Rabbi Yonason Sacks is the Rosh Yeshiva of Beis Medrash L'Talmud – Lander College for Men and the Rabbi of Agudas Yisroel of Passaic Park in Passaic, NJ. He was previously a guest for Shabbos at the Dr. Yitzchak Belizon z"l Beis Medrash of BRS.

הרמב"ם לדין כופין עד שיאמר רוצה אני וז"ל (הל' גירושין ב כ), "מִי שֶׁהַדִּין נוֹתֵן שֶׁכּוֹפִין אוֹתוֹ לְגָרֵשׁ אֶת אִשְׁתּוֹ וְלֹא רָצָה לְגָרֵשׁ. בֵּית דִּין שֶׁל יִשְׂרָאֵל בְּכָל מָקוֹם וּבְכָל זְמַן מַכִּין אוֹתוֹ עַד שֶׁיֹּאמַר רוֹצֶה אֲנִי וְיִכְתֹּב הַגֵּט וְהוּא גֵּט כָּשֵׁר.... וְלָמָּה לֹא בָּטֵל גֵּט זֶה שֶׁהֲרֵי הוּא אָנוּס בֵּין בְּיַד עַכּוּ"ם בֵּין בְּיַד יִשְׂרָאֵל. שֶׁאֵין אוֹמְרִין אָנוּס אֶלָּא לְמִי שֶׁנִּלְחַץ וְנִדְחַק לַעֲשׂוֹת דָּבָר שֶׁאֵינוֹ מְחֻיָּב בּוֹ מִן הַתּוֹרָה לַעֲשׂוֹתוֹ כְּגוֹן מִי שֶׁהֻכָּה עַד שֶׁמָּכַר אוֹ עַד שֶׁנָּתַן. אֲבָל מִי שֶׁתְּקָפוֹ יִצְרוֹ הָרַע לְבַטֵּל מִצְוָה אוֹ לַעֲשׂוֹת עֲבֵרָה וְהֻכָּה עַד שֶׁעָשָׂה דָּבָר שֶׁחַיָּב לַעֲשׂוֹתוֹ אוֹ עַד שֶׁנִּתְרַחֵק מִדָּבָר הָאָסוּר לַעֲשׂוֹתוֹ אֵין זֶה אָנוּס מִמֶּנּוּ אֶלָּא הוּא אָנַס עַצְמוֹ בְּדַעְתּוֹ הָרָעָה. **לְפִיכָךְ זֶה שֶׁאֵינוֹ רוֹצֶה לְגָרֵשׁ מֵאַחַר שֶׁהוּא רוֹצֶה לִהְיוֹת מִיִּשְׂרָאֵל וְרוֹצֶה הוּא לַעֲשׂוֹת כָּל הַמִּצְוֹת וּלְהִתְרַחֵק מִן הָעֲבֵרוֹת וְיִצְרוֹ הוּא שֶׁתְּקָפוֹ וְכֵיוָן שֶׁהֻכָּה עַד שֶׁתָּשַׁשׁ יִצְרוֹ** וְאָמַר רוֹצֶה אֲנִי כְּבָר גֵּרֵשׁ לִרְצוֹנוֹ..."

הגריד"ס בשיעור הנ"ל הציג פרשת התרת נדרים (ופרשת אסמכתא לא קניא) כהלכות שתלויים על רצון עליון של כאו"א. ויש להבין כוונתו לאור מה שביאר ענייני תשובה לאור פרשת התרת נדרים. וז"ל (על התשובה, "לעברך בברית ה'"), "מה כוונתו של הרמב"ן כשהוא קובע כי "נדר שהותר על ידי פתח דומה קצת לנדרי טעות".... בכל התורה כולה. במקרים כמו "מקח טעות" או "קידושי טעות", הכוונה היא לשגיאה בזיהוי הנכון של האדם או של החפץ הנדון... בטעות מעין זו - אין צורך כלל בהתרת חכם ...[משא"כ] ב"פתח" שהחכם מוצא בנדר, כדי לקבוע על-פיו שיסודו של הנדר בטעות ... אלא לטעות בשיקול הנכון.... נאחז החכם ב"פתח" זה שלפניו "אילו שמת אל לבך... כלום היית נודר?" ובהתאם לכך הוא קובע, שהנדר כולו יסודו בטעות, ומתירו... "

ולאור דברי מרן בהסבר רצון עליון הניתן לנו לקבל תורתו, מבואר שהחכם מתיר נדר על ידי פתח לדעתו של הרמב"ן, מטעם רצון עליון שעל פיו הנדר נחשב כנדר שטעה בשעת נדרו .

של שבת שדרכה אפשר להבין מעלתו של הרצון העליון שקיבלנו במעמד הר סיני.

[ו]

נמצא דבר מאד דומה בלשון הרמב"ם בתיאור האדם המאמין וז"ל (**מורה הנבוכים** חלק א פרק נ) ,"דע אתה המעיין במאמרי זה, כי ההאמנה אינה הענין הנאמר בפה אבל **הענין המצוייר בנפש**, כשיאמינו בו שהוא כן כמו שיצוייר. ...אבל אם מלאך לבך לעלות לזאת המדרגה העליונה מדרגת העיון, ושיתאמת לך שהשם אחד האחדות האמתית, עד שלא תמצא לו הרכבה כלל, ... **כי האמונה היא ההאמנה במה שיצוייר שהוא חוץ לשכל כפי מה שיצוייר בשכל.** ואם יהיה עם זאת האמונה שאי אפשר חילוף זאת האמונה בשום פנים, **ולא ימצא בשכל מקום דחייה לאמונה ההיא**, ולא לשער אפשרות חלופה, תהיה אמתית, וכשתפשיט מעליך התאוות והמנהגים, **ותהיה בעל תבונה, ותתבונן** מה שאומר אותו באלו הפרקים הבאים בהרחקת התארים, יתאמת לך מה שאמרנו בהכרח, ותהיה אז מי שיצייר יחוד השם, לא מי שיאמר אותו בפיו ולא יצייר לו ענין ויהיה מכת הנאמר עליהם קרוב אתה בפיהם ורחוק אתה מכליותיהם, אבל צריך שיהיה האדם מכת מי שיצייר האמת וישיגהו, ואם לא ידבר בו, כמו שצוו החשובים, ונאמר להם אמרו בלבבכם על משכבכם ודומו סלה"

לכאורה מציאות רצון עליון מפותחת בדרכו של הגרח"וו להבנת תועלתן של נסיונות של האבות, וז"ל (רוח חיים ה ג), "עשרה נסיונות - ...כי כמה מדות שהצדיק טרח ויגע להשיגם לבניו אחריו **המה כטבע מוטבע, ובקצת יגיעה יגיעו לזה.** כמו שנראה בחוש שרבים מעמי ארץ מהיהודים מוסרים את עצמם על קדוש השם, **והוא מוטבע בנו מאבינו אברהם שמסר נפשו לאור כשדים על אמונתו**, וכן כל העשרה נסיונות היו להישיר הדרך לפנינו, וכן ההתעוררות לאדם פתאום לילך לארץ הקדש הוא מנסיון לך לך, וקבלת כל דעבדין משמיא לטב מנסיון הרעב שלא הרהר אחר מדות השי"ת". הרי ניתן ליאמר שדרך נסיונות של האבות קבלנו רצון עליון דווקא לעמוד בנסיונות ולמסור נפש, דבר שאינו ניתן לשכל ולסברת בשר ודם ואפי' למי שלא הגיע לאמונה הראויה לדעתנו למסירת נפש.

[ז]

אמתת דבר מושג לדעת מרן ו"חכמי בריסק" מתברר ומתבהר על ידי מקומו בהלכה. ונראה שמושג רצון עליון ה"ה ביאור המפורסם של

יתרונות שלנו כצלם אלוקים - הרי מטעמם זכינו לעמוד בתחתית ההר - דווקא בשעה שנוצרנו מחדש ודווקא בשעה שמופיע קוב"ה ומגלה הארה לעולם - דווקא אז מופיע אדם מבלי הודו ויחודו. ברם, מתוך תמיהתו יש להבין מה שתמהו המלאכים "מי גילה" שהרי קבלת התורה כזה מתנגד למהותו של אדם וצלם אלוקים ומעלתו מעל הבהמה.

ומתוך גודל התמיה ביאר הגריד"ס שיש לבאר הענין לאור מה שמבואר בסה"ק שניתנה לנו רצון עליון ורצון תחתון.

רצון תחתון, היינו ה"דעת" שלנו, כלו' זה שאנו מגדירים ומחליטים על ידי איזון צדדים הטובים והלא טובים. הסה"ק מלמדים שיש רצון עליון שגם זה מיוחד לבנ"א ומאפין אותנו שגם כן מפרידו מכל בריאה. מתנת אלוקים היא שמחליט החלטות החשובות בחיים מבלי להאזין כל צד וצד.

במעמד הר סיני קבלנו הרצון עליון, היינו כח ודעת טמונים בכל או"א לקבל דעת עליון ולוותר כלפיו על מה שמאפיין יתרונותיו של הצלם אלוקים, והיינו להקדים נעשה לנשמע.

פי' של המדרש שהקב"ה הגיע אל כל עם ועם וסירבו לקבל תורתו שכן החליט להם רצון תחתון של כל אומה ונתן לנו הרצון עליון לא לחקור ולא לשקול כדרכו של בנ"א. ולכאורה זו כוונת הכתרים שקבלנו בהר סיני לאחר שהקדמנו נעשה לנשמע היינו הרצון עליון.

ודוגמא לתיאור הרצון עליון נביא מכתבי של הגרש"ז בעל התניא וז"ל (תורה אור פ' ויקהל פח), "וההתבוננות בכל ששת ימי המעשה שזה הרצון התחתון נעשה בחינת כלי לגבי זה הרצה"ע שיומשך בתוכו ממש בבחי' השראה כהשראת האור בתוך הכלי ממש. מפני שהרצון התחתון אע"פ שהוא למטה מבחינת רצה"ע אבל עכ"פ כלי הוא לגילוי רצון העליון שיהיה מתלבש בו בהתחברות ויחוד אמתי ביום השבת. וע"ז נאמר שבת שבתון להוי"ה. פי' שבת שבתון הם ב' רצונות הנ"ל שמתחברים כאחד והיו לאחדי' ממש ולשון שבתון להוי"ה היינו כי שם הוי"ה הנה היו"ד בחי' חכמה כו' ובשבת הוא בחי' שבת להוי"ה שמתגלה הרצה"ע שלמעלה משם הוי"ה כו'. וז"ש כי אל דעות הוי"ה שיש ב' בחי' דעת. הא' דעת עליון והב' דעת תחתון. פי' דעת הוא לשון רצון שדעת ורצון הכל ענין א' כמ"ש רק אתכם ידעתי מכל משפחות כו'. שהכוונה הוא שבחרתי ורציתי אתכם לבחור לי לעם סגולה כי דעת הוא ענין הכרה שזהו בחי' התקשרות המביא לידי הרצון כו'. וכן והאדם ידע ל' התקשרות והתחברות כו'. וענין אל דעות היינו התחברות ב' דעות הנ"ל שהם ב' הרצונות הנ"ל."

אגב לומדים עוד סיבה שמדגישים שבת של הר סיני בתפילת שחרית

ולא תבוא תורה זולתה ולא יתוסף לה ולא יגרע ממנה ועאכו"כ שלא תגע בה שכל של בשר ודם.

הרביעית, שאנו מקבלים שיש לפעמים תכונת חוקיות למשפטי התורה ג"כ. וכדוגמא הסביר שמתוך האיסור של רציחה שהוא מסתבר לכל ישנה התחייבות לכבד ולשמור על חיי שעה מתוך חולה אנוש בלי רפואה ידועה ואפילו מתוך יסורים גדולים, דבר שלא ברור לשכל האנושי.

קבלה זו ברוב אנפין של "חוקיות" התורה שהיא למעלה משכלינו, וקבלת גזרותיו למרות כל ההשתדלות למטרה אחרת, תיאר מרן כמעשה של הכנעה, ובאנגלית תרגם "surrender". בדרך כלל ובפרט בשנים אחר המלחמות העולמיות, ביטוי זה מלווה הרגש של קבלת עול האויב לאחר מאבק ולאחר תבוסה, מנוצח ובלי מנוס. וכן נדמה לנו כוונתו **שהביטול של סברת האנושי מגיע לאחר מאבק** להבין ולהסביר ולקבוע הכל ע"פ השכל. כלומר הסילוק הדרוש הרי הוא לאחר הוצאת כל כוחות של בשר ודם ועמלות הרב בתורה להבין, שאז שם ידיו למעלה מראשו כביכול מנוצח מקבל קבלה גמורה.

[ד]

דומני שלאור מה שמרן הרחיב והעמיק היסוד והסוד של סילוק דעתנו כלפיו ית"ש ישב מה שקשה לו הן ממה שלמרות הכרחיות הענין מטעם פער האין סוף בין בשר ודם ובורא עולם, למרות זאת נחשב כרז הנמצא אצל מלאכי מעלה, וגם מה שקשה שנתבקשו לעמוד במעמד הר סיני כאדם בלי כל ייחודו וברכותיו. הרי כאן טמון "סתירה" של גדלות האדם ועזות המצווה להשקיע כחותיו האנושי ובעמלות בלתי פוסקת להבין תורתו ית"ש, הכל מתוך הכרתו שקוצר שכלו והגבלותיו הכרחיים הם לעבודתו הרצויה ולנצחיות התורה נובע מרצונו ית"ש המתבטא בבריאתו וגזרותיו. לעבוד עבודת הקודש מתוך "סתירה" ו"מתח" ולעלות על ידיה מעלות דקדושה מהווה גישה שיאה לה לשאול "מי גילה רז זה".

אולי ביטול השכל מתוך "סתירה" ו"מאבק" מעמיד האדם בגדולתו ובעזותו דקדושה כצלם אלוקים ובכלל לא כמו שהטריד מרן להעלות על הדעת שהקדמת נעשה לנשמע מקטין תופעת הצלם אלוקים בשעת שיא תופעתו.

[ה]

בשיעור שני באותה שנה לאור תמיהתו הנ"ל שנתבקשו לוותר על כל

ממעיטין עצמכם כי יש בעצם לבות בני ישראל דביקות וביטול לה' אחד. וזה **אות השבת** קודש שהוא עדות על בנ"י כי הביטול מכל המעשים הוא יום מנוחה להם שכל מגמתם להניח ממעשיהם ולהתבטל אליו ית'. [וז"ש ישמחו במלכותך שומרי שבת וקוראי עונג] וזה הי' כל זכותן של ישראל כמ"ש לכתך אחרי במדבר כו' שמזה באו לכל המדרגות אח"כ יסובבנהו יבוננהו:"

עוד דוגמא, קצת שונה, מכתבי המנהל הרוחני של ישיבת פוניביז', הגאון הרב חיים פרידלנדר זצ"ל מתלמידי הגר"א דסלר זצ"ל, (שפתי חיים, ב, עב), "... אנו מקבלים עלינו לבטל את שכלנו לפני השי"ת, ולעשות כל מה שיצוה לנו מבלי להבין, ואח"כ נזכה להגיע ל"נשמע" להבין את הדברים כאשר השי"ת ירצה שנבין. **את זאת הגוים אינן יכולים להשיג, מפני שכל השקפת עולמם והוייתם היא שהשכל האנושי הוא השולט...**"

[ג]

הגריד"ס[ב] הרחיב חובתנו לסלק ולבטל שכלנו כלפי מעלה לכלול עוד ארבע פרשיות שלמות.

הראשונה, שביטול שכל אנושי נובע מגדרי עצם הבריאה, היינו מתכונות שבהן הגדיר הבורא את הבריאה. הרי שלמה המלך תיאר שממדותיו של הבורא להגביל הבריאה, (משלי פרק ח,כז-כט) "בַּהֲכִינוֹ שָׁמַיִם שָׁם אָנִי בְּחוּקוֹ חוּג עַל פְּנֵי תְהוֹם: בְּאַמְּצוֹ שְׁחָקִים מִמָּעַל בַּעֲזוֹז עִינוֹת תְּהוֹם: **בְּשׂוּמוֹ לַיָּם חֻקּוֹ וּמַיִם לֹא יַעַבְרוּ פִיו בְּחוּקוֹ מוֹסְדֵי אָרֶץ**". נוראתו ית"ש משתקף מתוך גבולות הבריאה שהטיל על כל חלקי הבריאה החל מהשמים והימים, כולל הצלם אלוקים ושכלו. אולי מבחינת אסתכל באורייתא וברא עלמא ואולי מתוך תיאום הכרחי ומוחלט בין גילוי כבודו כבורא וגילוי כבודו כמלמד תורתו.

השניה, שביטול השכל האנושי כלפי מעלה מאפיין תגובת הצדיק לגזרותיו של הקב"ה שכן למדנו מתגובת אהרן לשרפת בניו בימי חנוכת המשכן, שעליו כתוב "וידם אהרן". הלא מוכרח שגלוי כבוד מלכותו העולה מתוך אירועי עולם יעלה ביחד עם גילוי כבודו כמחוקק. ועבודה דידן לקבל גזרותיו ולברך עליהן הלא דומה לעבודה דידן לקבל ולקיים חוקותיו.

השלישית, שביטול שכלנו כלפי מעלה הכרחי לנצחיות התורה דומה למה שמפורט בעיקר התשיעית של הרמב"ם, שתורת משה לא תבוטל

חוקת התורה - גזרה היא מלפני ואין לך רשות להרהר אחריה". ובפעם השניה דן ממבט מה ששבחו חז"ל לדור שעמדו בתחתית ההר, ובלשונם (שבת פח,א), "אמר רבי אלעזר, בשעה שהקדימו ישראל נעשה לנשמע יצתה בת קול ואמרה מי גילה רז זה לבני, רז שמלאכי השרת משתמשים בו".[א]

האיסור להרהר אחרי גזרותיו מציג סילוק ההיגיון כאחת מדרישותיו ית"ש הכלולה במתן תורתינו ובקבלתה. תמיהתו של המלאכים מי גילה רז זה, משבחת חכמתם והבנתם של אנשי דור דעה שעמדו בהר סיני לקבל תורתו. לומדים שלמרות שביטול רצונו של אדם הקטן כלפי מעלה וקבלת עול העליון מסתבר בהחלט עדיין נחשב כרזי מעלה, דבר השייך למלאכי מעלה שעושים רצון בוראם בלי שום מלחמת היצר. והדבר טעון בירור.

ובאחד משיעוריו גילה מרן מה שהטרידו ביותר בפרשה זו שמאחר שלא ניתנה התורה למלאכי שרת אלא לבשר ודם, הי' קשה לו שניתנה בתנאי שיסלקו הכח לחשוב ולעיין ולחדש, תכונות אלו דווקא המאפיינים בני אדם ומבדילו ומייחדו מכל הבריאה וקובעו כתפארת צלם אלוקים.

[ב]

מסורת סילוק כח ההערכה של בשר ודם שעל ידו מערכים מלחמת היצרים אם ואיך לקיים רצון הבורא הן במעשה והן במחשבה, הן בפעולה מסוימת והן בהנהגה כללית, ואם בזריזות ובתשומת לב, מתבטא לרוב ב"עולם של הישיבה" מתבטאת על ידי התעוררות לבטל רצונו ודעתו של היחיד לקבל רצונו וגזרותיו בלב שלם. וכבר "דרשו ביה רבים" כ"א בסגנונו לבאר הכרחיות של סילוק דעתינו המוגבלת כלפי האין סוף.

למשל וכדוגמא, נביא דברי לשון השפ"א שדרש שלימד לנו רחמנא גודל חשיבותו של סילוק כח התבוננות שלנו על ידי נתינת התורה דווקא במדבר, ולאור מה שדרשו חז"ל (במדבר רבא, ריש פ' במדבר) שניתנה תורה במים ובאש ובמדבר. וז"ל השפ"א (פרשת במדבר שנת),"במדרש ימצאהו בארץ מדבר מציאה גדולה מצא הקב"ה לישראל. פי' מדבר הוא הביטול כמ"ש במד' **שא"י לזכות לתורה עד שעושין לעצמם הפקר כמדבר. והנה ביטול באמת אין נמצא בעולם רק בבנ"י** כמ"ש בפסוק אתם המעט

א הרבה פרטים מהשיעורים הבאתי ממאמריו של תלמידו הנאמן הרב אברהם בית-דין ז"ל מספרו השקפת הרב - פרטים במחשבת היהדות. (8-9), Reflections of the Rav

מי גילה רז זה
מחשבתו של הגריד"ס זצ"ל

הרב יעקב ניוברגר

המשך והצלחת חוברת ידרים מעידים על גודל האהבה והכבוד שאנו מרגישים להאי גברא רבא ידידנו דר. יצחק בליזון זצ"ל , חבל על דאבדין ולא משתכחין. מידי עוברי על ביתו בעירה שלנו מתעורר אצלי מתיקות תורתו ועומק הבנתו ואהבתו להטיף ולשמוע. עו"פ זכות גדול נתנה לי לכבד נשמתו הטהורה בדברי תורה שלימודם יהי' לעילוי נשמתו.

[א]

בשנת תשל"ה זכיתי לשמוע שני שיעורים ציבוריים ממרן הגריד"ס זצ"ל, ובשניהם דן משני מבטים שונים על סילוק ההיגיון האנושי וסברת בני בשר ודם הדרוש לקבלת התורה בסיני ולקבלת עולו בכל יום ויום לקיים מצותיו ולקבל ברכותיו וגזרותיו ית"ש. בשיעורו הראשון עמד על זה ממבט מה שאמרו חז"ל (תנחומא ריש פ' חקת, עי' בפירוש רש"י), "זאת

Rabbi Yaakov Neuburger is a Rosh Yeshiva at the Rabbi Isaac Elchanan Theological Seminary and the Rabbi of Congregation Beth Abraham in Bergenfield, NJ. He was previously a guest for Shabbos at the Dr. Yitzchak Belizon z"l Beis Medrash of BRS.

אמרו שמותר לו להתענות (כמבואר בגמ' בשבת יא: ובתענית יב:), משום שאין בה 'שמחה' אלא 'עונג', וכיון שמתענג ע"י התענית הנ"ל שפיר ניתן להתענות בשבת, משא"כ ביו"ט שאינו דין של 'עונג' אלא של 'שמחה', אע"פ שמתענג בכך – אסור, כיון שמבטל בזה דין 'שמחה', והביאו להלכה הב"ח (סי' תקצז סק"א).

ונסיים בדברי הנצי"ב מוולאז'ין (העמק שאלה שאי' טו סק"י ובביאורו לספרי שם) שכתב ליישב כל הני מקורות ע"י מה שמחלק בין "שמחה גופנית" שהיא אכן שייכת רק ביו"ט, ואינה מתקיימת אלא בבשר ויין דוקא (כמבואר לעיל), לבין "שמחה נפשית" שהיא אכן שייכת אף בשבת, ולשונו שם "דאע"ג שאין בשבת מצות שמחה אלא עונג, מכ"מ יש בו שמחת הנפש, משא"כ יו"ט שיש בו שמחת הגוף, וביאר התורת חיים שהוא מה שאנו אומרים בתפילת השבת "וישמחו בך מקדשי שמך", וכן "ישמחו במלכותך", שבשבת השמחה היא שמחה רוחנית בעבודת ה' ובקרבתו ית'.

ואכן האדמו"ר מסלונים, בנתיבות שלום, כתב רמז לענין השמחה בשבת במאי דאמרינן במשנה בתענית (פ"ד מ"ח) "'ביום שמחת לבו' – זה בנין בית המקדש" שכידוע הוא יום שבו נתייחדו קוב"ה עם כנסת ישראל (כמוזכר בכתובות סב: "דעת קונך יש בך"), וכמו"כ יום השבת הוא בו אנו כנסת ישראל מתייחדים עם הקב"ה (כמבואר במדרש דברים רבה פ"א פכ"א "ומה ראית לומר גוי ששמר את השבת חייב מיתה, א"ר חייא בר אבא א"ר יוחנן בנוהג שבעולם מלך ומטרונה יושבין ומסיחין זה עם זה, מי שבא ומכניס עצמו ביניהם אינו חייב מיתה, כך השבת הזו בין ישראל ובין הקב"ה שנא' 'ביני ובין בני ישראל', לפיכך כל גוי שבא ומכניס עצמו ביניהם – חייב מיתה"), והוא מה שביאר האבודרהם (שם) לגבי מה שאומרים בליל שבת "אתה קדשת" שהם הקידושין, וביום השבת אומרים "ישמח משה" שהם הנישואין, שבהם יש את השמחת חתן וכלה, ובהם מברכים "משמח חתן עם הכלה", ולאח"כ בתפילת המנחה אנו אומרים "אתה אחד" שהוא החדר יחוד בינו לבין הקב"ה. ואכן בשבת אי"צ מצוה לשמוח, שכן הוא יום שמחה בעצם מהותו, וכמש"כ בתהילים (פצ"ב) "מזמור שיר ליום השבת וכו'" שכל המזמור הנ"ל הוא קשר בינינו לבינו יתברך, ואומרים "טוב להודות לה' ולזמר לשמך עליון".

בית יעקב ליעב"ץ).[יב]

ו. עוד נפק"מ בעני"ז היא לגבי 'שבע ברכות' שכידוע ע"מ לברכם בעינן שיהיו בסעודה "פנים חדשות" (כמבואר בגמ' בכתובות ז:), שניתן לברך ברכות אלו אם יש אדם נוסף שלא היה בנישואין עצמם, שכיון שהוא מחדש בנוכחותו את שמחת הנישואין, שפיר ניתן לברך שוב 'שבע ברכות'. וחידשו התוס' (שם ד"ה והוא) והרא"ש (שם פ"א הי"ג) שבשבת אי"צ פנים חדשות ע"מ לברך שבע ברכות, כיון שהשבת עצמה היא נחשבת כפנים חדשות (וכן הובא בשו"ע אה"ע סי' סב סע' ח), וכלשונם שם:

> **דפנים חדשות אין קורא אלא בבני אדם שמרבים בשבילם השמחה יותר, ושבת דחשבינן פנים חדשות, דאמרינן באגדה 'מזמור שיר ליום השבת, אמר הקב"ה פנים חדשות באו לכאן, נאמר שירה', התם נמי מרבין לכבוד שבת בשמחה ובסעודה**

ויש שרצו לדייק מלשונם הנ"ל דכמו"כ איכא מצות שמחה בשבת כנ"ל (ונזכיר מה שאמר ר"מ זקס בספרו מנחם ציון ח"א עמ' טו שה'פנים חדשות' שבשבת, אין הכוונה לפנים של השבת עצמה, אלא לפנים של היהודים עצמם בשבת, שאינן דומות פנים של יהודי ביום חול לפנים של יהודי ביום השבת, והוא מה שאומרים בקבלת שבת "פני שבת נקבלה").[יג]

ז. נפק"מ נוספת יש להביא לנידון זה, מדברי המהרי"ל (סוף הלכו' יו"ט) שכתב שאין להתענות ביו"ט אפי' לא תענית חלום, ודוקא בשבת

[יב] יש להעיר בעני"ז לכמה מזמירות שבת קדמונים שבהם אנו מזכירים שהשבת היא יום שמחה, כגון בפיוט של רבי אברהם אבן עזרא 'כי אשמרה שבת' כתוב "המתאבלים בה אחור נסוגים, כי יום שמחות הוא ותשמחני", וכן בזמר 'כל מקדש שביעי' שרגילים לומר בליל שבת (ומופיע כבר במחזור ויטרי) אומרים "ביום השבת שישו ושמחו כמקבלי מתן נחליאל וכו' ולנוח בו ולשמוח בתענוג אכול ושתה", וכן בזמר 'מה ידידות' (המופיע בלקט יושר) אומרים "ובשביעי נגילה", וכ"ה בזמר 'ברוך א-ל עליון' (לרבינו ברוך ממגנצא) אומרים "עונג וגם שמחה בהם למשחה". – (מ.ה)

[יג] והנה לפי זה יש להעיר שניתן לדחות את הראיה הנ"ל כמש"כ לעיל, שאין הכוונה שיש בשבת מצות שמחה, אלא שבדרך כלל יחד עם העונג והמנוחה של שבת, יש גם שמחה, כמבואר בגמ' במגילה (יב:) "אמר רבא יום השביעי שבת היה, שישראל אוכלין ושותין מתחילין בד"ת ובדברי תשבחות" (כעי"ז עי' בשה"ש רבה ח,יג), וכפי שאין דין וחובה לשמוח כאשר החתן רואה את ה"פנים חדשות" שלא היו בחתונתו, מכ"מ כיון שבמציאות בפועל שמח בזה, ניתן לברך את השבע ברכות, כמו"כ י"ל לעניין השבת, שכיון שבמציאות השבת מביאה איתה את השמחה, חשיב בזה כ"פנים חדשות", אכן כך ראיתי שכתב להדיא הרב יצחק הוטנר (פחד יצחק שבת מאמר ג) שדחה לפ"ז אף את המקור מהספרי הנ"ל, שאין הכוונה שם אלא שבשבת באופן טבעי עם ישראל הוא שמח, מחמת המנוחה והעונג, אך אין הכוונה שיש בו מצות שמחה (כמוזכר לעיל). – (מ.ה)

דין מיוחד "לעשות" את היום כיום משתה ושמחה, ואילו שבת הוא כבר נחשב כיום שמחה ממילא "בידי שמים" כיון דשבת קביעא וקיימא, אף ללא תקנת חכמים במגילה. והבין הפר"ח (סי' תרפח ס"ו) שהכוונה בזה היא כעין מה שראינו לעיל ד"אין מערבין שמחה בשמחה", והיא גופא כוונת הירושלמי הכא, מדוע אין לעשות את סעודת פורים בשבת[ח] (אלא שצ"ע איך מקיימים מצות שמחת יו"ט כאשר יו"ט חל בשבת).[ט]

ד. כתוב בספר המנהיג (הלכו' שבת סי' א) שהטעם שאין אומרים תחנון בערב שבת הוא משום ש"גם שבת נקראת יום שמחה, שנא' 'ביום שמחתכם – אלו שבתות', וכבר אבדילו להו ממלאכה וקדישו יומא", הרי שלפ"ז אי נימא דאין מצות שמחה בשבת היו צריכים לומר תחנון אף בערב שבת, ומכך שאין נוהגים כן, ע"כ הוא משום מצות השמחה שיש בשבת.[י]

ה. עוד יש להעיר בזה לגבי הנוסח שאנו אומרים בפיוט 'לכה דודי' (לר' שלמה אבן גבירול), שבקטע האחרון אנו אומרים "בואי בשלום עטרת בעלה גם בשמחה ובצהלה וכו'", ומובא בשם תלמיד האריז"ל רבי חיים וויטאל (פרי עץ חיים שער השבת פ"ח בהגה"ה) שלא היה אומר תיבה זו של "בשמחה" ובמקומה היה אומר "גם ברינה ובצהלה", ויש שביארו שטעמו משום דס"ל שאין מצות שמחה בשבת.[יא] ולכן, מובן מדוע ביו"ט שחל בשבת כן יש לומר "בשמחה וברינה" (כמבואר שם ומובא בסידור

ח ואכן כדבריו משמע שהבין מדברי הירושלמי הנ"ל הר"ן (מגילה ג.) ע"ש (וע"ע בלשונו בשבת ס: "ונמצא נמנעין משמחת שבת ויו"ט שהוא מצוה לשמוח ולהתענג בהם"), למרות שהיה ניתן לבאר את הירושלמי שאין הכוונה שיש דין של מצות שמחה בשבת, אלא כיון שבאופן טבעי המציאות היא שבשבת בני אדם שמחים (שכידוע ה'עונג' וה'מנוחה' מביאים איתם הרבה פעמים אף 'שמחה', וכמבואר לקמן), לכן אם יעשו סעודת פורים בשבת, לא יהיה ניכר שהסעודה היא לכבוד פורים, כיון שבכ"מ עושה סעודה לכבוד שבת, ואכן כביאור הנ"ל נראה שהבין הריטב"א (מגילה ה.) שכתב שמאחרים את סעודת פורים ליום ראשון "כדי שתהא שמחת פורים ניכרת" ע"ש). – (מ.ה)

ט שמעתי שהקשו כן לפני מו"ר הגר"א נבנצל ויישב בשם מורו ורבו הגרש"ז אויערבאך דשאני שמחת יו"ט משמחת פורים, דשמחת פורים אין שמחתו שייכת לעיצומו של יום, משא"כ שמחת יו"ט הופך את היום הנ"ל ל"יום שמחה", ודו"ק. – (מ.ה)

י יש להעיר בזה לדברי הרא"ש (מו"ק פ"ג סי' פז) שכתב שאין אומרים 'צידוק הדין' ("צדקתך") בשבת שחל בו ראש חודש או פורים, והטעם הוא משום "דהללו ימי משתה ושמחה נינהו וכו', ובכל אחד מהם אומר בהלל 'זה היום עשה ה' נגילה ונשמחה בו', לפיכך מבטלים הם אמירת צידוק הדין", ולפי דבריו משמע שבשאר שבתות השנה אין דין שמחה, שהרי בהן פשיטא שאומרים צידוק הדין, וכדברים אלו מצאתי בתשובות הגאונים (שער"ת סי' ל). – (מ.ה)

יא אולם לכאורה הסבר זה מוקשה ביותר שכן אף "רינה" היא מילה נרדפת ל"שמחה"? – (מ.ה)

ב. כתב המג"א (סי' תקמו סק"ד) שהמנהג היה בימיהם מחמת העוני הרב ששרר אז, להתחתן בערב שבת, ולעשות את סעודת הנישואין בליל שבת. והעיר ע"כ מחצית השקל (שם) דמשמע מכאן, שאין דין שמחה בשבת, שאילו היה מצוה לשמוח בשבת כביו"ט, הו"ל להימנע מהמנהג הנ"ל מחמת ש"אין מערבין שמחה בשמחה"[ו], וכמבואר ברמב"ם (הלכות אישות פ"י הי"ד):

> אין נושאין נשים לא בערב שבת ולא באחד בשבת גזירה שמא יבוא לידי חילול שבת בתיקון הסעודה שהחתן טרוד בסעודה, ואצ"ל שאסור לישא אישה בשבת, ואפילו בחולו של מועד אין נושאין נשים כמו שביארנו, לפי שאין מערבין שמחה בשמחה

על פניו כוונת הרמב"ם שמשום ש"אין מערבין שמחה בשמחה", לכן אין לישא נשים בחוה"מ, ואילו בשבת הטעם הוא "גזירה שמא יבוא לידי חילול שבת", או משום דמחזי כמקח וממכר וכד' (כמבואר בגמ' ביצה לז. בירושלמי שם פ"ה ה"ב), ודלא כפי שרצה לדייק השיטה מקובצת (כתובות ז.) בדבריו שמש"כ "לפי שאין מערבין שמחה בשמחה", קאי אף על נישואין בשבת, וע"ש שאף הקשה עליו מניין למד שיש דין 'שמחה' בשבת כנ"ל. אולם, כאמור אי"ז מוכח כלל בלשון הרמב"ם הנ"ל[ז].

ג. אמרינן בירושלמי (מגילה פ"א ה"ד) בדין 'פורים משולש' בו פורים חל להיות בשבת, "מאחרים (את סעודת הפורים ליום ראשון) ולא מקדימים (בניגוד לקריאת המגילה שאותה מקדימים ליום שישי), ומבארים שם שהטעם שא"א לעשות את סעודת הפורים בשבת, משום שכתיב "'לעשות אותם ימי משתה ושמחה' (אסתר פ"ט פכ"ב), את ששמחתו תלויה בבית דין, יצא זה ששמחתו תלויה בידי שמים", כלומר, הירושלמי לומד שיש

זאת למרות שפשוט שלא שייך בהם דין שמחה (עי' ט"ז סי' תכ סק"א), ולא עוד אלא שניתן לדחות שהירושלמי הבין שהעצבות היא כמו"כ היפך ה"עונג" שודאי היא מצוה בשבת. - (מ.ה)

ו וכ"כ הלבוש (סי' תרצו ס"ח) והרמ"ע מפאנו (סי' עח) שמחמת כן ר"ל שאין לומר ברכת הלבנה בשבת כיון שאין מערבין שמחת ברכת הלבנה שמקבל בזה פני שכינה עם שמחת השבת, אלא שכבר חלק עליו בשבות יעקב (ח"א סי' לא) מהא דאין דין 'שמחה' בשבת, אלא דין 'עונג' בלבד, וכמבואר כבר בשו"ת התשב"ץ (ח"ג סי' רצח). - (מ.ה)

ז ע"ע בזה בלשון המאירי (מו"ק ח:) "אין צריך לומר שאין משיאין ביו"ט שהרי עיקר שמחת החג ביו"ט הוא אלא אפילו שבת שאין שמחה כתובה בו אין משיאין" (וכעי"ז באוצה"ג עמ' 11 מרב שר שלום גאון). - (מ.ה)

כיון שהגיע יו"ט – הרי שנפסקה האבלות, ושוב אינו חוזר להתאבל. ונחלקו הראשונים בטעם הדבר שהשבת אינה מפסקת את האבלות. י"א שהטעם לכך הוא משום שלא יתכן לומר שהשבת תפסיק את שבעת ימי האבלות, משום, שאם כן, לעולם לא יהיו שבעת ימי אבלות (כמש"כ הר"ן מו"ק יט. ד"ה מתני' והטור יו"ד סי' ת, וכמובא בכס"מ הלכו' אבל פ"י הי"ג), כמפורש בירושלמי (מו"ק פ"ג ה"ה) "אפשר לשבעה בלא רגל, אבל אי אפשר לשבעה בלא שבת". כלומר, הטעם שאין השבת מפסיקה את מניין שבעת ימי האבלות הוא טעם טכני. אולם, אחרים כתבו שהטעם לכך הוא מחמת החילוק דלעיל, שדוקא ביו"ט שיש דין 'שמחה' יש בכוחו לבטל את האבלות, שכן האבלות במהותה היא הנהגות ומעשים שהם פעל יוצא של העצבות והבכי המהווים סתירה מהותית לעניין השמחה, משא"כ שבת שאין בה דין 'שמחה' – אין בכוחה לבטל את מניין ימי האבלות, שאע"פ שבפרהסיא אין נוהגים את מנהגי האבלות החיצוניים בשבת, מכ"מ האבלות עצמה אינה מתבטלת לגמרי, וכפי שאכן כתבו תוס' (מו"ק כג: ד"ה מאי)

> אע"ג דשבת – עולה, רגל - אינו עולה, הואיל ואין אבילות כלל, משום דכתיב בהן שמחה, שבת מיהא לא כתיב שמחה, אפילו אינה נוהגת, עולהד,

הרי שהשבת כיון שאין בה מצות שמחה, אינה מבטלת אלא מנהגי האבלות החיצוניים בפרהסיא, אך עדיין יש לנהוג אבלות שבצנעה (כגון תשמיש המטה, ת"ת וכיוצ"ב), וכפי שהע' הגר"א בביאורו (סי' תקמח סק"ב). אולם, מדברי הירושלמי דלעיל לא משמע הכי, כפי שהע' התורה תמימה (בראשית פ"ב פ"כ סק"ה) שאף מוסיף לדייק מירושלמי נוסף שבו מבואר שהטעם שאכן אין מנהגי אבלות בשבת הוא ע"פ הפסוק במשלי (י:כב) "'ברכת ה' היא תעשיר' – זו ברכת שבת, 'ולא יוסיף עצב עימה' – זו אבילות", הרי מוכח שהטעם שאין אבלות בשבת הוא גופא משום שלא שייך בה עצבות, וכידוע שהשמחה היא הפך העצבות, ואם אין עצבות ע"כ דאיכא שמחהה.

ד וכן הובא בשאילתות דרב אחאי גאון (שאי' טו), ברי"צ גיאת (הלכו' אבל עמ' ס), ברמב"ן (מלחמות ה' שם), בתוס' רא"ש (ברכות מט. ד"ה גר), בנימוק"י (שם) ועוד (וכ"ה במהר"י בורנא סע' קכא ד"ה ואחר). – (מ.ה)

ה אולם נראה שניתן לדחות, שמה שאין שייך בו עצבות, אינו בהכרח מלמד שיהיה בו דין שמחה, שכן במגילת תענית ועל דרך זה עיין בשו"ע (סי' תכט ס"ב) כמה ימים האסורים בהספד ותענית,

והמחזור ויטרי (סי' פד) שלכן אנו אומרים בתפילות השבת "ישמחו
במלכותך", "ישמח משה" וכד' וחותמים "וישמחו בך מקדשי שמך". וכן
במנחה "אברהם יגל יצחק ירנן", והובאו דבריהם בבית יוסף (סי' רפא).
הרי שמה שאנו מזכירים את עניין ה"שמחה" כמה וכמה פעמים בתפילות
השבת, הוא מחמת דין השמחה שיש לשמוח ביום השבת (וכ"מ מדברי
בה"ג עשין מח שאף מנה את השמחה בשבת כמצוות עשה).

מאידך מצינו בכמה מן הראשונים משמעות הפוכה, שאין דין 'שמחה'
בשבת, כגון הר"י מלוניל באורחות חיים (סדר תפילת ערב שבת אות ז)
רוי"א טירנא בספר המנהגים (ערבית של שבת עמ' יט) שכתבו שאין
לומר "וישמחו בך מקדשי שמך", אלא "וינוחו בו מקדשי שמך" (וכפי
שאומרים בנוסח אשכנז בימינו). טעמם משום שאין דין 'שמחה' בשבת[ב]
(וכעי"ז משמע מתר"י ברכות יח.), ולגבי מש"כ בספרי דלעיל, י"ל דשמא
ס"ל כגרסת הגר"א (שם) שגרס "'וביום' – אלו שבתות, 'שמחתכם' – אלו
שלוש רגלים וכו'" (ולגבי לשונות התפילה ביאר דמיירי על ההבטחה לעתיד
לבוא, שאם ישמרו ישראל את השבת נזכה ליום שכולו שבת שהוא גם יום
שכולו שמחה)[ג]. עוד ניתן ליישב ע"פ מה שמובא בשם הגרי"ד סולובייצ'יק
שאמר בשם אביו הג"ר משה סולובייצ'יק (כמובא בשמו בספר מריש
בבירה לר"ש שולמאן עמ' קמח, וכן ראיתי בקובץ אליבא דהלכתא חנ"ג
עמ' קיא מרב אבא ברנשפיגל) לפרש פירוש אחר בדברי הספרי הנ"ל,
שהיא הלכה דווקא בחצוצרות במקדש ואינו חיוב של שמחה בשבת
באופן כללי, אלא השמחה קשורה לעבודת היום של שבת במקדש, ואמר
שזה הטעם דאמרינן 'ישמחו במלכותך' דוקא במוסף, שהוא קשור דוקא
לעבודה במקדש (ע"ע בזה בשיעורי הגרי"ד, סוכה נא.).

והנה יש בשאלה זו, אי יש מצות שמחה בשבת, כשבע נפקא מינות:

א. אחת המפורסמות בהן היא בעניין האבלות, דשנינו במשנה מסכת
מועד קטן (פ"ג מ"ה) ששבת עולה למנין שבעת ימי האבלות, אך אינה
מפסקת, שאע"פ שאין מתאבלים בשבת עצמה, מכ"מ יש להמשיך
להתאבל אף לאחר השבת, משא"כ לגבי יום טוב קיי"ל ש"רגלים – מפסיקין
ואינן עולין", כלומר מי שהתחיל לשבת שבעה קודם הרגל אפי' רגע אחד,

---

ב   ויש להעיר בזה אף לשינויים בנוסח הקידוש וכמו"כ ברכות ההפטרה בין שבת ליו"ט, שבשבת
אנו אומרים "שנתת לנו לקדושה ולמנוחה לכבוד ולתפארת", ואילו ביו"ט אנו אומרים "שנתת לנו
לששון ולשמחה לכבוד ולתפארת".

ג   ויש להביא מעין סמך לגרסתו מדרשת חז"ל (שבת קלב.) "'וביום השמיני', 'וביום' – אפילו בשבת",
שסתם "יום" מורה על השבת. – (מ.ה.)

אותה בפועל בצורה אובייקטיבית. מאידך "עונג" כל כולו הוא בהרגשת הלב, מה מענג את האדם בצורה סובייקטיבית, לפי רצונותיו והנאותיו, ולכן דין "שמחה" הוא ע"י בשר ויין וכיוצ"ב, כמבואר לעיל, שאותו חייב לקיים ביו"ט, ואילו "עונג" משתנה מאדם לאדם, כל אחד לפי הרגשת ליבו והנאותיו האישיות[א].

אכן חילק בפשטות הגרעק"א (השמטות לסי' א) ש'שמחה' שייכת ליו"ט, ואילו 'עונג' שייך לשבת (שם כתב להוכיח ש'סעודת יו"ט' אינה מדין מצות ה'שמחה' שביו"ט, אלא מדין 'עונג', מהא דיש דין סעודה אף בשבת, ששם אין לנו אלא מצות 'עונג' בלבד).

אולם כתוב בספר במדבר (י:י)

> ביום שמחתכם ובמועדיכם ובראשי חדשיכם, ותקעתם בחצצרת על עלתיכם ועל זבחי שלמיכם, והיו לכם לזכרון לפני אלקיכם אני ה' אלקיכם

על פי פשוטו של מקרא מפרש האבן עזרא (שם) ש"ביום שמחתכם" היינו ביום בו מנצחים במלחמה שבו יש שמחה גדולה על הניצחון הנ"ל, "ששבתם מארץ אויב או נצחתם האויב הבא עליכם, וקבעתם יום שמחה."

אולם חז"ל דרשו זאת בספרי (שם) "וביום שמחתכם – אלו שבתות" הרי לנו שאף יום השבת נחשב כיום שמחה, וע"פ זה אכן מעירים האבודרהם (תפילות השבת), שבלי הלקט (סי' פב), המנהיג (הלכו' שבת)

א יש להעיר שאכן כחילוק הנ"ל בין "שמחה" ל"עונג" אכן משמע מדברי המהרי"ל דלקמן (ומתחדד יותר לפי דברי הנצי"ב שג"כ יובאו להלן), אולם מדברי הגמ' במסכת שבת (סב:) משמע איפכא, ששמחה היא הרגשת הלב, והוא דבר יותר פנימי, משא"כ "עונג" שהוא דבר יותר חיצוני, ויותר קשור להנאות הגשמיות של האדם, דאמרינן התם שאין איסור לאדם למשוח את בשרו בשמן פלייטון, וכן לא נאסר לשתות יין בכל מיני כלים מיוחדים לשתיית יין, זאת למרות שלאחר חורבן ביהמ"ק גזרו חכמים שלא להנות מכל דבר שיש בו תענוג, משום שרק על "מידי דאית ביה תענוג ואית ביה שמחה - גזרו רבנן, אבל מידי דאית ביה תענוג ולית ביה שמחה - לא גזרו רבנן", הרי מפורש שאותם דברים שהם שתיית יין מיוחדת ומשיחה בשמן מיוחד שהם דברים גשמיים וחיצוניים הם בכלל 'תענוג' אך אינם נחשבים כדברים של 'שמחה', ואכן כן מצינו ביטוי בדברי חז"ל שהצדיקים "שמחים בייסורין" (שבת פח:), הרי דע"כ שההפך משמחה איננה 'צער', וניתן להצטער תוך כדי שהוא שמח, אלא ההפך משמחה היא 'עצבות', ובפשטות ההבדל בין עצבות לצער, הוא שעצבות היא יותר פנימית, משא"כ צער הוא חיצוני, וכן מצינו כתוב "שמחו לפניך כשמחת בקציר" (ישעיהו פ"ט פ"ב) הרי שאע"פ שעובד קשה בקצירה יש לו בזה שמחה פנימית (וכן אעיר בזה שהרמ"א סי' תקנג כתב שבערב תשעה באב שחל בשבת אין ללמוד תורה אחר חצות, והקשה עליו הט"ז סק"ב מהא דמותר אז אף בבשר ויין, ויישב בזה הבכור שור בתענית ל. דשאני בשר ויין שמקיימים בהם מצות 'עונג', משא"כ בלימוד התורה אינו מקיים אלא 'שמחה' וזה לא הותר בשבת, והובא ביד אפרים). – (מ.ה)

דין שמחה בשבת

הרב אפרים גולדברג

יש שאלה גדולה שדנים בה גדולי הפוסקים, האם יש דין שמחה
בשבת, על פניו היה נראה לומר שבשבת יש עניין של עונג, ואילו רק ביו"ט
יש דין שמחה.

לכאורה, נראה שיש הבדל בין שמחה לעונג, ששמחה היא כפי
שמתבאר לנו מדברי הגמ' בפסחים (קט.): "נאמר 'ושמחת בחגך', במה
משמחם? ביין, רבי יהודה אומר: אנשים בראוי להם ונשים בראוי להן וכו'",
וכנפסק ברמב"ם (שביתת יו"ט פ"ו הי"ח):

> יש בכלל אותה שמחה, לשמוח הוא ובניו ובני ביתו כל אחד
> ואחד בראוי לו, כיצד, הקטנים - נותן להם קליות ואגוזים
> ומגדנות, והנשים - קונה להן בגדים ותכשיט כפי ממונו,
> והאנשים - אוכלין בשר ושותין יין, שאין שמחה אלא בבשר,
> ואין שמחה אלא ביין

כלומר "שמחה" היא מוחשית, ממשית וגשמית, שאפשר להרגיש

תודתי לרב מיכאל הלרשטיין על תמלול המאמר ועל הערותיו המאלפות.

Rabbi Efrem Goldberg is the Marah D'Atra of the Boca Raton Synagogue and Founder of Yeshiva of South Florida.

תוכן ענינים

Yadrim

הרוצה להחכים ידרים

הקובץ התורני של בית מדרש
יצחק יעקב בליזון של ק"ק בוקה רטון

עורכים:

הרב שמחה חיים שבתאי
ראש בית המדרש, ק"ק בוקה רטון

הרב דוד יהודה שבתאי

מאיר זליג אופנהיימר

כרך ה • תשרי תשפ"ד

Made in the USA
Columbia, SC
03 November 2024

45549989R00130